ÜBER DIE NATUR
DER DINGE

LUKREZ
Über die Natur der Dinge

AuraBooks

– Bibliografische Information der Deutschen Nationalbibliothek –
Die Deutsche Nationalbibliothek verzeichnet diese Publikation in
der Deutschen Nationalbibliografie; detaillierte bibliografische Daten
sind im Internet über http://dnb.d-nb.de abrufbar.

IMPRESSUM

ISBN: 978-3753403151
LUKREZ: ÜBER DIE NATUR DER DINGE
Originalausgabe 2021 (Print & eBook) by © AuraBooks®
Lektorat und Umschlaggestaltung: *textkompetenz.net*
Herausgeber: © AuraBooks | eclassica@aurabooks.de
Gesetzt aus der Garamond
Herstellung und Verlag: BoD – Books on Demand, Norderstedt
Dieses Buch gibt es auch als eBook,
z. B. im amazon Kindle Bookstore

Inhalt

Vorbemerkung des Herausgebers

TITUS LUCRETIUS CARUS (deutsch Lukrez; ca. 95–55 v. Chr.) war ein römischer Philosoph in der Tradition Epikurs (341–270 v. Chr.). In seinem Hauptwerk ›De rerum natura‹ propagiert er eine rationale, naturwissenschaftliche Betrachtung der Welt und verneint einen wesentlichen Einfluss der Götter auf den Menschen. Wie Epikur orientiert sich Lukrez nur an Fakten und Evidenz und reflektiert dabei auch stets kritisch die eigene Erkenntnisfähigkeit.

Im vorliegenden Werk spannt der Philosoph einen weiten Bogen und beschäftigt sich unter anderem mit dem atomaren Aufbau der Welt, der Physiologie und Psychologie des Menschen, den Sinneswahrnehmungen, und schließlich auch mit Sexualität und Liebe. Gerade was die Physik, die Theorie der Atome und die Astronomie betrifft, erweist er sich als sehr weitsichtig, so dass sich verblüffende Parallelen zu den Erkenntnissen der modernen Wissenschaft ziehen lassen.

Insgesamt wollte Lukrez eine Philosophie vermitteln, die dem Menschen Gemütsruhe und Gelassenheit gibt und ihm die Furcht vor dem Tod und den Göttern nimmt – indem er Unwissenheit bekämpft und Aberglauben und Mythen den Boden entzieht.

Über das Leben des Philosophen ist so gut wie nichts bekannt. Die spärlichen Informationen stammen zum größten Teil aus späteren Quellen und sind nicht gesichert; jedoch deutet sein Werk darauf hin, dass er über universelle Bildung verfügte. Im christlich geprägten Mittelalter bekämpft und schließlich vergessen, wurde Lukrez' Werk erst von den Vordenkern der Aufklärung, ab Anfang des 17. Jahrhunderts, wiederentdeckt.

Erstes Buch: Die Prinzipien

Lob der Venus

Mutter der Äneaden[1], du Wonne der Menschen und Götter,
Lebensspendende Venus: du waltest im Sternengeflimmer
Über das fruchtbare Land und die schiffedurchwimmelte Meerflut,
Du befruchtest die Keime zu jedem beseelten Geschöpfe,
Dass es zum Lichte sich ringt und geboren der Sonne sich freuet.
Wenn du nahest, o Göttin, dann fliehen die Winde, vom Himmel
Flieht das Gewölk, dir breitet die liebliche Bildnerin Erde
Duftende Blumen zum Teppich, dir lächelt entgegen die Meerluft,
Und ein friedlicher Schimmer verbreitet sich über den Himmel.
Denn sobald sich erschlossen des Frühlings strahlende Pforte
Und aus dem Kerker befreit der fruchtbare West sich erhoben,
Künden zuerst, o Göttin, dich an die Bewohner der Lüfte,
Und dein Nahen entzündet ihr Herz mit Zaubergewalten.
Jetzt durchstürmet das Vieh wildrasend die sprossenden Wiesen
Und durchschwimmt den geschwollenen Strom. Ja, jegliches folgt dir
Gierig, wohin du es lenkest; dein Liebreiz bändigt sie alle;
So erweckst du im Meer und Gebirg und im reissenden Flusse
Wie in der Vögel belaubtem Revier und auf grünenden Feldern
Zärtlichen Liebestrieb in dem Herzblut aller Geschöpfe,
Dass sie begierig Geschlecht um Geschlecht sich mehren und mehren.
Also lenkst du, o Göttin, allein das Steuer des Weltalls.
Ohne dich dringt kein sterblich Geschöpf zu des Lichtes Gefilden,
Ohne dich kann nichts Frohes der Welt, nichts Liebes entstehen:
Drum sollst du mir auch Helferin sein beim Dichten der Verse,
Die ich zum Preis der Natur mich erkühne zu schreiben.
Ich widme unserem Memmius[2] sie, der dir es vor allem verdanket,
Allzeit allen voran sich in jeglichem Amt zu bewähren.
Drum so verleih, o Göttin, dem Lied unsterbliche Schönheit,
Heiß indessen das wilde Gebrüll laut tosenden Krieges

---

[1] *Äneaden*: Die Ahnen der Römer, die nach ihrem Tode als Schutzgötter des Landes verehrt wurden.

[2] *Memmius*: Angehöriger des römischen Geschlechts der Memmier (s. u.)

Aller Orten nun schweigen und ruh'n zu Land und zu Wasser,
Da nur du es verstehst, die Welt mit dem Segen des Friedens
Zu beglücken. Es lenkt ja des Kriegs wildtobendes Wüten
Waffengewaltig dein Gatte. Von ewiger Liebe bezwingen
Lehnt sich der Kriegsgott oft in den Schoß der Gemahlin zurück;
Während sein rundlicher Nacken hier ruht, schaut gierig sein Auge,
Göttin, zu dir empor und weidet die trunkenen Blicke,
Während des Ruhenden Odem berührt dein göttliches Antlitz.
Wenn er so ruht, o Göttin, in deinem geheiligten Schoße,
Beuge dich liebend zu ihm und erbitte mit süßesten Worten,
Hochbenedeite von ihm für die Römer den lieblichen Frieden.
Denn ich vermag mein Werk in den jetzigen Nöten des Staates
Sonst nicht mit Ruhe zu fördern, und du, des Memmierstammes[3]
Rühmlicher Spross, du könntest dich jetzt nicht entziehen dem
Gemeinwohl.

Inhalt des Gedichtes, besonders der ersten Bücher

Leihe mir jetzt ein offenes Ohr, mein Gajus, und widme
Aller Sorgen entledigt den Geist der Erkenntnis der Wahrheit.
Leicht sonst könnt' es geschehen, dass, ehe du richtig verstanden,
Du mein emsig geschaffenes Werk nicht achtend verwürfest.
Denn es beginnt von dem Himmelssystem und dem Wesen der Götter
Völlig den Schleier zu ziehn und der Welt Elemente zu lehren.
Denn aus ihnen erschafft die Natur und ernährt und mehret
Alles; auf diese zuletzt führt alles sie wieder zurück,
Wenn es vergeht. Wir nennen sie Stoffe und Keime der Körper
Oder die Samen der Dinge nach unserer Lehre Bezeichnung,
Oder wir sprechen wohl auch von ihnen als Urelementen,
Weil aus ihnen zuerst ein jegliches wurde gebildet.

---

[3] Die *Memmier* (Memmii, Plural von lateinisch Memmius) waren ein
römisches plebejisches Geschlecht, das möglicherweise aus dem Gebiet
der Volsker stammte und im 2. und 1. Jahrhundert v. Chr. auf dem
politischen Schauplatz in Rom wirkte.

Lob Epikurs

Als vor den Blicken der Menschen das Leben schmachvoll auf Erden
Niedergebeugt von der Last schwerwuchtender Religion war,
Die ihr Haupt aus des Himmels erhabenen Höhen hervor streckt
Und mit gräulicher Fratze die Menschheit furchtbar bedräut,
Da erkühnte zuerst sich ein Grieche, das sterbliche Auge
Gegen das Scheusal zu heben und kühn sich entgegenzustemmen.
Nicht das Göttergefabel, nicht Blitz und Donner des Himmels
Schreckt' ihn mit ihrem Drohen. Nein, um so stärker nur hob sich
Höher und höher sein Mut. So wagt' er zuerst die verschlossnen
Pforten der Mutter Natur im gewaltigen Sturm zu erbrechen.
Also geschah's. Sein mutiger Geist blieb Sieger, und kühn
Setzt' er den Fuß weit über des Weltalls flammende Mauern
Und er durchdrang das unendliche All mit forschendem Geiste.
Dorther bracht' er zurück als Siegesbeute die Wahrheit:
Was kann werden, was nicht? Und wie ist jedem umzirket
Seine wirkende Kraft und der grundtief ruhende Markstein?
So liegt wie zur Vergeltung die Religion uns zu Füßen
Völlig besiegt, doch uns, uns hebt der Triumph in den Himmel.

Abwehr der Volksreligion

Freilich beschleicht mich die Furcht hierbei, als ob du vermeinest,
Gottlosen Pfad zu betreten bei diesem System und des Frevels
Weg zu beschreiten. Doch grade die übliche Religion ist's,
Die oft gottlose Taten erzeugt und Werke des Frevels.
Haben doch solcher Gestalt die erlesenen Danaerfürsten[4]
An Dianens Altar, der jungfräulichen Göttin, in Aulis
Iphianassas[5] Blut in grausamem Wahn geopfert.
Als ihr die heilige Binde die Jungfraulocken umsäumend
In gleichmäßigem Falle die Wangen beide bedeckte,

---

[4] *Danaerfürst:* Heerführer

[5] *Iphigenie,* auch Iphigeneía, Iphigenia oder Iphianassaist, ist in der
griechischen Mythologie die älteste Tochter von Agamemnon (dem
König von Mykene), nach anderer – wohl älterer – Sagentradition
Tochter des Königs von Sparta.

Als sie zugleich am Altar den trauernden Vater erblickte
Und ihm nahe die Diener den Mordstahl unter dem Mantel
Bargen und jammerndem Volke der Anblick Tränen entlockte,
Da sank stumm sie vor Angst auf die Knie hinab zu der Erde.
Nichts vermochte der Armen in dieser Stunde zu helfen,
Dass sie den König zuerst mit dem Namen des Vaters begrüßte.
Denn von den Fäusten der Männer ergriffen, so wurde sie zitternd
Hin zum Altare geschleppt, nicht um nach dem festlichen Opfer
Dort in dem Hochzeitszug mit Jubel geleitet zu werden,
Nein, in der Brautzeit selbst ward sie, die Unschuldige, schuldvoll
Hingeschlachtet als Opferlamm von dem eigenen Vater,
Auf dass endlich die Flotte gewinne den glücklichen Auslauf.
Soviel Unheil vermochte die Religion zu erzeugen.

Warnung vor den Priestern

Jeweils denkst du vielleicht von den dräuenden Worten der Priester
Heftig bedrängt und bekehrt aus unserem Lager zu fliehen!
Denn was könnten sie dir nicht alles für Märchen ersinnen,
Die dein Lebensziel von Grund aus könnten verkehren
Und mit lähmender Angst dein Glück vollständig verwirren !
Und in der Tat, wenn die Menschen ein sicheres Ende vermöchten
Ihrer Leiden zu sehn, dann könnten mit einigem Grunde
Sie auch der Religion und den Priesterdrohungen trotzen.
Doch so fehlt für den Widerstand wie die Kraft so die Einsicht,
Da uns die Angst umfängt vor den ewigen Strafen der Hölle.

Wesen der Seele

Denn man weiß ja doch nichts von dem Wesen der Seele; man weiß
nicht,
Ob sie schon mit der Geburt in uns eingeht oder ob dann erst
Sie entsteht und im Tod mit dem Leibe zusammen sich auflöst;
Ob sie im Orkus verschwindet und seinen geräumigen Schluchten
Oder ob Götterbefehl sie in andre Geschöpfe verbannet.
So sang Ennius einst, der erste der römischen Dichter,
Der von des Helikon Höhen sich ewig grünenden Lorbeer
Pflückte zum Kranz. Hell klinget sein Preis durch Italiens Lande.
Zwar verkündet der Dichter in seinen unsterblichen Versen,
Unten am Acheron seien wohl allerlei Räume, doch unsre

Wirklichen Seelen und Leiber gelangten da nimmer hinunter,
Sondern nur Schattengebilde und wunderlich blässliche Schemen.
So sei einst aus der Tiefe des ewig jungen Homeros
Schatten im Traum ihm erschienen und habe mit Tränen im Auge
Ihm zu enthüllen begonnen im Lied das Geheimnis des Daseins.

Inhalt der späteren Bücher

Also es ziemt uns zunächst auf die himmlischen Dinge zu achten
Und mit Fleiß zu erforschen die Bahnen der Sonn' und des Mondes,
Wie sie laufen und welcherlei Kraft sich in allem betätigt
Hier auf Erden. Doch forschenswert vor allem bedünkt mich
Unsere Seele, woher sie stammt, und das Wesen des Geistes,
Und was unsere Seele im Wachen nicht minder zu schrecken
Pflegt wie im Krankheitsfall und wenn wir vom Schlafe betäubt sind,
Dass wir die Toten zu sehen und Stimmen von jenen zu hören
Meinen, deren Gebein schon längst von der Erde bedeckt wird.

Schwierigkeit der Aufgabe

Schwer zwar ist's, ich verhehl' es mir nicht, das entdeckte Geheimnis
Griechischer Weltweisheit in lateinischen Versen zu künden.
Auch bedarf es dazu Neuschöpfung vieler Begriffe;
Unsere Sprache versagt gar oft bei der Neuheit des Inhalts;
Doch dein adliger Sinn und die lockende Hoffnung der süßen
Freundschaft treibt mich dazu, mich vor keinerlei Mühe zu scheuen;
Ja sie verleitet mich oft die heiteren Nächte zu wachen,
Bis ich den richtigen Vers und die passenden Wörter gefunden,
Die klarleuchtende Helle vor deinem Verstande verbreiten,
Dass du das Dunkel der Dinge vollständig zu lichten vermöchtest.

Naturforschung als Erlösung

Jene Gemütsangst nun und die lastende Geistesverfinsterung
Kann nicht der Sonnenstrahl und des Tages leuchtende
Helle Scheuchen, sondern allein die Naturanschauung und Forschung.
Sie muss füglich beginnen mit folgendem obersten Leitsatz;

I. Lehrsatz. Nichts wird aus Nichts

Nichts kann je aus dem Nichts entstehen durch göttliche Schöpfung.
Denn nur darum beherrschet die Furcht die Sterblichen alle,
Weil sie am Himmel und hier auf Erden gar vieles geschehen
Sehen, von dem sie den Grund durchaus nicht zu fassen vermögen.
Darum schreiben sie solches Geschehen wohl der göttlichen Macht
zu.
Haben wir also gesehen, dass nichts aus dem Nichts wild geschaffen,
Dann wird richtiger auch die Folgerung draus sich ergeben,
Woraus füglich ein jegliches Ding zu entstehen im Stand ist
Und wie alles sich bildet auch ohne die Hilfe der Götter.
Gäb' es Entstehung aus Nichts, dann könnt' aus allem ja alles
Ohne weiteres entstehen und nichts bedürfte des Samens.
So konnt' erstmals der Mensch aus dem Meer auftauchen, der Fische
Schuppiges Volk aus der Erde, die Vögel dem Himmel entfliegen,
Herdengetier und anderes Vieh wie die wilden Geschöpfe
Füllten beliebig entstanden das Fruchtland an wie das Ödland.
Auch auf den Bäumen erwüchsen nicht immer dieselbigen Früchte,
Sondern das änderte sich, kurz, alles erzeugte da alles.
Hätte fürwahr nicht jegliches Ding ureigene Keime,
Wie nur könnte für alles ein sicherer Ursprung bestehen?
Doch weil jegliches jetzt aus bestimmten Samen sich bildet,
Tritt es nur dort an den Tag und dringt zu den Räumen des Lichtes,
Wo sich der Mutterstoff und die Urelemente befinden.
Dadurch wird es unmöglich, dass alles aus allem entstehe,
Weil in besonderen Stoffen tut jedes gesondert die Kraft ruht.
Weshalb sehen wir ferner im Lenze die Rosen erblühen,
Sommerhitze das Korn und den Herbst die Trauben uns spenden?
Doch wohl, weil zu der richtigen Zeit sich die Samen der Dinge
Gatten und alles, was dann aus ihnen sich bildet, zu Tag tritt,
Wenn auch die Witterung hilft und die Leben spendende Erde
Sicher das zarte Gewächs in die Räume des Lichtes empor führt.
Kämen aus Nichts sie hervor, dann würden sie plötzlich entstehen
Ohne bestimmten Termin auch in anderen Zeiten des Jahres.
Denn dann gäb' es ja keine befruchtenden Urelemente,
Welche missgünstige Zeit an der Zeugung könnte verhindern.
Auch für das Wachstum wären befruchtende Zeiten nicht nötig,
Wenn aus dem Nichts hervor die Dinge zu wachsen vermöchten.

Denn dann würden sofort aus Säuglingen Jünglinge werden
Und mit urplötzlichem Schuss entwüchsen die Bäume dem Boden.
Aber dergleichen entsteht doch nichts: man sieht es ja deutlich;
Wie es sich schickt, wächst jedes gemach aus besonderem Keime.
Und so wahrt es die eigene Art auch im weiteren Wachsen.
Also man sieht: aus besonderem Stoff mehrt jedes und nährt sich.
Hierzu kommt, dass ohne geregelten Regen im Jahre
Keinerlei labende Frucht uns die Erde vermöchte zu spenden;
Fehlt dann das Futter, so könnten natürlich hinfort die Geschöpfe
Weder die Art fortpflanzen noch selbst ihr Leben nur fristen.
Drum ist's glaublicher, dass gar vielerlei Stoffelemente
Vielerlei Dingen gemeinsam sind, wie die Lettern den Wörtern,
Als dass irgendein Wesen der Urelemente beraubt sei.
Schließlich warum hat Mutter Natur nicht Riesen erschaffen,
Die wohl über das Meer mit den Füßen zu schreiten vermöchten,
Die mit den riesigen Händen die mächtigen Berge zerspellten
Und jahrhundertelang ihr leibliches Leben erstreckten,
Läge nicht für die Entstehung der Wesen jedwedem bestimmter
Urstoff vor, aus dem sich ergibt, was wirklich entstehen kann?
Also: Nichts entsteht aus dem Nichts. Dies ist nicht zu leugnen.
Denn es bedarf doch des Samens ein jegliches Ding zur Entstehung,
Wenn es hervorgehen soll in des Luftreichs dünne Gefilde.
Endlich sehen wir doch, wie bebautes Gelände den Vorzug
Hat vor dem wüsten und bessere Frucht dort erntet der Pflüger.
Siehe, der Erdenschoß birgt offenbar Urelemente,
Die wir zum Licht befördern, so oft wir die fruchtbaren Schollen
Wenden und pflügend die Schar den Boden der Erde durchfurchet.
Wären sie nicht, dann wären umsonst all' unsere Mühen;
Denn dann sähe man alles von selbst viel besser gedeihen.

Nichts wird zu Nichts

Dazu kommt, dass Mutter Natur in die Urelemente
Wiederum alles zerstreut und Nichts in das Nichts wird vernichtet.
Denn wär' irgendein Wesen in allen Teilen zerstörbar,
Würd' es den Augen entschwinden im Nu, sobald es der Tod trifft.
Denn dann braucht es ja keiner Gewalt, die Teile desselben
Auseinander zu scheiden und ihre Verbände zu lösen.
Doch nun ist ja ein jedes aus ewigem Samen entsprossen:

Darum scheint die Natur die Vernichtung keines der Wesen
Zuzulassen, solang nicht von außen zerstörend die Kraft wirkt
Oder ins Leere sich schleichend von innen die Bindungen lockert.
Weiter, wenn etwa die Zeit, was sie alt und entkräftet dahinrafft,
Völlig vernichtend träfe und gänzlich verzehrte den Urstoff,
Woher führte denn Venus die Gattungen lebender Wesen
Wieder zum Licht und woher verschaffte die Bildnerin Erde
Jedem nach seinem Geschlechte das Futter zu Nahrung
und Wachstum?
Woher füllten das Meer die von fernher strömenden Flüsse
Wie auch die eigenen Quellen? Wie nährte der Äther die Sterne?
Müsste doch längst, was immer aus sterblichem Körper bestehet,
In der unendlichen Zeit und Vergangenheit alles erschöpft sein.
Wenn nun in jener Zeit und den längst vergangenen Tagen
Jene Stoffe bestanden, aus denen die Welt ist erschaffen,
Müssen sie sicher besitzen ein unzerstörbares Wesen.
Also kann in das Nichts auch das Einzelne nimmer zerfallen.
Endlich müsste der nämlichen Kraft und der nämlichen Ursach'
Überall alles erliegen, sofern nicht der ewige Urstoff
Hielte den ganzen Verband bald mehr bald minder vernestelt.
Denn schon die bloße Berührung genügte den Tod zu bewirken,
Weil ja die ewigen Körper dann mangelten, deren Verbindung
Jegliche Kraft erst müsste zuvor auflösend zerstören.
Aber da untereinander die Klammern der Urelemente
Völlig verschieden sie binden und ewiglich dauert der Urstoff,
Hält sich der Dinge Bestand solang, bis die einzelne Bindung
Einer genügenden Kraft, um jene zu sprengen, begegnet.
Nichts wird also zu Nichts, doch löst sich hinwiederum alles,
Wenn es zur Trennung kommt, in des Urstoffs Grundelemente.
Endlich die Regengüsse verschwinden zwar, wenn sie der Vater
Äther zum Mutterschoße der Erde befruchtend hinabschickt,
Aber emporsteigt schimmernd die Frucht, und das Laub an den
Bäumen
Grünt, und sie wachsen empor, bald senkt sich der Ast vor den
Früchten.
Hiervon nähren sich wieder der Menschen und Tiere Geschlechter,
Hiervon sehen wir fröhlich die Kinder gedeihn in den Städten,
Und in dem Laubwald hört man der jungen Vögel Gezwitscher,
Hiervon strecken ermüdet die feisten, gemästeten Rinder

Nieder den Leib in das üppige Gras und aus strotzenden Eutern
Fließt ihr schneeweiß milchiger Saft. Hier trinkt nun das Jungvieh,
Und von der Milch wie berauscht, die den zarten Kälbchen zu
Kopf steigt,
Spielen sie schwankenden Schrittes wie toll durch das sprossende
Gras hin.
Also von dem, was man sieht, geht nichts vollständig zugrunde.
Denn die Natur schafft eins aus dem ändern und duldet kein Werden,
Wenn nicht des einen Geburt mit dem Tode des ändern verknüpft wird.

II. Lehrsatz. Die unsichtbaren Atome

Nunmehr, da ich gelehrt, dass nichts aus dem Nichts wird geboren,
Und dass ebenso auch das Gewordene nicht in das Nichts fällt,
Dass dich nicht Misstrauen etwa zu meinen Worten beschleiche,
Weil man die Urelemente mit Augen zu sehn nicht imstand ist:
Höre nun weiter von Körpern, die eingestandenermaßen
Zwar in der Welt sich befinden und doch sich nicht
sichtbar bekunden.

Erstlich denk' an des Windes Gewalt! Wild peitscht er die Meerflut,
Senkt die gewaltigsten Schiffe hinab und zerspaltet die Wolken.
Oft durchsaust er die Felder in rasendem Wirbel und Sturme,
Fällt dort Riesen von Bäumen und geisselt die Gipfel der Berge
Wälder zerschmetternd im Wehen. So rast im grimmigen Schnauben
Durch das Gelände der Sturm und tobt mit bedrohendem Brüllen.
Was sind also die Winde? Doch wohl nichtsichtbare Körper,
Welche die Länder und Meere, nicht minder die Wolken des Himmels
Fegen und mit sich reissen in plötzlichem Wirbel verheerend.
Ebenso flutet auch plötzlich die sanfte Natur der Gewässer
Heftig empor und verpflanzt weithin das Werk der Zerstörung.
Wenn sie durch reichliche Regen geschwollen ihr Bette verlassen
Und von den Bergen herab ein gewaltiger Tobel herabstürzt
Trümmer von Wäldern entführend und Riesen von Bäumen entwur-
zelnd.

Festeste Brücken vermögen des plötzlich kommenden Wassers
Übergewalt nicht zu hemmen. So stößt vom Regen geschwollen
Gegen die Dämme der Fluss mit übergewaltigen Kräften,
Alles zerstört er mit lautem Gebrüll und wälzt in den Wogen
Riesige Felsen: er stürzt, was gegen die Fluten sich anstaut.

So muss also sich auch das Wehen des Windes erklären.
Wie ein gewaltiger Strom so zermalmet er alles und wälzt es
Vor sich mit häufigem Stoße einher, wo immer er einfällt,
Oder bisweilen ergreift er mit drohendem Strudel die Dinge
Und trägt rasenden Fluges sie fort im rollenden Wirbel.
Also noch einmal: die Winde sind auch nichtsichtbare Körper,
Da sie in Taten und Sitten als Nebenbuhler erscheinen
Zu den gewaltigen Strömen, die sichtbare Körper besitzen.

Ferner empfinden wir auch gar manche Gerüche von Dingen,
Die doch nie in die Nähe der riechenden Nase gelangen.
Auch die glühende Hitze ist unsichtbar und die Kälte
Können wir sichtbar nicht sehn, noch pflegen wir Worte zu schauen,
Gleichwohl muss dies alles ein körperlich Wesen besitzen,
Da es die menschlichen Sinne ja doch zu erregen imstand ist;
Denn nichts kann, als der Körper, Berührung wirken und leiden.

Hängst du ferner ein Kleid an dem Fluten umbrandeten Strand auf,
Feucht wird es dort, doch es trocknet auch wieder in glühender Sonne;
Aber man hat nicht gesehn, wie des Wassers Nässe hineinkam
In das Gewand, noch andererseits, wie sie floh vor der Hitze.
Also muss sich das Nass in winzige Teilchen zerteilen,
Die auf keinerlei Weise das Auge zu sehen imstand ist.

Ja auch der Fingerreif wird innen durch stetiges Tragen
Immer dünner im Laufe der wiederkehrenden Jahre.
Gleich wie der fallende Tropfen den Stein höhlt, also vernutzt sich
Auch an dem Pflug die eiserne Schar unmerklich im Boden.
Ferner das steinerne Pflaster wird bald durch die Füße der Leute
Abgetreten, am Tore die ehernen Bilder der Götter
Zeigen verscheuerte Hände. Denn immer berühret in Andacht,
Wenn es vorüber wandert, das Volk zur Begrüßung die Rechte.
Also wir sehen nun klar: Dies mindert sich, weil es sich abnützt;
Doch was in jedem Momente an Körperchen gehet verloren,
Hat die Natur uns neidisch verwehrt mit den Augen zu schauen.
Schließlich, was Tag um Tag die Natur allmählich den Dingen
Zulegt, wie sie allmählich das Wachstum also befördert.
Das kann nimmer ein Auge erspähen mit gespanntestem Blicke.
Ebenso wenig vermagst du zu sehn, was das dörrende Alter
Wegnimmt, oder am Meer, was die überhängenden Felsen,
Welche das Salz zernaget, in jedem Momente verlieren.
Unsichtbar sind also die Körper, durch die die Natur wirkt.

III. Lehrsatz. Das Vakuum

Aber es ist nicht alles gedrängt voll Körpermaterie
Allerseits. Denn es gibt noch im Innern der Dinge das Leere.
Dies ist zu wissen für dich in vielen Beziehungen nützlich;
Denn es lässt dich nicht schwanken und ratlos immerdar grübeln
Über das Ganze der Welt, statt unserem Wort zu vertrauen.
Also es gibt ein leeres, ein fühllos, stoffloses Wesen.
Wäre das Leere nicht da, dann könnt' auf keinerlei Weise
Irgendein Ding sich bewegen. Denn Widerstand zu entwickeln,
Das ist des Körpers Amt; dies würde beständig in allen
Dingen sich zeigen. Es könnte mithin nichts weiterhin vorgehn;
Denn nichts wollte zuerst Platz machen für andere Wesen.
Aber wir sehen doch jetzt vor den Augen sich vielerlei regen
Und in verschiedenster Art sich durch Länder und Meere bewegen
Wie an dem Himmelsgewölbe. Doch fehlte nun etwa das Leere,
Würde sich nicht nur nichts in reger Bewegung befinden,
Sondern es fehlte durchaus auch die Möglichkeit jeder Erzeugung,
Da sich der rings aufhäufende Stoff nicht zu rühren vermöchte,
Übrigens hält man zwar die Dinge für dicht und solide,
Aber wie locker ihr Körper, ersieht man aus folgendem Beispiel:
Durch das Grottengestein fließt Wasser in flüssigem Strome,
Überall rieseln herab die reichlich tropfenden Tränen.
Ferner: die Speise verteilt sich im ganzen Leib der Geschöpfe.
Auch die Bäume gedeihen und spenden zur Zeit uns die Früchte,
Weil sich der Nahrungssaft von den untersten Wurzeln nach oben
Wie durch den Stamm, so durch alles Gezweig vollständig verbreitet.
Mauern durchdringet der Schall und durchfliegt auch
verschlossene Häuser,
Und der erstarrende Frost dringt durch bis zum Mark und
den Knochen.
Wären die Räume nicht leer, durch welche die einzelnen Körper
Könnten hindurch sich bewegen, so wäre dergleichen unmöglich.
Endlich warum ist dies an Gewicht just schwerer als jenes,
Ohne dass ihre Gestalt an Umfang wäre verschieden?
Wäre von Körpermasse gleichviel vorhanden im Wollknäuel
Wie in dem Klumpen von Blei, dann müssten sie gleichen
Gewichts sein;
Ist doch des Körpers Amt nach unten hin alles zu drücken,

Wie es zum Wesen des Leeren gehört des Gewichts zu ermangeln.
Also was gleich groß ist und dennoch leichter erscheinet,
Zeigt natürlich uns an, dass in ihm mehr Leeres sich birgt;
Andererseits was schwerer erscheint, gibt uns zu erkennen,
Dass es an Masse wohl mehr, doch weniger Leeres enthalte.
Also es ist in den Dingen natürlich noch etwas enthalten,
Was wir spürsamen Geistes erforschen: wir nennen's das Leere.

Widerlegung des Gegenbeweises. Schwimmender Fisch
Eines muss ich hierbei zuvor noch erwähnen, damit nicht
Wahngebilde der Gegner vom Pfade dich lockender Wahrheit.
Vor den schuppigen Tieren (so sagen sie) weiche das Wasser,
Während sie schwimmen, zurück und eröffne die Bahn, weil sie hinten
Platz zum Zusammenströmen den weichenden Wellen gewährten.
So aneinander vorbei sich bewegend vermöchten auch andre
Dinge beliebig die Stellung zu tauschen, wenn alles auch voll ist.
Merke dir, dieser Beweis ruht ganz auf falscher Begründung.
Wohin sollten denn nur die schuppigen Fische voran gehen,
Machte das Wasser nicht Platz? Wenn ferner die Wellen zurück gehen,
Wie vermöchten sie das, wenn die Fische sich rühren nicht können?
Also man muss entweder jedwede Bewegung der Körper
Leugnen oder behaupten: es gibt ein Leeres in ihnen,
Welches den Anfang schafft jedwedem zu jeder Bewegung.
Endlich noch dies! Zwei breite, zusammenstoßende Körper
Prallen mit Wucht auseinander. Da muss nun die Luft in das Leere,
Das dazwischen entsteht, eindringen und gänzlich es füllen.
Aber auch wenn sie sofort ringsum in beschleunigtem Zustrom
Flösse zusammen, so kann sie doch nimmer in einem Momente
Sämtlichen Raum ausfüllen. Sie muss erst jeden der Plätze
Nacheinander erobern, bis alles am Ende besetzt ist.
Glaubt man nun etwa, der Grund für der Körper gewaltsamen Abprall
Sei aus der Luft zu entnehmen und ihrer Verdichtung, so irrt man.
Denn es entsteht ja ein leerer Raum, der vorher nicht da war,
Ebenso füllt sich auch wieder die Leere, die vorher bestanden.
Niemals kann sich die Luft auf ähnliche Weise verdichten
Oder, wenn je sie es könnte, wie sollte sie ohne das Leere
Sich in sich selber zusammenziehen und die Teile vereinen?
Magst du dich drum bestreitend auch noch so drehen und wenden,
Musst du doch endlich gestehen: es gibt in den Dingen ein Leeres.

Mahnung an Memmius

Vieles vermocht' ich dir noch zusammenzuscharren, um hierdurch
Unserer Lehre Beweis durch weitere Gründe zu stärken.
Aber dem spürsamen Geiste genügen auch diese geringen
Spuren der Fährte bereits, um das übrige selber zu finden.
Denn wie im Waldesrevier die Doggen mit witternder Nase
Häufig die Lager des Wildes, die laubverdeckten, erspüren,
Wenn sie nur erst einmal auf die sichere Fährte gelangt sind,
So wirst selber du nun bei derlei Fragen imstand sein,
Eins aus dem ändern zu lernen und in die verborgenen Winkel
Einzudringen, um hieraus hervorzuziehen die Wahrheit.
Säumst du jedoch und willst von der Sache dich etwas zurückziehn,
Geb' ich dir dieses Versprechen, mein Memmius, offen und ehrlich:
Aus dem gewaltigen Quell, der überreich mir im Innern
Quillt, wird mein süßer Gesang dir volle Pokale kredenzen.
Eher noch kommt, wie ich fürchte, das Alter mir langsam geschlichen
Und löst leise die Riegel, die schützend mein Leben verwahren,
Als ich dein Ohr mit der Fülle der formgerechten Beweise
Voll gesättigt, wie solche für jeglichen Fall mir zur Hand sind.
Nun gilt's fortzuspinnen den eben begonnenen Faden.

Nur zwei Prinzipien:
Atom und Vakuum

Alle Natur, wie sie ist an sich, muss also bestehen
Aus zwei Dingen allein. Denn Körper nur gibt es und Leeres,
Welches die Körper umfängt und Bahn schafft jeder Bewegung.
Was nun die Körper betrifft, so lehrt der gewöhnliche Sinn schon,
Dass sie bestehen. Und wenn wir den Sinnen vor allem nicht trauen,
Fehlt uns der Grund, auf den wir gestützt die verborgenen Dinge
Irgendwie mit verständigem Geist zu erforschen vermögen.
Ferner der Ort und der Raum, den wir als das Leere bezeichnen,
Gab' es ihn nicht, so könnten ja nirgend die Körper sich lagern,
Oder sich irgend bewegen wohin nach verschiedener Richtung,
Was wir dir oben vor kurzem ausführlichst haben bewiesen.

Ein Drittes ausgeschlossen

Ferner gibt es ja nichts, was als völlig verschieden vom Körper
Nennen sich lässt und zugleich nicht minder vom Leeren geschieden,
Was sich gleichsam als dritte Natur zu den ändern gesellte.
Denn was immer nur ist, muss immer aus Etwas bestehen,
Mag es nun groß an Gestalt, mag endlich auch klein es erscheinen:
Wenn es Berührung erfährt auch nur in dem winzigsten Umfang,
Wird sich dadurch auch des Körpers Betrag und die Summe
vermehren.
Wenn es jedoch nicht fassbar erscheint, da es nirgend verhindert,
Dass ein beliebiger Körper in voller Bewegung hindurchfährt,
Merke dir, das ist der Raum, den wir als das Leere bezeichnen.
Auch wird, was für sich selber besteht, selbst Wirkungen äußern,
Oder es wird an sich selbst die Wirkungen andrer erleiden,
Oder es bietet den Raum für der ändern Wirkung und Dasein.
Aber Wirken und Leiden ist ohne den Körper unmöglich,
Und es gewähret den Raum nur Körperloses und Leeres.
Drum kann neben den Körpern und neben dem Leeren ein Drittes
Nie und nimmer für sich bestehn in dem Reiche der Dinge,
Weder was irgendeinmal für unsere Sinne sei fassbar,
Noch was mit dem Verstande der Mensch zu erschließen vermöchte.

IV. Lehrsatz. Akzidenzen der Prinzipien

Alles, was Namen besitzt, hängt ab von den beiden Prinzipien.
Denn es gibt nichts als beider »Verbindung« oder »Ergebnis«.
Als ein Verbundenes gilt, was ohne vernichtende Scheidung
Niemals trennen sich lässt noch abgesondert bestehn kann.
So hat der Stein sein Gewicht, das Feuer die Glut und das Wasser
Nässe; den Körpern ist eigen Berührung, nur nicht dem Leeren,
Knechtschaft aber und Freiheit und ferner Armut und Reichtum,
Wie auch Frieden und Krieg und alles, was sonst noch hinzukommt
Oder verschwindet, doch ohne das Wesen der Dinge zu ändern:
All dies sind wir gewöhnt, wie es recht ist, Ergebnis zu nennen.
Auch ist die Zeit kein Ding an sich, nein, unsere Sinne
Nehmen erst ab von den Dingen, was in der Vergangenheit vorging,
Was uns soeben bedrängt, und endlich was später geschehen wird.
Niemand kann ja die Zeit an sich mit den Sinnen erfassen,

Wenn man die Ruhe der Dinge und ihre Bewegung nicht abmisst.
Wenn man die Sage vernimmt von Helenas Raub und von Trojas
Niederwerfung im Krieg, so muss man sich hüten zu meinen,
Jene Geschehnisse ständen für sich als wirkliche Dinge,
Weil ja die Menschengeschlechter, die jenes »Ergebnis« erfuhren,
Unwiderruflich hinab der vergangene Zeitraum geschlungen.
Denn von dem Land an sich ist das jedes Mal'ge Ergebnis
Wohl zu trennen, das grade in dessen Bezirke sich abspielt.
Wäre nun gar in den Dingen der Stoff nicht vorhanden gewesen
Oder der Ort und der Raum, in welchem sich alles ereignet,
Hätte der Helena Schönheit wohl nimmer das Feuer der Liebe
Bei Alexander entfacht und ins Phrygierherz[6] sich gestohlen,
Hätt' auch die Fackel des wilden, von allen besungenen Krieges
Nimmer entzündet. Dann hätte das hölzerne Pferd und die Griechen,
Die es nächtens gebar, auch nimmer die Veste zerstöret.
Daraus kannst du ersehn, dass alle Geschehnisse durchweg
Nicht auf sich selber beruhen und nicht wie der Körper bestehen,
Noch auch so wie das Leere besondre Benennung verdienen,
Sondern nur so, dass man richtig vielmehr von »Ergebnissen« redet,
Die an den Körper und Ort, wo jedes geschieht, sind gebunden.

Atomstruktur und Vakuum

Körper zerfallen nun teils in Urelemente der Dinge,
Teils in das, was entsteht durch Verbindung der Urelemente.
Aber die Urelemente sind allen Gewalten zum Trotze
Unvertilgbar. Sie schützt ihr undurchdringlicher Körper.
Freilich es scheint recht schwierig zu glauben, es sei in den Dingen
Irgend etwas zu finden mit undurchdringlichem Körper.
Denn es durchdringt ja der himmlische Blitz den Dachstuhl der
Häuser,
Ganz wie der Stimmen Geräusch; weiß glühet das Eisen im Feuer,
Und es zerbersten die Felsen, wenn Dampf sie heftig erglühn lässt.

---

[6] *Phryger* ist die griechische Bezeichnung eines indoeuropäischen Volkes,
das spätestens im 8. Jahrhundert v. Chr. in Anatolien ein großes Reich
errichtet hatte. Seine Hauptstadt war Gordion am Sangarios, etwa
80 Kilometer westlich vom heutigen Ankara.

Wie die Starre des Golds durch die Glut wird erweicht
und geschmolzen,
So wird der Spiegel des Erzes besiegt von der Flamme verflüssigt.
Wärme durchströmet das Silber wie tiefeindringende Kälte.
Beides fühlen wir deutlich, sobald die ergreifende Rechte
Fasst den Pokal, in den sich ergießt das Getränke von oben.
So sehr scheint in der Welt nichts Undurchdringliches denkbar.
Aber es treibt mich die lautre Vernunft und das Wesen der Dinge;
Darum höre nun jetzt, wie in wenigen Versen ich zeige,
Dass es in Wahrheit Keime von festem und ewigem Stoff gibt,
Die man betrachten muss als die Urelemente des Weltalls;
Alles entstand und besteht auch jetzt noch einzig aus ihnen.
Erstlich nun muss notwendig, da diese Prinzipien beide,
Körper und leerer Raum, in welchem sich alles beweget,
Gänzlich verschiedne Natur, wie man längst entdeckt hat, besitzen,
Jedes für sich selbständig bestehn und rein sich erhalten.
Denn wo immer der Raum sich erstreckt, den Leeres wir heißen,
Ist kein Körper vorhanden, und wiederum, wo sich der Körper
Ausdehnt, fehlt vollständig das Körperlose, das Leere.
Drum sind die Urelemente solid und ermangeln des Leeren,
Da sich nun ferner das Leere in allem Erschaffenen findet,
Muss ringsum sich ein dichterer Stoff um das Leere erstrecken.
Denn bei keinem der Wesen vermag man mit richtigem Schlüsse
Darzutun, dass das Leere in ihm sich verbirgt und versteckt hält,
Wenn man zugleich nicht den dichten, umfassenden Stoff
noch dazu nimmt.
Dies kann füglich nichts anderes sein als vereinigter Urstoff,
Der in den Dingen vermag das Leere zusammenzuschließen.
Also der Urstoff selbst, der aus dichtestem Körper bestehn muss,
Kann urewig nur sein; das übrige löst sich im Tod auf.
Ferner, wenn das nicht wäre, was Raum verstattet, das Leere,
Wäre ja alles solid, und wiederum, gab es die Körper
Nicht, die sicher die Orte besetzten und völlig erfüllten,
Dann war' unsere Welt nichts andres als ödeste Wüste.
Also Körper und Leeres ist wechselweise geschieden;
Dies ist klar, da weder das Volle ausschließlich für sich steht
Noch auch das Leere. Somit gibt's eben besondere Körper,
Welche den leeren Raum von dem Vollen zu scheiden vermögen.
Diese lassen sich nicht durch Schläge von außen zertrümmern,

Noch löst irgendwie sich ihr festes Gefüge von innen,
Noch bringt irgendein anderer Fall sie erschütternd ins Wanken,
Was ich schon oben vor kurzem dir deutlich zu zeigen vermochte.
Wo das Leere nicht ist, da erscheint auch jede Verbeulung,
Jedes Zerbrechen unmöglich, wie jegliche Teilung in Hälften.
Nässe berührt sie nimmer, noch tief einwirkende Kälte,
Noch eindringendes Feuer, die alles zerstörenden Feinde.
Aber je mehr von dem Leeren ein Ding in dem Innern beherbergt,
Um so leichter erliegt es dem Eingriff jener Gewalten.
Sind nun also, so wie ich's gelehrt, die Urelemente
Dicht und ohne das Leere, dann müssen sie ewig bestehen.
Übrigens: wär' in der Welt nicht vorhanden der ewige Urstoff,
Wäre schon alles wohl längst in das Nichts vollständig versunken,
Und was wir irgend erblicken, müsst' immer von neuem erstehen.
Aber ich habe schon früher gelehrt, nichts könne sich bilden
Aus dem Nichts, noch zurück in das Nichts das Geschaffene sinken;
Deshalb müssen unsterblichen Leibs die Urelemente
Sein, in welche zuletzt jedwedes Geschaffene sich auflöst,
Um dann wieder den Stoff zu erneuten Geburten zu liefern.
Also die Urelemente sind einfach stets und solide,
Und sie können nicht anders auf ewig sich selber bewahren
Und seit undenklicher Zeit stets neue Geburten erschaffen.

Unteilbarkeit der Atome

Hätte nun ferner Natur kein Ende gesetzt der Zerstörung
Unter den Dingen, dann wären schon lange die Körper des Urstoffs
Durch der vergangenen Zeiten Verderb so völlig vernichtet,
Dass keins ihrer Geschöpfe von Stunde der Zeugung ab könnte
Binnen bestimmter Frist zu des Lebens Höhe gelangen.
Denn wir sehen, wie alles sich schneller zu lösen imstand ist
Als aufs neue zu bilden. Darum auch könnte sich niemals,
Was die unendliche Zeit in der Reihe vergangener Tage
Bis auf die jetzige Stunde zerstreut hat oder zertrümmert,
Wieder aufs neue gestalten im Laufe der künftigen Zeiten.
Doch jetzt bleibt ja natürlich ein festeres Ziel der Vernichtung
Abgesteckt, da wir sehen, wie jegliches Ding sich erneuert,
Und wie für jedes Geschlecht zugleich auch besondere Fristen
Feststehn, innerhalb deren des Lebens Blüte sich aufschließt.

Struktur der vier Elemente

Dazu kommt noch das Neue, dass, ob auch die Körper des Urstoffs
Völlige Dichte besitzen, trotzdem die entstehenden Dinge
Luft, Feuer, Erde und Wasser von lockrer Beschaffenheit werden.
All dies lässt sich verstehn durch das Leere, das allem sich beimischt.
Wären dagegen schon locker die Grundelemente der Dinge,
Woher stammten dann Eisen und härtlicher Kiesel, wie wären
Diese geworden, wo bliebe die Kraft, dies alles zu schaffen?
Niemand könnte das sagen. Es würde die ganze Natur dann
Völlig und ganz ermangeln des grundsteinlegenden Anfangs.
Also die Grundelemente sind einfach zwar und solide,
Aber durch ihren Verband, wenn sie fest aneinander sich schließen,
Können die vielen zusammen gewaltige Kräfte entfalten.
Wäre sodann kein Ende gesetzt der Vernichtung der Körper,
Müssten doch einige Körper zum mindesten übrig geblieben
Sein, die aus ewiger Zeit sich bis jetzt in den Dingen erhielten
Und entronnen zu sein aus allen Gefahren sich rühmten.
Aber da längst feststeht, sie seien zerbrechlichen Wesens,
Ist es ein Widerspruch, dass jene die ewige Zeit durch
Trotz unzähliger Stöße sich könnten am Leben erhalten.
Endlich ist festgestellt, dass jedem Geschlechte das Ende
Seines Wachsens und Lebens von vornherein ist gegeben,
Und was jedes vermag den Naturgesetzen zu Folge
Oder was nicht, steht längst schon fest nach ewiger Satzung.
Daran ändert sich nichts, vielmehr bleibt alles beständig,
So, dass stets nach der Reihe die bunt gefiederten Vögel
Je nach ihrem Geschlecht dieselbigen Tupfen vererben;
Also müssen sie wohl den nimmer sich ändernden Urstoff
Schon in dem Körper besitzen. Denn könnten die Urelemente
Irgendwie in den Dingen beliebig Veränderung leiden,
Dann wär' auch nicht klar, was eigentlich könnte entstehen
Oder was füglich auch nicht; und wie jedwedem umzirkt sei
Seine wirkende Kraft und der grundtief ruhende Markstein.
Nie auch könnten ererben nach Sippen getrennt die Geschöpfe
Bildung, Bewegung, Gesittung und Lebensführung der Eltern.

Gibt's ein Minimum?

Weil nun ein äußerster Punkt bei jenem Urelemente
Ist, das unseren Sinnen schon nicht mehr zu schauen vergönnt ist,
So kann dieser natürlich nicht weitere Teilchen besitzen,
Sondern ist schlechthin das Kleinste, das nie für sich hat bestanden
Als selbständiger Teil und nie als solcher bestehn wird.
Denn es ist selbst nur des anderen Teil, und zwar nur das eine
Erste, wie andere dann und andere ähnliche Teilchen
Dicht aneinander sich reihen, um so das Atom zu gestalten.
Da sie für sich nicht können bestehn, so müssen sie alle
Unauflösbar in jedem Bezug aneinander sich ketten.
Also die Grundelemente sind einfach stets und solide,
Da sie mit winzigsten Teilchen zwar eng aneinander geschlossen,
Doch nicht entstanden sind aus einzelner Teilchen Verbindung,
Sondern durch Einheit mächtig, die ewiges Leben verbürget.
Davon lässt die Natur nichts abtun oder vermindern;
Denn sie muss ja die Keime zu künft'gen Geburten bewahren.
Nimmt man sodann dies Kleinste nicht an, so würden doch wieder
Aus unzähligen Teilen die winzigsten Körper bestehen.
Denn stets würde die Hälfte sich weiter in Hälften zerteilen,
Und so würde das Teilen ja nirgends ein Ende erreichen.
Größtes mithin und Kleinstes, wie unterschiede sich beides?
Rein durch nichts. Denn ließe sich auch das All in Gesamtheit
Wirklich unendlich teilen, so würde doch ebenso wieder
All das Kleinste bestehn aus unendlich teilbaren Teilen.
Doch die gesunde Vernunft verwirft dies gänzlich und leugnet,
Dass es unserm Geist je glaublich erschiene. So musst du
Überwunden gestehn: es ist wirklich ein Kleinstes vorhanden,
Das nicht teilbar mehr ist. So musst du denn weiter gestehn,
Dass es unsterblichen Wesens infolge der dichten Struktur ist.
Endlich wenn die Natur, die Schöpferin, alles Geschaffne
Wieder in kleinste Partikeln sich ganz zu verflüchtigen zwänge,
Könnte sie nimmer aus diesen die alten Gebilde erneuern
Deshalb, weil ja doch diese unteilbar kleinsten Partikeln
Nicht das können besitzen, was zeugende Stoffe besitzen
Müssen: Gewicht und Stöße, Zusammenprall und Bewegung
Wievielfache Verbindung; denn so nur betätigt sich alles.

Wider Heraklit und Genossen

Deshalb scheinen mir jene, die Feuer zum Grundstoff wählten
Und aus dem Feuer allein sich das Weltall dachten entstanden,
Ganz und gar von der Wahrheit Weg in die Irre zu gehen.
Diesen voran als erster begann Herakleitos[7] das Treffen,
Dessen dunkele Sprache in griechischen Landen berühmt ist,
Mehr bei den Gecken jedoch als den ernsteren Forschern der
Wahrheit.
Denn die Toren bewundern und lieben just alles am meisten,
Was sie unter dem Mantel verschrobener Worte versteckt sehn,
Und sie halten für wahr, was hübsch um die Ohren sie kitzelt
Und was auf ist geschmückt mit dem Wohllaut witziger Rede.
Denn ich frage, warum nur die Dinge so mannigfach wären,
Wenn ihr Ursprung wäre das lautere Feuer alleine?
Denn es nützte ja nichts, dass des Feuers Glut sich verdünnte
Oder verdichtete, hätten die Teile des Feuers dasselbe
Wesen, das ebenso schon das Feuer im ganzen besitzet.
Zwar wenn enger die Teile zusammen sich pressen, wird schärfet
Werden die Glut und gelinder, wenn diese zerstreut und getrennt sind.
Aber an weitere Wirkung ist doch bei solchem Verhältnis
Gar nicht zu denken, geschweige, dass solche Verschiedenheit könnte
Aus dem Feuer entstehn durch Verdichtung oder Verdünnung.
Ferner noch dies: wenn das Leere sie noch zu den Dingen gesellten,
Könnte sich leichter das Feuer verflüchtigen oder verdichten.
Freilich erkennt sein Buch, dass vieles mit seinen Gedanken
Streitet; und da er sich scheut, an das lautere Leere zu glauben,
So verliert er den richtigen Weg aus Angst vor der Steilheit.
Auch dies sieht er nicht ein, dass, wenn man das Leere beseitigt,
Alles sich dichtet und klumpet zu einem ureinzigen Körper,
Der nichts könnte mit Wucht aus dem Innern entsenden
und schleudern,
Wie glutwirkend das Feuer das Licht und die Dämpfe entsendet.
Daraus sieht man: das Feuer besteht aus lockeren Teilchen.
Meinet man nun etwa gar, dass das Feuer auf anderem Wege
Könn' als Ganzes vergehn und sein eigenes Wesen verändern

---

[7] *Herakleitos*: Heraklit von Ephesos (ca. 520 – ca. 460 v. Chr.) war
ein vorsokratischer Philosoph aus dem ionischen Ephesos.

(Wenn man sich nämlich bedenkt, an teilweise Löschung zu glauben),
Löste sich selbstverständlich das Ganze der Glut in ein Nichts auf,
Und aus dem Nichts dann würde, was irgend entsteht, sich entwickeln.
Denn was immer sich ändert und seine bisherigen Sitze
Wechselt, erleidet sofort die Vernichtung des früheren Zustands.
Drum muss etwas bestehn, was unzerstörbar darin bleibt,
Soll dir nicht alles zumal in das Nichts vollständig versinken
Und aus dem Nichts sich erheben aufs neue die Fülle der Dinge.
Da es nun jetzt feststeht, dass es völlig bestimmte Atome
Gibt, die immer und ewig dasselbige Wesen behalten,
Die durch wechselnde Ordnung und Zugang oder auch Abgang
Alle Naturen verändern und diese zu neuen gestalten,
Weiß man, dass nimmer aus Feuer bestehen die Körper der Dinge.
Denn gleichgültig erschien es, ob etliches wich' und verschwände,
Andres hinzu sich gesellte und manches die Ordnung verkehrte,
Wenn nur des Feuers Glut sich in allem stetig erhielte;
Denn dann war' es doch Feuer, was allerwegen entstünde.
Doch, wie ich meine, so ist's: es gibt Urkörperchen, deren
Ordnung, Lage, Gestalt und Zusammenstoß und Bewegung
Feuer erzeugt; und verändert die Lage sich, ändert sich gleichfalls
Ihre eigne Natur; dann gleichen sie nimmer dem Feuer
Noch auch anderen Dingen, die unseren Sinnen Atome
Zuzusenden vermögen und unser Gefühl zu erregen.
Ferner behaupten zu wollen: nur Feuer ist alles in allem
Und nichts Wirkliches gibt's in dem Reich der Natur als das Feuer,
Wie Herakleitos es lehrt, das scheint mir der Gipfel des Wahnsinns.
Denn von dem Sinnlichen auskämpft selber er wider die Sinne
Und erschüttert ihr Zeugnis, auf dem doch der Glaube beruhn muss,
Und wodurch er doch selber das Feuer erkannt und benannt hat.
Denn er vermeint durch die Sinne das Feuer wohl richtig zu fassen,
Aber was sonst nicht minder gewiss, das mag er nicht glauben.
Dies will nichtig fürwahr und ganz wahnsinnig mir scheinen.
Wem denn sonst ist zu trauen? Was kann denn als sicher uns gelten
Außer den Sinnen, durch die wir bemerken, was wahr und was falsch ist?
Ferner: weshalb denn soll man von all dem anderen absehn,
Um nur des Feuers Natur allein noch übrig zu lassen,
Statt vom Feuer zu schweigen und irgendwas andres zu wählen?
Scheint mir doch eins wie das andre ein Satz von der gleichen Ver-
rücktheit!

Jene mithin, die im Feuer den Grundstoff sämtlicher Dinge
Sehn und das Weltall lassen allein aus dem Feuer entstehen,
Ferner auch, die in der Luft den Urquell alles Entstehens
Setzen, und die in dem Wasser den einzigen Schöpfer erblicken,
Oder auch jene, die glauben, die Erde verehren zu müssen
Als Allmutter, die wechselnd in alle Naturen sich wandle,
Scheinen mir alle sich weit von dem richtigen Weg zu verirren.
Nimm nun noch jene hinzu, die Doppelprinzipien lehren,
Da sie Feuer der Luft und Erde dem Wasser gesellen,
Und nicht minder, die alles aus vier Elementen entstanden
Glauben, aus Feuer und Erde, dem luftigen Hauch und dem Feuchten.

Wider Empedokles

Ihnen schreitet voran Empedokles, Akragas' Sprössling,
Welchen die Insel gebar mit dem dreifach gezackten Gestade,
Die das ionische Meer in schweifenden Bogen umflutet
Und aus den bläulichen Wogen mit salzigem Schaume bespritzt.
Hier trennt reissend die See mit dem enger sich schließenden Sunde
Jener Insel Gebiet von Italiens Festlandsküsten,
Hier haust wüst die Charybdis[8] und hier droht brüllend der Ätna[9],
Flammenden Zorn aufs neue im grollenden Busen zu sammeln,
Um aus des Kraters Schlund dann wieder das Feuer zu speien
Und zum Himmel empor die flammenden Blitze zu schleudern.
Mancherlei prächtige Wunder umschließt dies herrliche Eiland,
Das bei den Völkern der Erde als schauenswürdig bekannt ist;
Reichtum an Gütern besitzt es und Wehr und Waffen der Männer:
Doch nichts Schöneres barg dies Eiland je in dem Schoße,
Nichts, was heiliger, teurer und wunderbarer erschiene
Als der Prophet, des' Lied aus göttlich begeisterter Brust drang

---

[8] *Charybdis* ist ein gestaltloses Meerungeheuer aus der griechischen
Mythologie, das gemeinsam mit der Skylla an einer Meerenge gelebt
haben soll.

[9] Der *Ätna* (italienisch Etna oder auch Mongibello) ist ein aktiver und
mit rund 3323 Metern über dem Meeresspiegel auch, (je nach Grenz-
ziehung) der höchste Vulkan Europas. Er liegt auf der italienischen
Insel Sizilien in der Nähe von Catania und Messina.

Und so herrliche Lehren des Weisen uns offenbarte,
Dass er uns kaum noch erscheint als Sprössling sterblichen Stammes.
Aber obwohl auch dieser und die viel kleineren Geister,
Die weit unter ihm stehn (wir haben sie oben besprochen),
Manchen vortrefflichen Fund vom göttlichen Geiste getrieben
Öfter getan und aus ihres Gemüts hochheiligem Tempel
Sprüche verkündet, die uns weit hehrer und wahrer erklingen,
Als was die Pythia spricht von Apollos Lorbeer und Dreifuß,
Bei den Prinzipien doch da kamen sie alle zum Sturze;
Langhin schlugen sie auf, im gewaltigen Fall noch gewaltig.
Denn sie vermeinen zum ersten, dass ohne das Leere Bewegung
Könne entstehn; sodann erwählen sie weiche und lockre
Stoffe, wie Luft, Nass, Feuer und Erde, wie Tiere und Pflanzen,
Ohne doch allen den Körpern zugleich auch das Leere zu geben.
Ferner vermeinen sie auch, dass alles unendlich sich teilen
Lasse, so dass kein Ende der weiteren Spaltung zu sehn sei.
So sei auch in den Dingen durchaus kein Kleinstes vorhanden.
Wo doch ein äußerster Punkt in jedem der Körper sich darstellt,
Den dann unsere Sinne als Kleinstes noch eben erblicken;
Daraus zieh du den Schluss, dass die unsichtbaren Atome
Auch ein Äußerstes haben, was wirklich das Kleinste bedeutet.
Auch kommt dies noch hinzu: da sie Grundelemente der Dinge
Wählen, die weich und vergänglich wir sehn, nicht minder geschaffen
Als der Vernichtung geweiht, so müsste doch sicher das Weltall
Völlig zurück in das Nichts zerfallen, und wieder geboren
Aus dem Nichts sich von neuem die Fülle der Dinge beleben.
Beide Gedanken (du weißt es) entfernen sich weit von der Wahrheit.
Auch erweisen sich vielfach die vier Elemente als feindlich
Untereinander und tödlich. Drum wenn sie sich einen, vergehn sie
Oder zerstieben ins Weite, wie wenn wir im Sturmesgewitter
Sehen, wie Blitz, Wind, Regen sich ballen und wieder zerflattern.
Endlich, wenn alles zumal aus den vier Elementen entstehn soll
Und auch wieder zerfallen in ganz die nämlichen Stoffe,
Wie darf jemand nur jene als Urelemente der Dinge
Ansehn? Kann man nicht ebenso gut das Verhältnis auch umdrehn?
Denn von jeher erzeugt sich der Stoff und die Dinge im Wechsel,
Und sie verändern die Farbe so gut wie das übrige Wesen.
Wenn du nun aber vermeinst, falls Feuer und Erde sich gatten
Und die Winde der Luft mit des Wassers flüssigem Nasse,

Werde sich gar nichts ändern am Wesen bei dieser Verbindung,
Dann kann nie dir entstehn ein Geschöpf aus den vier Elementen,
Mag es beseelt, mag leblos es sein wie der Baum auf der Heide.
Denn es behauptet ja doch in der Mischung verschiedener Stoffe
Jegliches seine Natur, und vermischt mit der Erde wird immer
Bleiben die Luft, was sie war, und das Feuer sich halten im Wasser.
Aber beim Zeugungswerk darf nur in den Urelementen
Heimlich und unsichtbar die Natur sich bekunden, damit nicht
Irgend etwas erscheine, was gegen das eigene Wesen
Jeglichen neuen Geschöpfes sich hemmend und feindlich erweise.
Ja, aus dem Himmel sogar und seiner feurigen Lohe
Holen sich manche den Stoff und lassen zuerst sich das Feuer
Wandeln in Luft, dann Regen daraus, dann Erde sich bilden
Aus dem Regen, und alles sodann sich rückwärts verwandeln
Erst in das Wasser, sodann in die Luft und endlich ins Feuer.
Nimmer erschöpfe sich so der Verwandlungen ewiger Kreislauf
Nieder vom Himmel zur Erde und wieder von hier zu den Sternen.
Doch dies darf durchaus nicht geschehn bei den Urelementen.
Etwas Beharrliches muss in dem Kreis der Verwandlungen bleiben,
Soll dir nicht alles zuletzt in das Nichts vollständig versinken.
Denn was immer sich ändert und seine bisherigen Sitze
Wechselt, erleidet sofort die Vernichtung des früheren Zustands.
Deshalb müssen natürlich die eben bezeichneten Stoffe,
Da sie Veränderung erleiden, aus anderen Stoffen bestehen,
Und zwar solchen, die nie Verwandlungen können erleiden,
Soll dir nicht alles zumal in das Nichts vollständig versinken,
Nein, du musst dir vielmehr nur solche Prinzipien denken,
Die, nachdem sie vielleicht das Feuer zum ersten geschaffen,
Dann auch die Luft erzeugen, indem sie ein weniges abtun,
Weniges auch zufügen, Bewegung ändern und Ordnung,
Und so eins aus dem ändern sich lassen in allem entwickeln,
»Aber es liegt auf der Hand«, so sagst du, »dass alles nach oben
In die Gefilde der Luft, von der Erde sich nährend, emporwächst:
Wenn nicht zu günstigen Zeiten das Wetter den Regen uns spendet,
Und vor den Wolkenergüssen die Äste der Bäume sich schütteln,
Wenn nicht an ihrem Teile die Sonne erwärmende Strahlen
Sendet, dann kann nicht gedeihn Korn, Obst und lebendes Wesen.«
Wisse, wenn trockene Speise und labendes Nass uns nicht hülfe,
Würde der Körper auch uns zernichtet und jegliches Leben

Schwänd' uns völlig dahin, da Sehnen und Knochen sich lösten.
Denn es befördern und nähren das Wachstum unseres Leibes
Klärlich gewisse Stoffe, und anderes nähret sich anders.
Denn da auf vielerlei Weise gemeinsame Grundelemente
Sich in den vielerlei Dingen natürlich zusammen gesellen,
Ist bei verschiedenen Dingen die Nahrung auch selber verschieden.
Wichtig ist ferner auch dies, mit welcherlei Grundelementen
Diese selber verkehren, und wie die wechselnde Lage
Sich zueinander gestaltet und gegenseit'ge Bewegung.
Denn dieselbigen Stoffe begründen ja Himmel und Erde,
Meer und Ströme und Sonne wie Korn, Obst, lebendes Wesen.
Ihre Bewegung jedoch ist verschieden nach Mischung und Auswahl.
Ja auch in unseren Versen (du kannst es ja sehen) erscheinen
Vielfach dieselbigen Lettern verschiedenen Wörtern gemeinsam,
Und doch musst du gestehn, die Verse sind gleichwie die Worte
Ganz voneinander verschieden im klingenden Laut wie im Inhalt.
So stark wirkt bei den Lettern allein die veränderte Folge,
Und doch können fürwahr die Urelemente der Dinge
Weit mehr Möglichkeiten veränderter Schöpfungen schaffen.

Wider Anaxagoras

Lasst uns jetzt auch betrachten, was sich Anaxagoras dachte
Unter Homoeomerie[10]. Dies griechische Wort ist uns leider
Wiederzugeben versagt in unserer ärmlichen Sprache,
Aber die Sache vermag ich mit Worten dir leicht zu umschreiben.
Erstlich Homoeomerie, was lehrt uns der Weise darüber?
Knochen entstünden natürlich aus kleinen und winzigen Knöchlein,
Fleisch nicht minder aus kleinen und winzigen Teilchen des Fleisches,
Ebenso bilde sich Blut aus vielen und winzigen Tropfen
Blutes, die untereinander zusammenfließend sich einen,
Aus Goldstäubchen sodann erklärt er die Bildung des Goldes,
Wie auch die Erde sich bilde aus winzigen Stäubchen von Erde,
Feuer aus Feuerfunken und Wasser aus Tröpfchen von Wasser.
Ähnlich erklärt er denn auch sich das Übrige weiter und glaubt dran.
Aber dem Leeren verstattet er nirgends ein Plätzchen im Weltall

---

[10] *Homoeomerie*: Gewisse gleichartige Qualitäten verschiedener Stoffe,
Themen oder Sachverhalte.

Und setzt nirgends ein Ziel der unendlichen Teilung der Körper.
Darum erscheint er mir auch in den beiden Behauptungen gleich sehr
Irre gegangen wie jene, die früher schon wurden erledigt.
Weiter nun denkt er sich allzu schwächlich die Urelemente;
Wenn »Element« zu heißen verdient, was mit gleicher Natur ist
Ausgestattet wie alles, was draus sich entwickelt, und ähnlich
Leidet und stirbt und durch nichts vor dem endlichen Tode bewahrt
bleibt.
Denn was kann denn von diesen dem mächtigen Drucke begegnen
Und dem Verhängnis entfliehn, wenn die Zähne des Todes es fassen?
Etwa Feuer, Luft, Wasser? Was sonst? Blut oder die Knochen?
Nichts von diesen, vermut' ich; wenn gleichermaßen vergänglich
Sein soll jegliches Ding, wie das, was mit eigenen Augen
Untergehen wir sehen durch irgendwelche Gewalten.
Aber es kann Nichts wieder in Nichts zerfallen, noch etwas
Werden aus Nichts. Ich rufe das früher Erwiesene zum Zeugnis.
Ferner, da Speise es ist, die den Körper ernähret und mehret,
Kann man erkennen, dass Adern und Blut und Knochen [und Nerven
Sämtlich in unserem Leib nur aus fremdem Stoffe sich bilden.]*
Oder, sofern man die Speise durch Mischung verschiedener Körper
Bilden sich lässt, die in sich kleinwinzige Nervenpartikeln,
Ebenso Knochen- und Blut- und Adernteilchen besitzen,
Müssen auch sämtliche Speisen, die trocknen sowohl wie die feuchten,
Selbst als zusammengesetzt aus ganz fremdartigen Körpern,
Nämlich als Mischung von Blut, Saft, Knochen und Nerven
uns gelten.
Ferner, wenn sämtlicher Stoff, der sein Wachstum danket der Erde,
In ihr wurzelhaft ist, dann muss auch selber die Erde
Aus fremdartigen Körpern bestehn, die der Erde entwachsen.
Wend es auf anderes an: es genügen die nämlichen Worte:
Wenn sich im Holze die Flamme verbirgt und der Rauch und
die Asche,
Müssten die Hölzer bestehn aus ganz fremdartigen Körpern,
Aus fremdartigen das, was doch aus dem Holze hervorgeht.
Ferner auch muss, was die Erde nun weiter noch nähret und mehret,
[Ebenfalls wieder bestehn aus ganz fremdartigen Stoffen,
Und Fremdartiges lässt Fremdartiges also entstehen.]*

Anmerkung der Redaktion: Ergänzungen des Übersetzers Hermann Diels zur Ausfüllung von Lücken in den überlieferten Handschriften sind hier und im folgenden Text in eckigen Klammern gesetzt.

Freilich hier bleibt zum Entkommen, so schmal er auch ist, noch ein Ausweg,
Den Anaxagoras wählt. Denn er meint, dass alles mit allem
Innig vermischt in den Körpern verborgen sich halte. Nur eines
Trete besonders hervor, von dem sich die meisten Partikeln
In dem Gemenge befänden und mehr sich im Vordergrund hielten,
Aber auch dies heißt weit von dem Wege der Wahrheit entfernt sein!
Denn dann müssten natürlich beim Korn oft, wenn es der Mühlstein
Rollend zerquetscht mit bedrohlicher Wucht, auch Spuren
von Blut sich
Zeigen oder was sonst kraft unseres Körpers erzeugt wird.
Ähnlich müsste dann auch den Kräutern, die man im Mörser
Stein auf Stein, zerstampft, bisweilen entfließen ein Blutstrom,
Und aus dem Wasser ein süßes Getropf und von gleichem Geschmack
Träufeln, wie solches dem Euter entquillt wolltragender Schafe.
Müssten nicht auch in den Schollen der Erde beim häufigen Ackern
Allerlei Kräuter und Früchte und Laubwerk treten zutage,
Welche in feiner Verteilung sich zwischen den Schollen verbergen?
Ferner müsst' in den Hölzern der Rauch und die Asche sich zeigen,
Wenn man in Stücke sie bricht, und kleine verborgene Fünkchen.
Da nichts derart geschieht (das liegt ja deutlich vor Augen),
Kann man ersehn, dass die Dinge nicht so miteinander
vermischt sind,
Sondern dass vielfach gemischte, gemeinsame Keime zu vielen
Dingen verbergen sich müssen in all den verschiedenen Dingen.
»Aber«, so wirfst du ein, »auf hohen Gebirgen begibt sich's,
Dass hochragende Wipfel benachbart stehender Bäume,
Wenn sie ein heftiger Föhn dazu zwingt, aneinander sich reiben,
Bis sich die Blume des Feuers erhebt als flackernde Flamme.«
Richtig bemerkt. Und doch ist die Glut nicht im Holze verborgen,
Sondern die Keime des Feuers sind zahlreich. Wenn sie durch Reibung
Fließen in eins zusammen, erzeugen sie Brände der Wälder.
Hielte die fertige Flamme bereits sich verborgen im Holze,
Könnte die Feuersbrunst sich in keinem Momente verbergen,
Sondern sie fräße die Wälder umher und verbrannte die Stämme.
Siehst du nun, wie sich bestätigt, was dir vor kurzem gesagt ward,
Wichtig vor allem sei dies, wie dieselben Grundelemente
Untereinander verkehren und wie in wechselnder Lage
Sie zueinander sich stellen und gegenseitiger Bewegung,
Siehst du, wie ebendieselben erzeugen mit wenig Veränderung

Stamm nicht minder wie Flamme? So sind die Wörter auch selber
Nur ganz wenig verändert bei ähnlichen Grundelementen,
Wenn wir Flamm' und Stamm mit verschiedenen Lauten bezeichnen.
Endlich noch, falls du vermeinst, bei den Dingen, die deutlich
zu sehn sind,
Müsse man jedenfalls die Körper der schaffenden Stoffe
Mit ganz ähnlichem Wesen wie die der geschaffenen denken,
Nun, so verschwinden natürlich die »Urelemente« der Dinge.
Denn sie würden am Ende wie wir – vor Lachen sich schütteln
Und mit salzigen Tränen die Wimpern und Wangen benetzen!

Poetische Einlage. Dichterbekenntnis

Auf, nun lern auch das Übrige jetzt und vernimm es noch klarer!
Freilich entgeht es mir nicht, welch dunkles Gebiet ich betrete,
Aber die Hoffnung auf Ruhm hat den Geist mir mächtig erschüttert,
Wie mit dem Thyrsusstab [11], und sie weckte in meinem Gemüte
Süßeste Lust zum Gesang. Sie trieb mich, mit strebendem Geiste
Unwegsame, von niemand betretene Musengefilde
Zu durchwandern. Da freut's, jungfräuliche Quellen zu finden,
Draus ich schöpfe, da freut's, frischsprießende Blumen zu pflücken,
Und sie zum herrlichen Kranz um das Haupt mir zu winden,
wie solchen
Keinem der Früheren je um die Schläfen gewunden die Musen.
Denn mein Gesang gilt erstlich erhabenen Dingen: ich strebe,
Weiter den Geist aus den Banden der Religion zu befreien.
Ferner erleuchtet mein Dichten die Dunkelheit dieses Gebietes
Hell, weil über das Ganze der Zauber der Musen sich breitet.
Denn auch der Versschmuck wurde mit vollem Bedachte gewählt.
Wie, wenn die Ärzte den Kindern die widrigen Wermutstropfen
Reichen, sie erst ringsum die Ränder des Bechers bestreichen
Mit süß schmeckendem Seime des goldfarbenen Honigs,
Um die Jugend des Kindes, die ahnungslose, zu täuschen:
Während die Lippen ihn kosten, verschluckt es indessen den bittern
Wermutstropfen. So wird es getäuscht wohl, doch nicht betrogen,
Da es vielmehr nur so sich erholt und Genesung ermöglicht.

---

[11] *Thyrsusstab*: Der mit Weinreben und Efeu bekränzte Stab, den die
Bacchanten an den Bacchusfesten trugen.

So nun wollt' ich auch selber, weil unsere Lehre den meisten,
Die noch nie sie gehört, zu trocken erscheint und der Pöbel
Schaudernd von ihr sich kehrt, mit der Dichtung süßestem Wohlklang
Unsere Philosophie dir künden und fasslich erläutern
Und sie gleichsam versüßen mit lieblichem Honig der Musen,
Ob es mir so wohl gelingt, dein Denken bei unseren Versen
Solang fesseln zu können, bis alles du völlig begreifest,
Welche Gestalt der Natur ureigenem Wesen zum Schmuck ward.

Das Unendliche

Doch nachdem ich gelehrt, dass des Urstoffs dichteste Körper
Ununterbrochen und unzerstört durch die Ewigkeit fliegen,
Lass mich entwickeln nunmehr, ob die Summe derselben begrenzt ist
Oder auch nicht, ob weiter das Leere, das oben wir fanden,
Und der Raum und der Ort, in dem sich die Dinge bewegen,
Aller Wege und völlig nach allen Seiten begrenzt ist
Oder sich endlos weitet in unergründliche Tiefe!
Hiernach hat alles, was ist, nach keinerlei Richtungen irgend
Welche Begrenzung. Es müsste ja dann auch ein Äußerstes haben;
Aber ein Äußerstes gibt es nur dann, wenn irgendein Körper
Jenseits, der es begrenzt, vorhanden ist. Aber man sieht schon
Hiernach den Punkt, wo weiter das Wesen der Sinne nicht zureicht.
Weiter nun muss man gestehn, dass es nichts gibt außer dem Weltall;
So gibt's auch kein Äußerstes hier, kein Maß und kein Ende,
Auch ist's einerlei für den Raum, wohin du dich stellest.
Denn von dem Ort, wo gerade sich jeder befindet, erstreckt sich
Überallhin gleich weit das unendliche All in die Runde.
Denkst du nun aber begrenzt den ganzen vorhandenen Weltraum
Und du vermöchtest zum letzten und äußersten Ende des Weltalls
Vorzudringen und dort die beflügelte Lanze zu schleudern,
Willst du da lieber behaupten, mit kräftigem Schwünge geschleudert
Fliege sie weiter nun fort nach dem einmal gegebenen Zielpunkt,
Oder vermeinst du, dass irgendein Halt sie zu hemmen vermöge?
Denn eins oder das andre verbleibt dir nur zuzugestehen.
Jedes von beiden verschließt dir den Ausweg. Also das All muss
(Dies ist der zwingende Schluss) ohn' Ende sich weiter erstrecken.
Denn mag irgendein Halt die beflügelte Lanze verhindern,
Bis an das Ziel zu gelangen und dort am Ende zu ruhen,

Oder fliegt sie so fort: nie nahm sie vom Ende den Ausflug.
So verfolg' ich dich stets, und wo du auch immer das Ende
Setzest der Welt, da frag' ich: was soll aus der Lanze nun werden?
Also folgt: in dem All ist nirgends ein Ende zu finden,
Und da Raum ist zur Flucht, so erweitert sich immer der Fluchtweg.
Wäre nun außerdem die gesamte Masse des Weltraums
Ringsumher umschlossen von festverrammelten Schranken
Und so endlich begrenzt, dann wäre die Masse des Stoffes
Überallher durch ihr schweres Gewicht in die Tiefe gesunken,
Und nichts könnte geschehn hier unter dem Dache des Himmels,
Ja es fehlte sogar mit dem Himmel die strahlende Sonne.
Denn zusammengeklumpt lag' unten der sämtliche Weltstoff,
Wo er sich niedergeschlagen seit unermesslichen Zeiten.
Doch nun gibts in der Tat für die Körper der Urelemente
Nirgends ein Ausruhn. Gibt es doch nirgends ein völliges Unten.
Wo sie sich könnten vereinen und festere Sitze gewinnen.
Alles regt sich und rühret sich stets in beständiger Bewegung
Überallher, ja es schnellen von unten die Körper des Urstoffs
Aus dem unendlichen Räume hervor und ersetzen die Lücken,
Endlich liegt doch vor Augen, wie eins von dem ändern
begrenzt wird.
Luft grenzt ab das Gebirge, und Berg grenzt wieder die Luft ab,
Land grenzt ab sich vom Meer, und das Meer grenzt wieder
das Land ab.
Aber das Weltall freilich, da gibts nichts, was es umschlösse,
Also das Wesen des Raums und die gähnende Tiefe des Leeren
Dehnt sich so weit, dass der funkelnde Blitz, selbst wenn er im Fallen
Ewige Zeiten gebrauchte, doch niemals käme zum Ende,
Dass er sogar nicht einmal die noch übrige Strecke verkürzte,
So unendlich erstreckt sich die unermessliche Weite,
Welche den Dingen den Raum nach jeglicher Seite gewähret.
Weiterhin hält die Natur das Verbot: die Gesamtheit der Dinge
Darf sich nicht selber die Schranken errichten; sie lässt drum
den Körper
Sich durch das Leere begrenzen und wieder das Leere durch jenen.
So ist wechselseitig Unendlichkeit allem verbürget.
Oder wenn eins von den beiden Prinzipien Schranken erhielte,
Würde das andere durch seine Natur sich schrankenlos weiten.

[Denn wenn beispielsweise das Leere im Raums beschränkt ist,
Kann es nicht in sich fassen unendliche Stoffelemente;
Wären diese hingegen beschränkt und das Leere unendlich,]
Würden nicht Meer, nicht Land, nicht das leuchtende
Himmelsgewölbe,
Weder das Menschengeschlecht noch die heiligen Leiber der Götter
Auch nur ein winziges Weilchen das Leben zu fristen vermögen.
Denn dann würde die Masse des Stoffs aus dem eignen Verband
Ausgetrieben sich frei im unendlichen Leeren zerstreuen,
Oder vielmehr sie könnte ja gar nicht sich sammeln und etwas
Schaffen, dieweil das Zerstreute sich nimmer vereinigen ließe,
Denn nicht mit Absicht haben die Urelemente der Dinge
Jedes der Reihe gemäß sich zusammengeordnet mit Spürsinn
Oder durch einen Vertrag die Bewegungen sämtlich vereinbart,
Sondern da viele von ihnen auf vielerlei Weise sich ändernd
Aus dem Unendlichen schwirren, wenn Stöße sie jagen,
durch's All hin,
Kommen sie, allerlei Art der Bewegung und Bindung versuchend,
Endlich dabei wohl auch zu solchen Gestaltungen, wie sie
Unser bestehendes All zu seiner Erschaffung bedurfte;
Und nachdem es einmal in die rechte Bewegung geraten,
Hielt es sich auch im Gang in unzähligen Weltperioden,
Und sorgt stets, dass das gierige Meer mit reichlichem Zustrom
Aus den Gewässern der Flüsse gespeist wird, dass auch die Erde
Sonnenwärme belebt und die neu entsprossenen Geschöpfe
Stetig gedeihn, und des Äthers umkreisende Feuer nicht ausgehn,
All dies wäre nicht möglich, wofern nicht reichlicher Urstoff
Aus dem unendlichen Raum sich könnte beständig erheben,
Um die erlittenen Verluste zur richtigen Zeit zu ersetzen.
Denn wie der Speise beraubt die Natur der beseelten Geschöpfe
Schwindet dahin und den Körper verliert, so müsste auch alles
Übrige schnell zerstieben, sobald sich der Stoff ihm versagte,
Weil ihn irgendein Hemmnis vom richtigen Wege gelenkt.
Auch der Stöße Gewalt, die von außen her überall eindringt,
Kann nicht ganz jedwede Atomvereinigung retten.
Denn sie können wohl häufig ein Teilchen verfestigen und halten,
Bis noch andere kommen und dadurch dem Ganzen Ersatz wird;
Doch sie müssen zuweilen auch rückwärts weichen und hierdurch

Raum und Zeit zur Flucht darbieten den Stoffelementen,
Die dann frei von Verbindungszwang sich zu tummeln vermögen.
Drum muss immer von neuem so vieles erstehn zum Ersatze.
Aber damit es nun doch auch an Stößen nicht selber noch fehle,
Braucht man von überallher unendliche Fülle des Urstoffs.

Streben nach der Mitte

Hierbei, o Memmius, musst du dem Glauben von Grund aus
entsagen,
Dass nach der Mitte der Welt (so redet man) alles sich dränge;
Und so könne die Welt auch ohne die Stöße von außen
Feststehn, ohne sich irgendwohin auseinander zu lösen.
Alles, was oben und unten, sei stets auf die Mitte gerichtet.
Danach glaubst du an etwas, das auf sich selber sich hinstellt,
Glaubst, dass gewaltige Massen, die unter der Erde sich finden,
Aufwärtsfliehn und verkehrt auf der Erde sich lagern und ruhen,
Wie wir im Wasser verkehrt jetzt Spiegelbilder erblicken.
Und auf ähnliche Weise (behauptet man) gingen dort aufrecht
Alle Geschöpfe. Sie könnten auch nicht von der Erde gen Himmel
Fallen dort unten, so wenig wie unsere Körper vermöchten
Selbst und mit eigener Kraft zu den Räumen des Himmels zu fliegen,
Jene bekämen die Sonne zu sehen, wenn wir die Gestirne
Sehen der Nacht, und sie teilten mit uns die Zeiten des Himmels
Wechselweise: es entspräche ihr Tag so unserer Nachtzeit.
Doch dies [alles] ist Wahn, [der den Irrtum zeugt] bei den Toren,
Weil sie von Anfang an sich [in falsche Methoden] verstrickten.
Denn [da alles sich dehnt ins Unendliche,] fehlt ihm die Mitte.
Doch selbst [gäb' es die Mitte,] warum denn sollte man [glauben,]
Dass nun grad' in die Mitte sich irgendein Körperchen drängte
Eher, als weiter [zu schweifen] auf andrem beliebigen Wege.
Denn ein jeglicher Ort und Raum, den [Leeres wir nennen,
Muss] vor gewichtigen Massen in gleichem Verhältnisse weichen
Ob zu mitten, ob nicht, wohin sie sich grade bewegen.
Auch ist nirgend ein Punkt, wo die Körper, sobald er erreicht war,
Könnten im Leeren sich halten, als ob sie die Schwere verloren,
Auch darf nichts, was leer ist, für irgendwas Grundstein werden,
Sondern es muss stets weichen, wie seine Natur es erfordert.
Also können die Dinge nicht etwa, dem Drang nach der Mitte
Folgend, nach diesem Gesetze den Zwang zur Vereinigung fühlen.

Übrigens leihn sie ja doch durchaus nicht sämtlichen Körpern
Jenen Drang nach der Mitte, vielmehr nur dem Nass und der Erde,
Also den Wogen des Meers und den mächtigen Wassern der Berge
Und was etwa im All erdartigen Körper besitze;
Aber hingegen die Dünne der Luft und die Hitze des Feuers
Strebe (so fahren sie fort) von der Mitte weg stetig nach oben;
Darum flimmre der Äther ringsum vom Sternengefunkel
Und auf der Weide des Himmels ergehe sich flammend die Sonne,
Weil dort sämtliche Glut aus der Mitte entweichend sich sammle;
Auch vermöge das Laub in den Kronen der Bäume durchaus nicht
Zu ergrünen, sofern nicht die Erde die Nahrung für jeden
[Mählich spendete, da sich der Saft von hier aus verbreite:
Nun, dies Dogma der Gegner ist ganz unhaltbar und irrig,
Wie ich an späterem Orte ausführlich werde beweisen.
So will jetzt ich nur dies, damit du nicht irrest, erwidern:
Wenn nicht besondere Kräfte die Körper in andere Richtung
Treiben, muss alles nach unten der Schwerkraft folgend sich stürzen
So ist zu fürchten, dass einst, wenn die Fugen der Welt
nicht mehr halten,
Ihre Atome zerflatternd hinab in das Endlose fallen,]
Dass wie fliegende Flammen die Mauern des Firmamentes
Plötzlich sich lösen und rasch im unendlichen Leeren zerstieben,
Und auch die übrige Welt dem gegebenen Beispiel folge,
Dass aus der Höhe herab lautdonnernd die Himmelsgewölbe
Stürzen und plötzlich die Erde zu unseren Füßen sich senke
Und in der Abgrundtiefe des Leeren sich gänzlich verliere,
Während das All mit dem Himmel zerbracht in gemeinsamem
Einsturz,
Der die Körper zerstreut, um im Nu nichts übrig zu lassen
Als den verwaisten Raum und die unsichtbaren Atome.
Denn wo irgend zuerst ein wirklicher Mangel an Urstoff
Eintritt, öffnet sich gleich für die Dinge die Pforte des Todes:
Da wird wirbelnd ins Weite sich stürzen der sämtliche Urstoff.

So bis ans Ende geführt wirst leicht du unsere Lehre
Fassen; denn eins wird klar aus dem ändern, und finstere Nacht wird
Nie dir den Pfad so verdunkeln, dass nicht auch das Letzte sich klärte
In der Natur; so zündet das eine dem ändern ein Licht an.

Zweites Buch: Fortsetzung über die Prinzipien

Wonne des Weisen

WONNEVOLL ist's bei wogender See, wenn der Sturm die Gewässer
Aufwühlt, ruhig vom Lande zu sehn, wie ein andrer sich abmüht,
Nicht als ob es uns freute, wenn jemand Leiden erduldet,
Sondern aus Wonnegefühl, dass man selber vom Leiden befreit ist.
Wonnig auch ist's ohn' eigne Gefahr die gewaltigen Schlachten,
Die durch das Blachfeld[12] toben im Kriege, mit Augen zu schauen.
Doch nichts Süßeres gibt's als die heiteren Tempel zu hüten,
Welche die Lehre der Weisen auf sicheren Höhen errichtet.
Ruhevoll kannst du von dort auf das Treiben der anderen herabsehn,
Wie sie da schweifen und irrenden Pfad zum Leben zu finden,
Wie das Talent wetteifert, wie Adelsstolze sich streiten,
Wie sie bei Tag und bei Nacht mit erheblicher Mühsal streben,
Aufzusteigen zum Gipfel der Macht und den Staat zu beherrschen!

Elend der Toren

O wie arm ist der Menschen Verstand, wie blind ihr Verlangen!
In welch finsterer Nacht und in wie viel schlimmen Gefahren
Fließt dies Leben, das bisschen, dahin! Erkennt man denn gar nicht,
Dass die Natur nichts andres erheischt, als dass sich der Körper
Wenigstens frei von Schmerzen erhält und der Geist sich beständig
Heiteren Sinnes erfreut und Sorgen und Ängsten entrückt ist?
Weniges ist's demnach, was im ganzen für unseres Körpers
Wesen erforderlich scheint: Fernhalten jeglichen Schmerzes!
Mag man auch manche Genüsse bisweilen genehmer uns bieten
Können: allein die Natur hat selber doch nicht das Bedürfnis,
Dass in dem weiten Palast rings goldene Statuen stehen,
Jünglinge, die mit der Hand lichtspendende Fackeln erheben,
Um für das nächtliche Mahl hinreichendes Licht zu gewähren,

---

[12] *Blachfeld*: flaches, ebenes Feld, besonders, wenn es mit Bäumen besetzt ist.

Oder dass alles von Silber und Gold in den Sälen erglänzet,
Oder dass Zithermusik[13] von dem goldnen Getäfel zurückschallt,
Während wir ebenso gut mit bescheidenen Mitteln uns laben,
Wenn wir an Bächleins Rand in dem Schatten ragender Bäume
Uns zueinander gesellen auf schwellendem Rasen gelagert,
Wenn zumal auch das Wetter uns lacht und der liebliche Frühling
Grünende Wiesengefilde mit farbigen Blumen bemalet;
Auch die hitzigen Fieber verlassen nicht rascher den Körper,
Wenn auf gesticktem Brokat du dich wälzest und purpurnem Polster,
Als wenn du strecken dich musst auf die Proletarierdecke.
Darum, weil nun einmal der Reichtum unserem Körper
Gar nichts nützt und der Adel und herrschender Stellung Gepränge,
Darf man im übrigen auch bei dem Geiste dasselbe vermuten.
Oder vermeinst du im Ernst, wenn du deine Legionen im Marsfeld
Wimmeln und aufziehn siehst zu kriegnachahmendem Schauspiel
Und als Deckung der Bündner gewaltige Reitergeschwader,
Alles in starker Bewaffnung, beseelt von der gleichen Begeisterung,
Oder der Schiffe Gewimmel erblickst, die die Meere beherrschen,
Meinst du, dass hierdurch dir aus der Seele die Ängste verschwinden
Grauslicher Religion? dass dann auch die Schrecken des Todes
Dir dein Herz nicht bedrücken und du von den Sorgen befreit wirst?
Wenn wir nun sehen, wie lächerlich dies, wie kindisch das Spiel ist,
Wie doch in Wahrheit die Ängste der Menschen und quälenden
Sorgen
Nicht vor dem Waffengetümmel entfliehen und den grimmen
Geschossen,
Sondern sogar mit den Königen dreist und den Herrschern des Staates
Umgang pflegen, und weder vor Gold sich in Ehrfurcht beugen
Noch vor der glänzenden Pracht der erhabenen Purpurgewänder:
Zweifelst du noch, dass dagegen allein die Vernunft uns
die Macht gibt?
Müht sich doch stets in der Finsternis ab dies menschliche Leben!
Denn wie in dunkler Nacht die Kindlein zittern und beben
Und vor allem sich graulen, so ängstigen wir uns bisweilen
Selbst am Tage vor Dingen, die wahrlich nicht mehr sind zu fürchten,

---

[13] *Zither*: Oberbegriff für Saiteninstrumente, die aus einer oder mehreren
Saiten bestehen, die zwischen festen Punkten über einem Saitenträger
gespannt sind, der zugleich als Resonanzverstärker dient.

Als was im Dunkel die Kinder befürchten und künftig erwarten.
Jene Gemütsangst nun und die lastende Geistesverfinsterung
Kann nicht der Sonnenstrahl und des Tages leuchtende Helle
Scheuchen, sondern allein der Natur grundtiefe Betrachtung

Atombewegung

Lass mich nun weiter betrachten, durch welche Bewegung die Dinge
Aus den erzeugenden Keimen entstehen und wieder vergehen.
Ferner, wie heißt die Gewalt, die sie hierzu zwingt, und die Triebkraft,
Die sie befähigt den Weg durch das endlos Leere zu nehmen?
Dies will ich alles erklären: vergiss nicht, der Worte zu achten!
Sicherlich hängt die Materie nicht untereinander zusammen
Wie ein Klumpen geballt; wir sehn ja, wie alles sich mindert
Und allmählich zerfließt in dem langsamen Strome der Zeiten,
Wie es sein Altern entzieht der Betrachtung unserer Augen.
Trotzdem scheint sich das Ganze doch unvermindert zu halten,
Weil zwar jegliches Ding, das Urelemente verlassen,
Minder wird; aber das andre, wohin sie sich wandten, vermehrt sich.
So muss dieses vergehn, auf dass dort Neues erblühe.
Aber auch dort ruht nichts. So muss sich erneuen das Weltall
Je und je; in der sterblichen Welt lebt eins von dem ändern.
Ein Volk schwingt sich empor, ein anderes sinkt von der Höhe,
Und in kürzester Frist verwandeln sich unsre Geschlechter:
Eins reicht wie bei den Läufern dem ändern die Fackel des Lebens.

Wenn du vermeinst, es vermöchten die Urelemente zu rasten
Und durch Rast zu erzeugen den Anstoß neuer Gestaltung,
Dann bist weit du entfernt von dem richtigen Wege der Wahrheit,
Denn bei dem Schweifen im Leeren (so heischt's Notwendigkeit)
müssen
Sämtliche Urelemente durch eigene Schwere sich regen
Oder durch äußeren Stoß. Denn wenn sie bisweilen im Fluge
Wider einander geraten, begegnet's, dass jäh auseinander
Nach verschiedener Seite sie prallen. Ihr Bau ist ja stahlhart,
Dicht und schwer, und im Rücken ist nichts, was hinderlich wäre.

Unendlichkeit des Raums

Und damit du das Schwirren der sämtlichen Urelemente
Besser zu fassen vermagst, so erinnre dich, dass es im Weltall
Nirgends ein Unterstes gibt, dass nirgends die Urelemente
Kommen zur Ruhe im Raum, der sich endlos, grenzenlos ausdehnt;
Denn dass er überallhin sich tief ins Unendliche strecke,
Hab' ich ausführlich gezeigt und mit sichren Beweisen begründet.

Atomverbindung

Dies steht also nun fest: es gibt in den Tiefen des Leeren
Nirgends Rast noch Ruhe für unsere Grundelemente,
Sondern getrieben vielmehr von beständ'ger, verschiedner Bewegung
Springen sie teils, zusammengepresst, auseinander ins Weite,
Teils auch trifft sie der Stoß, doch bleiben sie dicht beieinander.
Alles, was so, aneinander gepresst in geringerem Abstand,
Abprallt und durch den Prall die Verbindung stärker verdichtet,
Weil es sich selber verstrickt in seiner Gestalten Verflechtung,
Das schafft mächtige Wurzeln dem Felsen und hartes Gefüge
Stählernem Stoff und allem, was sonst dergleichen Geschlechts ist.
Einige Keime, die draußen im endlos Leeren sich regen,
Prallen zwar ab, doch kehren sie erst in gehörigem Abstand
Weither wieder zurück. Sie liefern Ersatz für den Abgang
Unsrer dünneren Luft und der glänzenden Strahlen der Sonne.
Außerhalb schwirrt noch gar vieles umher im unendlichen Leeren,
Was aus der Dinge Verband sich getrennt und nimmer vermocht hat
Auch in den Wirbel zu dringen, wo sich die Bewegungen gatten.

Sonnenstäubchen

Folgendes Gleichnis und Abbild der eben erwähnten Erscheinung
Schwebt uns immer vor Augen und drängt sich täglich dem Blick auf.
Lass in ein dunkles Zimmer einmal die Strahlen der Sonne
Fallen durch irgendein Loch und betrachte dann näher den
Lichtstrahl:
Du wirst dann in dem Strahl unzählige, winzige Stäubchen
Wimmeln sehn, die im Leeren sich mannigfach kreuzend vermischen,
Die wie in ewigem Kriege sich Schlachten und Kämpfe zu liefern
Rottenweise bemühen und keinen Moment sich verschnaufen.

Immer erregt sie der Drang zur Trennung wie zur Verbindung.
Daraus kannst du erschließen, wie jene Erscheinung sich abspielt,
Wenn sich der Urstoff stets im unendlichen Leeren bewegt,
Insofern auch das Kleine von größeren Dingen ein Abbild
Geben und führen uns kann zu den Spuren der wahren Erkenntnis.
Um so mehr ist es recht, dass du diese Erscheinung beachtest,
Wie in dem Sonnenstrahl die winzigen Körperchen wimmeln,
Weil dergleichen Gewimmel beweist, auch in der Materie
Gibt's ein unsichtbares, verborgenes Weben der Kräfte.
Denn bei den Stäubchen erkennst du, wie viele die Richtung verändern,
Trifft sie ein heimlicher Stoß, und wie sie sich rückwärts wenden,
Hierhin und dorthin getrieben nach allen möglichen Seiten.
Merke, die ganze Bewegung beginnt hier bei den Atomen.
Denn es erhalten zuerst die Urelemente den Anstoß,
Hierauf werden die Körper, die wenig Verbindungen haben
Und in der Kraft sich am nächsten den Urelementen vergleichen,
Durch unmerkbare Stöße von diesen dann weiter getrieben,
Und sie führen dann selbst den Stoß auf die größeren weiter,
So geht von dem Atom die Bewegung empor und sie endet
Mählich bei unseren Sinnen, bis endlich auch das sich bewegt,
Was wir im Lichte der Sonne mit Augen zu schauen vermögen,
Ohne doch deutlich die Stöße zu sehn, die Bewegung erregen.

Atomgeschwindigkeit

Welche Beweglichkeit liegt in den stofflichen Urelementen,
Siehst du, mein Memmius, leicht aus folgenden wenigen Worten;
Breitet zuerst Aurora das Frührot über die Lande,
Fliegt dann buntes Gevögel durch einsam liegende Wälder
Und lässt hoch in der Luft die flüssige Stimme erschallen,
Dann liegt allen vor Augen und ist mit Händen zu greifen,
Wie in diesem Momente die neuerwachende Sonne
Alles im Nu umkleidet mit leuchtendem Strahlengewande.
Aber das heitere Licht und die Wärmestrahlen der Sonne
Dringen doch nicht durch das Leere, Drum muss sich ihr Gang
noch verzögern.
Denn sie haben da gleichsam die Wellen der Luft zu zerteilen;
Auch erfüllen die Bahn nicht vereinzelt die Wärmeatome,

Sondern zusammengeballt und eng miteinander verflochten;
So wird eins durch das andre gehemmt und zugleich auch von
außen Aufgehalten, so dass sich ihr Gang notwendig verlangsamt.
Doch wenn die Urelemente, die einfach sind und solide,
Schweifen im stofflosen Leeren und nichts sie von außen zurückhält,
Und sie selbst mit den eignen zur Einheit verbundenen Teilchen
Auf ein einziges Ziel die begonnene Richtung verfolgen,
Müssen (das ist kein Wunder) an Schnelle sie alles besiegen
Und weit schneller vollenden den Weg als die Strahlen der Sonne;
Ja, viel größere Räume durcheilen sie ebenso hurtig
Als die Blitze des Himmels durchmessen die Räume des Himmels.

*Anmerkung der Redaktion: In den Urtexten fehlende und nicht ergänzbare Stellen wurden vom
Übersetzer Hermann Diels hier und im folgenden Text mit *** gekennzeichnet.*

[Hiervon genug! Denn es scheint nicht nötig, noch Weitres zu sagen,]
Noch auf der Bahn zu verfolgen die einzelnen Urelemente,
Um zu erspähn, auf welcherlei Art sich ein jegliches reget.

Ablehnung göttlicher Schöpfung

Aber dagegen behaupten etwelche, die stoffliches Wesen
Wenig verstehn, die Natur sei ohne das Walten der Götter
Nicht imstande, so gut dem Bedürfnis der Menschen entsprechend
Wechsel der Jahreszeiten und Fruchterzeugung zu regeln
Und die übrigen Dinge, nach denen zu trachten die Menschen
Göttliche Wollust selbst als Lebensführerin anreizt,
Und die schmeichelnd durch Liebe zur Zeugung neuer Geschlechter
Führt, um das Menschengeschlecht zu erhalten. Wenn darum
sie meinen,
Dies sei alles von Göttern erfunden, so scheinen sie völlig,
Weit von der Wahrheit Weg sich verirrend, in allem zu straucheln.
Denn selbst wenn ich das Wesen der Urelemente nicht kennte,
Wagt' ich doch dies zu behaupten, gerad' auf die Forschung
des Himmels
Und viel andere Gründe mich stützend: Mitnichten, so sag' ich,
Ist dies Wesen der Welt für uns von den Göttern erschaffen.
Allzu sehr ist sie doch mit großen Gebrechen behaftet.
Doch das will ich dir später, mein Memmius, deutlicher zeigen.
Jetzt lass uns, was noch übrig bleibt, die Bewegung betrachten.

Richtung der Atombewegung

Hier nun scheint mir der Ort, bei dieser Gelegenheit gleichfalls
Dieses Gesetz zu beweisen, dass nichts durch eigenen Antrieb
Sich in die Höhe zu heben und aufzufahren imstand ist.
Lass dich dabei nicht täuschen durch brennender Körper Verhalten!
Aufwärts schlagen die Flammen und nähren sich immer nach oben.
Aufwärts wächst auch die schimmernde Frucht und die Bäume des Gartens,
Während das Schwere doch sämtlich an sich nach unten hinneigt.
Wenn zu den Dächern der Häuser das lodernde Feuer hinaufspringt
Und mit rasender Flamme beleckt das Gebälk und die Sparren,
Denke nur nicht, dies wäre sein eigner natürlicher Auftrieb.
Ähnlich springt auch das Blut aus geöffneter Ader im Bogen
Hoch aufschießend und spritzt nach allen Seiten den Blutstrahl.
Siehst du nicht auch, wie des Wassers Natur die Balken und Latten
Immer nach oben hin speit? je mehr du zur Tiefe sie drückest
Senkrecht hinab und mit aller Gewalt sie mühsam hinabtauchst,
Um so begieriger speit es sie aus und schnellt sie nach oben,
Dass sie sich mehr als zur Hälfte im Schuss aus dem Wasser erheben.
Trotzdem, denk' ich, bezweifeln wir nie, dass im Reiche des Leeren
All dies an und für sich nur nach unten hin müsste sich senken.
So muss also auch Feuer nach oben zu schlagen vermögen,
Wenn es der Luftdruck treibt, und doch ist die Schwere dagegen
An und für sich wohl bemüht, die Flamme nach unten zu ziehen.
Siehst du nicht, wie die Kometen den nächtlichen Himmel durchfliegen
Und weithin in die Länge die funkelnden Schweife sich nachziehen
Dahin, wohin die Natur sie die Bahn zu richten geheißen?
Siehst du zur Erde gesenkt Meteore und Sterne nicht fallen?
Hoch von dem Scheitel des Himmels herab zerstreuet die Sonne
Überallhin und sät ringsum auf den Fluren ihr Licht aus;
Folglich wenden sich auch zur Erde die Gluten der Sonne.
Auch wie der Blitz durch die Wolken sich quer durchschlängelt, beachte.
Hierher und dorther stoßen von Wolken sich lösend die Flammen
Wider einander, doch meist fällt nieder zur Erde der Blitzstrahl.

Deklination der Atome

Dies noch wünsch' ich hierbei dir recht zur Kenntnis zu bringen:
Wenn sich die Körper im Leeren mit senkrechtem Falle bewegen,
Durch ihr eigen Gewicht, so werden sie wohl in der Regel
Irgendwo und wann ein wenig zur Seite getrieben,
Doch nur so, dass man sprechen kann von geänderter Richtung.
Wichen sie nicht so ab, dann würden wie Tropfen des Regens
Gradaus alle hinab in die Tiefen des Leeren versinken.
Keine Begegnung und Stoß erführen alsdann die Atome,
Niemals hätte daher die Natur mit der Schöpfung begonnen.
Wer nun etwa vermeint, die schwereren Körper, die senkrecht
Rascher im Leeren versinken, vermöchten von oben zu fallen
Auf die leichteren Körper und dadurch die Stöße bewirken,
Die zu erregen vermögen die schöpferisch tätigen Kräfte:
Der entfernt sich gar weit von dem richtigen Wege der Wahrheit.
Denn was immer im Wasser herabfällt oder im Luftreich,
Muss, je schwerer es ist, um so mehr sein Fallen beeilen,
Deshalb, weil die Natur des Gewässers und leichteren Luftreichs
Nicht in der nämlichen Weise den Fall zu verzögern imstand ist,
Sondern im Kampfe besiegt vor dem Schwereren schneller
zurückweicht:
Dahingegen vermöchte das Leere sich niemals und nirgends
Wider irgendein Ding als Halt entgegenzustellen,
Sondern es weicht ihm beständig, wie seine Natur es erfordert.
Deshalb müssen die Körper mit gleicher Geschwindigkeit alle
Trotz ungleichem Gewicht durch das ruhende Leere sich stürzen,
Darum können auch nie die schwereren Körper von oben
Auf die leichteren fallen und ihrerseits Stöße bewirken,
Die zum Betrieb der Natur die verschiednen Bewegungen, stiften.
Deshalb (ich schärf' es dir ein) muss etwas zur Seite sich neigen
Jeder fallende Körper, doch nur um ein Allerkleinstes,
Um nicht der Wahrheit zuwiderzureden von Schiefe der Fallbahn.
Denn das liegt doch vor Augen und ist mit den Händen zu greifen:
Wenn sich gewichtige Körper von oben nach unten bewegen,
Fallen sie nie von sich selbst aus schief, soweit man es sehn kann.
Doch wie könnte man je mit den Sinnen bemerken, ob niemals
Etwas vom richtigen Weg auch nur um eine Winzigkeit abweicht?

Willensfreiheit

Endlich, wenn immer sich schließt die Kette der ganzen Bewegung
Und an den früheren Ring sich der neue unweigerlich anreiht,
Wenn die Atome nicht weichen vom Lote und dadurch bewirken
Jener Bewegung Beginn, die des Schicksals Bande zertrümmert,
Das sonst lückenlos schließt die unendliche Ursachenkette:
Woher, frag ich dich, stammt die Freiheit der Willensbestimmung,
Die uns lebenden Wesen auf Erden hier überall zusteht,
Und die jedem zu gehen gestattet, wohin er nur Lust hat,
Die uns Bewegungsänderung erlaubt und weder dem Orte
Noch auch der Zeit nach beschränkt ist, vielmehr dem Verstand
es anheimstellt?
Denn unzweifelhaft bietet zu diesen Dingen den Anstoß
Jedem sein eigener Wille, ihm folgt die Bewegung der Glieder.
Siehst du nicht auch, dass, sobald sich die Schranken gesenkt in
der Rennbahn,
Nicht sofort im Moment der gewaltige Eifer der Rosse
Vorwärts zu stürmen vermag so schnell, wie sie selber wohl möchten?
Denn erst muss die Erregung die Masse des Stoffes erfassen
In dem Ganzen des Körpers, damit die erregten Gelenke
Sämtlich dem Drange des Geistes mithelfend zu folgen vermögen.
Daraus kannst du ersehn, dass vom Herzen aus gehe der Anstoß,
Dass aus dem Willen des Geistes zuerst er entspringe und dann erst
Weiter und weiter sich leite durch sämtliche Glieder des Leibes.
Ganz verschieden davon ist der Anstoß, den wir zum Gehen
Durch die Übergewalt und den Machtzwang andrer erleiden.
Denn hier wird offenbar die vereinigte Masse des Körpers
Unserem Willen entgegen zum Fortgehn weiter gerissen,
Bis sie dann wieder dem Willen gehorcht, der die Glieder zurücklenkt.
Siehst du nunmehr, dass, ob viele sich auch durch äußeren Einfluss
Treiben und nötigen lassen zu unfreiwilligem Fortgehn
Und zu haltlosem Stürzen, doch immer in unserem Busen
Etwas bleibt, was dagegen sich sträubt und das Fremde zurückweist?
Seinem entscheidenden Willen gelingt's, die Massen des Stoffes
Jeweils dazu zu zwingen, die Glieder des Leibes zu beugen,
Ihrem Sturz zu steuern und rückwärts Ruhe zu finden.
Ebenso musst du daher auch bei den Atomen gestehen,
Dass noch ein anderer Grund zur Bewegung, außer den Stößen

Und dem Gewichte, besteht, woraus die uns eigene Kraft stammt.
Denn aus Nichts kann nie (dies sehen wir) Etwas entstehen.
Nämlich die Schwere verhindert, dass alles durch Stöße bewirkt wird
Gleichsam durch äußre Gewalt; doch dass den Geist in uns selber
Nicht ein innerer Zwang bei allen Geschäften behindert,
Und er als Opferlamm nicht zum Dulden und Leiden verdammt ist,
Dies ist der Lotabweichung der Urelemente zu danken,
Die, so klein sie auch ist, durch den Ort und die Zeit nicht
beschränkt wird.

Ewigkeit der Atombewegung

Nie war des Urstoffs Masse zu dichteren Klumpen geballt
Oder durch weiteren Abstand der einzelnen Teilchen gelockert;
Denn nichts mehrt sich darin und nichts geht hiervon verloren.
Deshalb waren die Körper der Urelemente von jeher
Stets in derselben Bewegung wie jetzt und sie werden wohl immer
Auch in künftiger Zeit auf die nämliche Art sich bewegen,
Und was gewöhnlich entsteht, das wird auch künftig entstehen
Unter derselben Bedingung, und leben, erwachsen und blühen,
Je nachdem das Gesetz der Natur es für jedes bestimmt hat.
Auch kann keine Gewalt die Welt im ganzen verändern;
Denn da ist ja kein Ort, wohin sich ein Teilchen des Urstoffs
Aus dem Bereiche des Alls zu entfernen vermöchte, noch gibt es
Orte, woher in das All sich neue Gewalten ergössen,
Um die Natur der Wesen und ihre Bewegung zu ändern.
Hierbei ist es jedoch nicht verwunderlich, dass uns das Weltall,
Während sich alle Atome in steter Bewegung befinden,
Dennoch den Eindruck macht, zu verharren in völliger Ruhe,
Außer wann irgendein Ding mit dem eigenen Körper sich rühret.
Denn der Atome Natur liegt weitab unter der Schwelle
Unserer Sinne verborgen. Drum muss sich dir, da die Atome
Selber nicht sichtbar sind, auch ihre Bewegung verbergen.
Hehlen doch oft schon Dinge, die wir mit den Augen erblicken,
Ihre Bewegungen uns, wenn sie allzu entfernt von uns stehen,
Auf dem Gebirg geht öfter die Wolle erzeugende Herde
Grasend langsam vor, wohin just jedes der Schafe
Lockt die im Morgentau wie Diamant glitzernde Matte,
Während gesättigte Lämmer zum Scherz mit den Hörnern sich
stoßen;

Aber von weitem erscheint dies alles uns gänzlich verworren,
Nur wie ein weißlicher Fleck, der ruhig auf grünender Alp steht,
Ferner wenn starke Legionen im Sturmschritt füllen die Ebne
Und im Gefilde beginnen ein Krieg nachahmendes Schauspiel,
Dann zuckt's dort wie ein Blitz zum Himmel empor, und die Erde
Schimmert von Erz ringsum, und unter dem Schritte der Männer
Stöhnt sie gewaltig auf, und der Kriegslärm hallt zum Gebirge,
Das zu des Himmels Gestirnen das Stimmengebraus zurückwirft;
Dazu schwärmen die Reiter umher; die brechen dann plötzlich
Mitten hindurch im gewaltigen Sturm und erschüttern das Blachfeld:
Und doch gibt's in dem hohen Gebirg manch' Plätzchen, von wo aus
Alles stille zu stehn und der Glanz im Gefilde zu ruhn scheint.

Form der Atome

Doch jetzt höre von mir, wie die Grundelemente der Dinge
Alle sich mannigfaltig in ihren Gestalten erweisen.
Nicht als ob gar viele zu wenig sich ähneln im Aussehen:
Nein, in der Regel ist alles von allem in allem verschieden.
Dies darf Wunder nicht nehmen. Die Fülle der Urelemente
Ist ja so groß, wie gesagt, dass sie zahllos scheint und unendlich;
Denn nicht sämtlich dürfen sie sämtlichen ähnlich gezwirnt sein,
Noch auch selbstverständlich in ähnlichen Formen erscheinen.
[***]
Sieh auch das Menschengeschlecht und die schwimmenden, schuppigen, stummen
Tiere des Meers und das Wild und die fröhlichen Rinder der Herde,
Ferner das bunte Gevögel, das bald die erfrischenden Küsten
Um die Buchten des Meeres, bald Quellen und Seen bevölkert,
Oder die einsamen Haine in dichtem Geschwader durchfliegt:
Nimm dir nach Gattungen einzeln sie vor, stets wirst du erkennen,
Dass sie in ihrer Gestalt doch sehr voneinander sich scheiden.
Anders könnten ja auch die Kinder die Mutter nicht kennen,
Oder die Mutter die Kinder. Das können sie aber bekanntlich.
Denn so gut wie die Menschen erkennen einander die Tiere.
Vor dem Tempel der Götter, dem festlich geschmückten, wird oftmals
Wohl ein Kälbchen geschlachtet, am weihrauchduftenden Altar,
Wo aus röchelnder Brust sich ergießt sein glühender Blutstrom,
Aber die Mutter durchwandert verwaist die ergrünenden Täler,

Sie erkennt auf dem Boden die Spur der gespaltenen Füße
Und durchsucht ringsum das Gefilde, ob sie irgendwo könnte
Ihr verlorenes Junge erblicken. Sie füllt mit Gejammer
Ständig den grünenden Hain und kehrt dann wieder und wieder
Zu dem Stalle zurück, von der Liebe zum Kinde getrieben;
Weder die Schossen der Weide, noch taufrisch lockender Rasen,
Noch der vertraute Strom, der in ragenden Ufern dahinfließt,
Können das Herz ihr erfreun und den nagenden Kummer ihr bannen;
Auch die heiteren Sprünge der übrigen Kälber im Grase
Können den Sinn ihr nicht wenden, nicht ihre Bekümmernis heben:
So sehr sehnt sich das Tier nach etwas Bekanntem und Eignem.
Auch die Böckchen erkennen die hörnertragenden Mütter
Jung schon mit zitternden Stimmen, nicht minder die stößigen
Lämmer
Ihre blökenden Mütter. So eilt denn ein jedes der Jungen,
Wie die Natur es verlangt, zu der Mutter milchenden Eutern.
Endlich wirst du wohl nie bei der Feldfrucht jegliches Körnchen
Untereinander so ähnlich erblicken in jeglicher Gattung,
Dass sich nicht Unterschiede der Formen dazwischen ergäben.
Auch das Muschelgeschlecht malt so mit bunten Gestalten
Unseren Erdenschoß, wo das Meer mit dem weichen Gewoge
An dem gewundenen Strande den gierig schlürfenden Sand schlägt.
Deshalb müssen genauso (ich sag' es dir wieder und wieder)
Alle die Urelemente gewisse Verschiedenheit zeigen
Untereinander in ihrer Gestalt, da sie Werk der Natur sind,
Nicht nach einer Schablone von Menschenhänden gebildet.

Atomform und Qualität

Leicht auch lässt sich in ähnlicher Art dies Rätsel erklären,
Dass sich das Feuer des Blitzes viel wirkungsvoller erweiset,
Als es das unsrige ist, das von irdischen Fackeln entflammt wird.
Denn du kannst hier sagen: »Das himmlische Feuer des Blitzes,
Weil es aus kleineren Formen und feinerem Stoffe geformt ist,
Drängt sich darum noch in Löcher, die unserem Feuer nicht offen
Stehn, das aus Kloben von Holz und aus kienigen Fackeln
entfacht wird.«
Ferner das Horn lässt Licht zwar durch, doch dem Regen
verschließt sich's.
Wie stimmt dies? Doch wohl so, dass jene Atome des Lichtes

Kleiner sind als die Atome des Leben spendenden Wassers.
Oder warum fließt wunderbar rasch durch die Seihe der Wein ab,
Aber das Baumöl tropft nur zaudernd hinab in die Kufe?
Offenbar bildet sich Öl aus größeren Urelementen
Oder sie sind auch verhäkelt und mehr miteinander verflochten;
Und so kommt's, dass nur langsam die einzelnen Urelemente
Sich voneinander zu scheiden vermögen und winzige Tröpfchen
Einzeln durch einzelne Löcher der Seihe versickernd hindurch gehn.
Hierzu kommt, dass die Milch und der Honigseim in dem Munde
Stets nur süßen Geschmack auf der prüfenden Zunge hervorruft;
Doch wie verzieht hingegen des Wermuts widriges Wesen
Oder ein Enziantrank durch eklen Geschmack uns die Lippen!
Daraus schließt man mit Recht, dass aus glatten und runden Atomen
Alles besteht, was unseren Sinn wohltuend berühret:
Alles, was bitter hingegen und rau scheint, muss durch Atome,
Die mehr Haken besitzen, genau miteinander verknüpft sein.
Deshalb pflegen sie auch die Wege zu unseren Sinnen
Aufzuritzen und so den Eingang zum Körper zu brechen.

Gefühlsdifferenzen

Endlich bekämpft einander, was gut und was schlecht auf
den Sinn wirkt,
Da ja beides besteht aus ganz unähnlichen Formen.
Oder vermeinst du vielleicht, der Schauder erregende Missklang
Einer knirschenden Säge erkläre sich ähnlich aus glattem
Urstoff wie Melodien, die musenbegnadete Künstler
Mit der gelenkigen Hand aus den Saiten zu locken verstehen?
Niemals wirst du auch glauben, dass ähnlich geformte Atome
Uns in die Nase gelangen, wenn ekle Kadaver verbrennen
Oder wenn frisch das Theater Cilicischer[14] Safran durchduftet
Und vom Altare davor sich erhebt Panchäischer[15] Weihrauch.
Auch bei den Farbelementen ist keinerlei Ähnlichkeit denkbar

---

[14] *Cilicien*: Eine Landschaft in Kleinasien, zwischen Pamphylien und Syrien gelegen.

[15] *Pänäcêa*: Ein fabelhaftes Kraut, dem man allgemeine Heilkraft zuschrieb.

Zwischen den guten, die uns zur Augenweide gereichen,
Und den schlimmen, die stechen den Blick und zu Tränen uns reizen,
Oder die scheußlich und grässlich zu sehn und abscheulich erscheinen.
Denn jedwede Gestalt, die der Sinnlichkeit irgendwie schmeichelt,
Ist mit ursprünglicher Glätte der Urelemente behaftet;
Alles jedoch, was rau und lästig in seinem Bestand ist,
Findet sich immer verknüpft mit scheußlicher Bildung des Urstoffs.
Auch gibt's Stoff, der nicht mehr mit Recht als glatt wird erfunden,
Aber auch wiederum nicht mit gebogenen Spitzen gekrümmt ist,
Sondern der mehr ist mit Ecken versehn, die ein wenig hervorstehn,
Und der unsere Sinne mehr kitzeln als schädigen könnte.
Der Art wirkt wohl das Weinsteinsalz und der Saft der Alantwurz[16].
Dass nun endlich die Hitze des Feuers und Kälte des Eises
Durch verschiedene Zähnung des Stoffs auch die Sinne des Körpers
Beide verschieden verletzen, beweist schon beider Berührung.
Nur durch Berührung, Berührung! entsteht (bei den Mächten
des Himmels)
Jedes Empfinden des Körpers, sowohl wenn von außen her etwas
Eindringt als auch dann, wenn ein innerer Schmerz uns verletzet,
Oder wenn etwas beim Liebesgenuss in Wonne sich loslöst.
Oder wenn feindliche Keime sogar sich im Innern des Körpers
Treffen, verwirrt uns den Sinn ihr gegenseitiges Streiten;
Wie wenn du selbst mit der Hand an ein Glied des eigenen Körpers
Etwa durch Zufall rührst und die Wirkung selber erprobest.
Darum müssen mithin die Gestalten der Urelemente
Völlig verschieden sein, um verschiedne Gefühle zu wecken,
Schließlich, was dicht und erhärtet uns scheint, muss untereinander
Enger sich schließen zusammen durch hakenförmige Formen,
Welche sich tief verzweigend die festeste Fügung ergeben.
Hierbei ragen vor allem hervor die Felsenbasalte,
Die Trotz bieten den Schlägen, in erster Reihe, sodann auch
Kräftiges Kieselgestein und des Eisens mächtige Härte
Oder die Riegel von Erz, die kreischend dem Schluss widerstreben.
Aber der flüssige Stoff, der aus fließendem Körper bestehet,
Muss sich doch mehr aus glatten und rundlichen Formen gestalten.

---

[16] *Echter Alant* (Inula helenium) ist eine Pflanze aus der Familie der Korbblütler. Sie wird seit der Antike als Heil- und Gewürzpflanze verwendet.

Denn es ist ebenso leicht Mohnkörner zu schlucken wie Wasser,
Da sich einander nicht hemmen die einzelnen runden Atome
Und der Sturz in die Tiefe mit gleicher Beweglichkeit abrollt.
Alle die Dinge zuletzt, die im Nu auseinander zerfließen,
Wie man es sieht beim Nebelgewölk, beim Rauch und beim Feuer,
Dürfen, obgleich sie nicht völlig nur glatte und runde Atome
Bilden, auf keinen Fall durch verwickelte Formen gehemmt sein,
Dass sie den Körper wohl stechen und ein in die Öffnungen dringen,
Doch nicht selber sich hemmen, was oft, wie wir sehen, bei Disteln
Vorkommt. Also man kann leicht sehen, dass jene Gebilde
Nicht aus verwickelten Formen geschaffen sind, sondern aus spitzen.
Doch dass du Bitteres siehst, das zugleich auch flüssig erscheinet,
Wie bei dem Meere, dem Schweiße der Erde, das darf dich nicht
wundern,
[Wenn du die wahre Erklärung mit deinem Verstande erfasst hast.]
Denn da es flüssig erscheint, so besteht es aus glatten und runden
Formen, [zu denen sich raue gesellen,] die Schmerzen uns bringen.
Aber sie brauchen deshalb nicht hakenförmig zu bleiben;
Denn es versteht sich, dass, wenn sie auch rau, so doch kugelig aussehn,
Dass sie zu rollen zugleich und die Sinne zu schmerzen vermögen.
Dass du nun besser verstehst, wie raue mit glatten Atomen
Einen sich können, woraus sich das Bittre des Meeres erkläret,
Gibt es ein Mittel, sie beide zu trennen und einzeln zu sehen:
Denn ganz oben verbleiben die widrigen Salzelemente
Und das Wasser wird süß, wenn es öfters durch Schichten der Erde
Durchrinnt, um in ein Becken zu fließen und trinkbar zu werden;
Dadurch vermag sich das Raue auch mehr an die Erde zu hängen.

Begrenzte Zahl der Atomformen

Nun ich dich dieses gelehrt, verbind' ich damit noch ein weitres,
Was sich aus diesem bewährt, dass die Urelemente der Dinge
Nur in begrenzter Zahl die Gestalten zu ändern vermögen,
Denn sonst müssten auch wieder gewisse Atome sich finden,
Die endloser Vergrößerung des Körpers sich fähig erwiesen.
Nämlich die Kleinheit des Stoffs, die für jedes Atom ist dieselbe,
Hindert, dass gar zu viel voneinander verschiedne Gestalten
Sich entwickeln. Es seien zum Beispiel kleinste Partikeln
Drei vereint in dem einen Atom, ja noch einige weiter:

Stellst du nun diese Partikeln des Einen Atomes auch sämtlich
Um, dass Oben und Unten und Linkes und Rechtes vertauscht wird,
Und versuchst du auf jegliche Art, wie jegliche Ordnung
Form und Gestalt des ganzen erwähnten Atomes beeinflusst,
Musst du doch endlich noch andre Partikeln den übrigen zutun,
Wenn du noch weiter die Formen zu ändern wünschest. Es folgt nun,
Dass in ähnlicher Weise noch andre Partikeln die Ordnung
Weiter verlangt, wenn du weiter die Formenveränderung wünschest.
So wird Körpervergrößerung die Folge der neuen Gestaltung.
Deshalb ist es unmöglich erlaubt, sich die Meinung zu bilden,
Unsre Atome besäßen unendlich verschiedne Gestalten.
Denn sonst müsstest du ja etwelche von riesiger Größe
Denken dir können, was, wie ich schon oben erklärt, doch
nicht angeht,
Ferner würdest du sonst auch die orientalischen Stoffe
Und Meliboeas[17] Glanz, den die Purpurmuschel Thessaliens
Färbt, und das goldene Pfauengeschlecht mit dem strahlenden Reize
Nicht mehr achten, sobald neufarbige Stoffe sie drückten;
Wertlos würde der Myrrhen Geruch und die Süße des Honigs,
Und es verstummte der Schwanengesang und die Lieder, die kunstvoll
Phoebus der Leier entlockt, verdrängt aus ähnlichem Grunde;
Denn dann würde wohl eins stets trefflicher werden als andres.
Ebenso könnte natürlich auch alles zum Schlechteren rückwärts
Wieder sich wenden, wie just zu dem Bessern wir eben es sagten.
Denn auch zurück sich verwandelnd vermocht' eins immer noch ekler
Als das andre zu werden für Mund, Ohr, Augen und Nase.
Da dem nicht so ist, vielmehr durch sichere Schranken
Hüben und drüben das Ganze umzirkt ist, musst du gestehen,
Dass auch im Urstoff nicht sind unendlich verschiedene Formen.
Kurzum der Weg ist begrenzt vom Feuer zur eisigen Kälte,
Und auch zurück ist die Bahn in der nämlichen Weise bemessen.
Denn wie Hitze so Kälte und mittlere Temperaturen
Liegen inmitten der Grenzen und füllen in Graden den Raum aus.
Also begrenzt ist die Weise, durch die das Geschaffene sich scheidet,
Da an den beiden Grenzen ein doppelter Punkt sie bezeichnet,
Hier von den Flammen bedrängt und dort von dem starrenden Eise.

---

[17] *Meliboea*: Tochter des Oceanus, mit dem Autochthon Pelasgus
  vermählt, dem sie den Lycaon gebar.

Unbegrenzte Zahl der ähnlichen Atome

Nun ich dich dieses gelehrt, verbind' ich damit noch ein weitres,
Was sich aus diesem bewährt, dass die Urelemente der Dinge,
Deren Gestalten einander in ähnlicher Weise geformt sind,
Selbst in unendlicher Zahl vorhanden sind. Da der Gestalten
Unterschiede begrenzt sind, so muss entweder die Anzahl
Derer, die ähnlich sind, unendlich sein, oder der Urstoff
Wäre im ganzen begrenzt, was oben als nichtig erwiesen.
[Was nun die richtige Lehre ermittelt hat, sollen dir jetzo]
Dartun [wenige] Verse; Die Urelemente des Stoffes
Schöpfen der Dinge Bestand aus nimmer erschöpfbarem Vorrat,
Da sich beständig erhält der Zustrom treibender Stöße.
Denn wenn du siehst, wie manche Geschöpfe [sich] seltener finden,
Und die Natur sich bei ihnen auch weniger fruchtbar erweiset:
Nun, an anderem Ort und in Gegenden fernerer Länder
Können sich mehr der Art vorfinden und füllen die Vollzahl.
Also sieht man zumal im Geschlecht vierfüßiger Tiere
Tausend und abertausend der schlangenhändigen Bestien
Indiens Grenze beschützen mit elfenbeinernem Walle,
Welcher den Eintritt völlig versperrt. So groß ist die Menge
Jener Geschöpfe, von denen bei uns nur wen'ge zu sehn sind.

Aber ich will auch dies einräumen, es geb' ein bestimmtes
Einziges Ding, des' Körper nur einmal so sei geschaffen,
Dem kein anderes gleiche im ganzen Bezirke der Erde:
Liegt dafür nicht bereit unendliche Fülle des Stoffes,
Aus dem jenes den Keim und das Leben empfängt, nun, so kann es
Nimmer entstehn und weitet und weiter sich nähren und wachsen.
Nimm doch einmal die Menge der Urelemente beschränkt an,
Die, um ein einziges Ding zu erzeugen, im All sich bewegen:
Wie und wo und woher, durch welcherlei Kraft sich bewegend
Sollen zusammen sie gehn in des Stoffmeers fremdem Getümmel?
Nein, ein vernünftiger Grund zur Vereinigung fehlt, wie ich glaube,
Sondern es geht, wie so oft beim Schiffbruch mächtiger Flotten:
Weit zerstreut wildbrausend die Woge Verdeck und Kajüte,
Rahen, Masten und Bug und überall schwimmende Riemen
Und an die Küsten der Länder umher antreibende Heckzier,
Dass es den Sterblichen rings als Warnungszeichen erscheine,

Macht und List und Tücke des treulosen Meeres zu meiden,
Und ihm nie zu vertrauen, auch wenn die spiegelnde Fläche
Noch so verräterisch lockt und die lächelnde Stille des Meeres.
So erging' es auch dir. Sobald du beschränkst der Atome
Zahl, dann müssen die Fluten verschieden gerichteten Stoffes
Sie auseinander zerstreun und in alle Ewigkeit trennen.
Deshalb würden sie nie zur Vereinigung treiben sich lassen,
Noch im Vereine verharren, noch Wachstum finden durch Mehrung.
Aber beides geschieht ja vor unseren Augen. Erfahrung
Lehrt, dass Wesen entstehn und dass das Entstandne heranwächst.
Also ist klar, dass für jegliche Art in unzähliger Menge
Urelemente sich finden, woraus dann Alles beschafft wird.

Wechsel von Leben und Tod

Niemals können daher die Zerstörung wirkenden Kräfte
Ständig erringen den Sieg und das Leben auf ewig vernichten,
Noch auch können die Kräfte, die alles erschaffen und mehren,
Alles Geschaffne auf ewige Zeit am Leben erhalten.
Also waltet der Krieg in unentschiedenem Wettstreit
Seit undenklicher Zeit in den Reihen der Urelemente.
Denn bald hier, bald dort sind die Lebenskräfte im Vorteil,
Ähnlich erliegen sie auch, und die Totenklage vermischt sich
Mit dem Gewimmer der Kindlein, die eben das Licht erst erblicken.
Niemals folgt dem Tage die Nacht und der Nacht dann der Morgen,
Der nicht Kindergewimmer vernähme vermischt mit dem Jammer,
Der schrill tönend den Tod und das schwarze Begräbnis begleitet,

Mischung der Atome

Hierbei muss man auch dies als festversiegelt betrachten
Und in die Seele geprägt mit zähem Gedächtnis bewahren,
Dass kein einziges Ding, des' Wesen sich offen bekundet,
Nur aus einerlei Art der Urelemente bestehe,
Keines auch sei, das nicht stets aus gemischten Atomen sich bildet;
Ja, je mehr es in sich an Kräften und Wirkungen herbergt,
Desto größere Menge von Arten der Urelemente
Zeigt sich hierin vereint und desto verschiednere Formung.
So zum ersten die Erde. Sie birgt Elemente im Schoße,
Die in den eisigen Quellen hinab zu dem Meere sich wälzen

Und es beständig erneuern. Sie hat auch Feueratome;
Vielfach nämlich erglüht der entzündete Boden der Erde,
Aber am mächtigsten rast die Feuergarbe des Ätna,
Ferner besitzt sie Atome, aus denen sie schimmernde Feldfrucht
Und die labenden Bäume den Menschengeschlechtern empor schickt
Und woraus sie auch Wasser und Laub und labendes Futter
Darzubieten vermag dem Wilde, das schweift im Gebirge.

Poetische Einlage.
Die Phrygische Göttermutter

Deshalb nennt man die Erde die große Mutter der Götter,
Mutter des Wilds und zugleich auch die Schöpferin unseres Leibes.
Diese Göttin, so singen gelehrte hellenische Dichter,
[Komme aus Phrygiens Bergen und luftigen] Sitzen [hernieder]
Hoch zu Wagen und lenke die Löwen im Doppelgespanne.
Damit lehren sie uns, dass die mächtige Erde im Luftraum
Schwebe. Denn Erde vermag sich nicht wieder zu stützen auf Erde.
Bestien fügten sie zu, weil selbst der verwildertste Nachwuchs
Sanfterem Dienste sich weiht, wenn Mutterliebe ihn zügelt.
Auch umgaben sie ihr mit der Mauerkrone den Scheitel,
Weil mit dem Schutze der ragenden Höhn sie die Städte beschirmet.
Drum schmückt dies Diadem ihr Haupt, wenn der göttlichen Mutter
Bildnis zieht durch die Lande und überall schaudernde Scheu weckt.
Als Idäische[18] Mutter verehren sie mancherlei Völker
Heiligem, altem Gebrauche getreu, und die phrygischen Diener
Geben sie ihr zum Geleit, weil dort auf jenen Gefilden,
Wie man berichtet, der Weizen zuerst auf Erden gebaut ward.
Auch die verschnittenen Gallen, erklärt man uns, seien ihr Anhang,
Weil die Verächter der Mutter und die sich den Eltern nicht immer
Dankbar hätten erzeigt, nicht wert mehr seien zu achten,
Lebende Nachkommenschaft in des Lichtes Gefilde zu führen.
Donnernd erdröhnt in den Händen die Pauke, die Cymbeln erschallen

---

[18] *Idäisch*: Vom Idagebirge in Kleinasien stammend; oder, in anderer
Bedeutung: Auf dem kretischen Berg Ida gelegen.

Hohl, und mit rauem Getön schallt drohend das schmetternde
Hifthorn[19],
Während das flötende Rohr durch phrygische Rhythmen
den Sinn peitscht.
Schwerter stürmen hervor als Zeichen wildesten Wahnsinns,
Die in den undankbaren und gottlosen Herzen des Volkes
Schrecken erregen und Angst vor der Göttin geheiligtem Namen.
Wenn nun die Göttin so in die größeren Städte den Einzug
Hält und mit stummem Gruß die Sterblichen schweigend beglücket,
Decken sie ihren Weg ganz zu mit dem Silber und Kupfer,
Das sie in reichlichen Spenden ihr weihn, und schneen mit Rosen
Völlig sie ein, dass die Mutter mit ihren Begleitern verhüllt ist.
Hier erscheinen bisweilen Gewappnete, welche Kureten[20]
Griechische Zunge benennt, die, wenn sie im phrygischen Haufen
Scheinkampf spielen und blutüberströmt im Takte sich schwingen,
Während vom Haupt ihr Helmbusch nickt, ein schrecklicher Anblick,
Uns in Erinnerung rufen die kretischen Dikte-Kureten,
Die einst kindliches Wimmern des Zeus nach der Sage verbargen;
Denn in hurtigem Reigen umgaben die Knaben das Knäblein,
Während sie waffenbewehrt nach dem Takte das Erz mit dem Erze
Schlugen, damit nicht Saturn den Ertappten zum Rachen befördre
Und dem Herzen der Mutter die ewige Wunde nicht schlage.
Drum sind gewappnete Scharen der großen Göttin Begleiter,
Oder sie deuten darauf, dass die Göttin befehle, mit Waffen
Und mit tapferem Mut das Vaterland zu beschützen,
Wie sie bereit sein sollen zum Schutz und zur Zierde der Eltern.
All dies, mag es auch noch so schön und trefflich erdacht sein,
Weicht doch weit, weit ab von dem richtigen Wege der Wahrheit,

---

[19] Das *Hifthorn* ist ein kleines seit dem Mittelalter bekanntes Signalhorn.

[20] *Kureten*: Ein griechisches Volk, das zuerst die Insel Euböa bewohnte, von dort nach Ätolien wanderte und, von hier vertrieben, sich in Akarnanien niederließ.

Philosophische Erklärung des göttlichen Wesens

Denn es versteht sich von selbst, das ganze Wesen der Götter
Muss sich vollkommnen Friedens erfreun und unsterblichen Lebens,
Weit entfernt und geschieden von unseren Leiden und Sorgen;
Frei von jeglichen Schmerzen und frei von allen Gefahren,
Selbst gestützt auf die eigene Macht, nie unser bedürfend,
Wird es durch unser Verdienst nicht gelockt noch vom Zorne
bezwungen.
Und die Erde nun erst! Sie besaß nie irgend Empfindung,
Aber dieweil sie die Fülle besitzt von Urelementen,
Bringt sie ans Sonnenlicht gar vieles auf vielerlei Weise.
Ist nun mancher geneigt, das Meer Neptun und die Feldfrucht
Ceres zu nennen und lieber des Bacchus Namen zu brauchen
Als mit der eigentlich wahren Benennung vom Weine zu sprechen,
Mag's auch gestattet ihm sein, den Erdkreis Mutter der Götter
weiter zu nennen, sofern er nur wirklich die innere Seele
Rein sich erhält von der Schmach religiöser Glaubensbefleckung.

Fortsetzung über Atommischung

Häufig grasen daher aus demselben Gefilde das Gras ab
Wolletragendes Vieh und die kriegerische Jugend der Rosse
Und die Gehörnten, die unter demselbigen Himmelsdome
Und aus demselbigen Strome die durstigen Kehlen erquicken:
Aber sie leben verschieden und wahren das Wesen der Eltern,
Deren Gebräuchen sie folgen, ein jedes nach seinem Geschlechte.
So verschieden sind also, bei jeder beliebigen Grasart,
Ihre Grundelemente, und so auch bei jeglichem Wasser.
Saft, Blut, Knochen, Gedärme, die Venen, Nerven und Wärme
Bilden zwar alle zusammen ein einziges lebendes Wesen,
Aber sie sind doch weit in der Form voneinander geschieden,
Da sie der Urelemente verschiedne Gestalt hat erschaffen.
Ferner muss alles, was immer durch Feuers Flammen verzehrt wird,
Wenn nichts weitet, doch die Elemente im Körper bewahren,
Die es zum Flammensprühen und Lichtverbreiten benötigt
Oder zum Funkenwurf und zu weiter Zerstreuung der Asche.
Gehst du das übrige durch in entsprechender Geistesverfassung,

Wirst du demnach erkennen: die Körper enthalten die Keime
Mannigfaltiger Dinge und fassen gar mancherlei Formen.
Endlich siehst du auch vieles, bei dem mit Geruch und
Geschmack sich
Auch noch die Farbe vereint, wie vor allem bei zahlreichem Obste.
Diese Atome bestehen daher aus verschiednen Gestalten.
Denn ihr Brodem dringt in die Glieder, wohin nicht die Farbe
Reicht, und die Farbe nun wieder wird anders den Sinnen vermittelt
Als der Geschmack. Du erkennst, wie verschieden die Form des
Atoms ist.
Also vereinigen sich die verschiednen Gestalten zu einem
Knäuel und somit formt sich ein Ding aus der Mischung der Keime.
Ja, auch in unseren Versen (du kannst es ja sehen) erscheinen
Vielfach dieselbigen Lettern verschiedenen Wörtern gemeinsam;
Und doch musst du gestehen, die Verse sind gleichwie die Worte
Ganz voneinander verschieden entsprechend den Grundelementen.
Nicht als ob nicht auch häufig gemeinsame Lettern sich fänden
Oder als ob nicht auch zwei aus ganz denselben bestehen
Könnten; jedoch sind gewöhnlich nicht alle mit allen identisch.
So sind auch in der übrigen Welt bei vielen der Dinge
Viele der Urelemente gemeinsam, aber als Ganzes
Sind sie in ihrem Bestande doch sehr voneinander verschieden.
Darum darf man mit Recht verschiedne Atome erschließen
Für das Menschengeschlecht, für Frucht und die labenden Bäume.

Grenzen der Atommischung

Trotzdem darf man nicht wähnen, es könne sich alles mit allem
Gatten. Denn sonst gewahrte man überall Aftergeburten[21]
Bald halb Mensch, halb Tier entstehn, bald riesige Äste
Hier und da aus lebendigem Leib in die Höhe erwachsen,
Bald auch Glieder sich einen, gemischt aus See- und aus Landtier;
Ekle Chimären sogar mit dem feuerschnaubenden Rachen
Ließe Natur erstehn auf der alles erzeugenden Erde.
Aber dergleichen entsteht doch nichts, wie deutlich erkennbar.

---

[21] *Aftergeburt*: Eigentlich Steißgeburt, bei der das Kind statt mit
dem Kopfe mit dem Steiß sich zur Geburt stellt. Hier im Sinne
von Missgeburt, Monster.

Alles, was wächst, kann stets, wie man sieht, sein Geschlecht
sich bewahren,
Da es besonderen Keimen besonderer Mutter entstammet.
Und dies muss, wie man weiß, nach bestimmten Gesetzen geschehen.
Denn aus allen den Speisen entnimmt ein jedes das Seine
Und verteilt es den Gliedern im Innern. So wirkt es vereint dort
Angemessne Bewegung. Das Fremde dagegen (man sieht es)
Wirft die Natur auf die Erde zurück; viel flieht aus dem Körper,
Wenn ihn die Stöße erschüttern, mit unsichtbaren Atomen,
Was sich nicht irgendwohin vereinigen konnte noch innen
Sich zur Lebenserregung verstehn und den übrigen folgen.

Glaube nicht etwa, dass dieses Gesetz nur beseelte Geschöpfe
Binde. Vielmehr ist die Schranke der Norm für alles dieselbe.
Denn so wie nach der ganzen Natur die geschaffenen Dinge
Sind voneinander verschieden, so muss ein jedes sich bilden
Aus der Verschiedenheit schon der Gestalten der Urelemente.
Nicht als ob nicht auch häufig bei ihnen sich ähnliche Formen
Fänden, jedoch ist gewöhnlich nicht alles mit allem identisch.
Sind nun die Keime verschieden, so müssen nicht minder sich
scheiden
Ihre Verflechtung und Bahn, ihr Abstand, Schwere und Anprall,
Ihre Bewegung, ihr Stoß. Dies alles nun scheidet die Körper
Nicht nur beseelter Geschöpfe, nein Meer und Land voneinander,
Ja sie scheiden sogar das Irdische ganz von dem Himmel.

Atome sind farblos

Nunmehr hör' auch die Verse, die mir in erfreulicher Arbeit
Reiften, damit du nicht glaubst, was in unseren Augen als weiß glänzt,
Dieses Weiße entstamme von weißen Atomen des Urstoffs,
Oder was schwarz aussieht, sei schwärzlichem Samen entsprossen,
Oder damit du nicht meinest, was irgendwie anders gefärbt ist,
Trage die Farbe nur darum, weil auch die Atome des Urstoffs
Mit ganz ähnlicher Farbe von Haus aus seien umkleidet.
Denn die Atome des Stoffs entbehren noch völlig der Farbe:
Weder gleich ist die Farbe des Stoffs dem Erzeugnis noch ungleich.
Wenn du nun aber vermeinst, die Atome seien wohl darum
Unserem Geist unfassbar, so irrst du weit von dem Weg ab.
Die von Geburt blind sind und nie die Strahlen der Sonne

Haben geschaut, erkennen die Körper doch nur mit dem Tastsinn,
Da sie von Kindheit an entbehren der Farbenempfindung;
Also (merk es dir wohl) kann ebenso unsre Erkenntnis
Körper begrifflich erfassen, auch wenn sie der Farbe entbehren.
Endlich haben wir selbst auch ohne die Farben Empfindung
Sämtlicher Dinge, die wir im lichtlosen Dunkel berühren.
Da ich nun siegreich dies erwiesen, so will ich dir nunmehr
Dartun, [dass die Atome auch selber der Farbe entbehren.]
Jegliche Farbe vermag sich in jegliche andre zu wandeln,
Aber das dürfen ja doch die Atome sich nimmer gestatten.
Etwas muss doch am Ende verbleiben, was nimmer sich ändert,
Soll nicht alles zuletzt in das Nichts vollständig versinken.
Denn was nur irgend sich ändert und seinen bisherigen Wohnsitz
Wechselt, erfährt sofort die Vernichtung des früheren Zustands.
Also hüte dich wohl, den Atomen die Farbe zu leihen,
Dass dir nicht alles zuletzt in das Nichts vollständig versinke.

Entstehung der Farbe

Wenn sodann die Natur der Atome als farblos erwiesen,
Aber zugleich die verschiedene Form der Gestalten erkannt ist,
Die erst allerhand Dinge mit wechselnden Farben entstehn lässt,
Wenn es sodann gar wichtig erscheint, in welcher Verbindung
Diese Körperchen stehen und wie die wechselnde Lage
Sich zueinander gestaltet und gegenseitige Bewegung,
Kannst du sofort auch leicht die Erklärung geben, warum sich
Das, was kurz vordem noch schwarz ist gewesen, nun plötzlich
Glänzend weiß wie ein Marmorblock zu zeigen imstand ist,
Wie sich das Meer, wenn die Fläche durch mächtige Stürme
gepeitscht wird,
Wandelt in weißliche Flut von der glänzenden Farbe des Marmors.
Folgendes kannst du sagen: was wir so gewöhnlich als schwarz sehn,
Wird, sobald sich sein Urstoff mischt und die Ordnung sich ändert
In den Atomen, und dies noch hinzukommt, jenes davongeht,
Alsobald sich wandeln, so dass es zum glänzenden Weiß wird.
Wenn hingegen die Fluten des Meeres aus blauen Atomen
Wären zusammengesetzt, dann könnten sie nimmer sich hellen.
Bläuliche Stoffe, du magst sie auch noch so sehr rütteln und schütteln,
Können sich nimmermehr in des Marmors Weiße verfärben,

Wären dagegen in Farbe verschieden die Urelemente,
Welche dem Meere verleihen den einheitlich reinen Gesamtton,
Wie man wohl oft ein Quadrat aus ändern verschiednen Figuren
So kann bilden, dass draus ein einheitlich Ganzes entstehe:
Ja, dann müssten wir wohl, wie wir jene verschiednen Figuren
Im Quadrate erkennen, so auch in den Fluten des Meeres
Oder in sonstigen Dingen von einheitlich reinem Gesamtton
Mannigfache und grell abstechende Farben erkennen.
Übrigens ist die verschiedene Form kein hinderndes Hemmnis
Für die Figur, um von außen trotzdem als Quadrat zu erscheinen;
Aber verschiedener Ton in der Färbung der einzelnen Dinge
Wirkt so hemmend ein, dass die Einheit fehlt im Gesamtton.

Nichtig ist auch noch der weitere Grund, der uns öfter verleitet,
Färbung zuzuerkennen den Urelementen der Dinge.
Denn aus Weißem entsteht nicht etwa wiederum Weißes
Noch aus Schwarzem das Schwarze, vielmehr aus verschiedenen
Farben.
Ist es denn nicht viel leichter, das Weiße gebildet zu denken
Aus farbloser Materie, als wenn es aus schwarzer entstünde
Oder aus anderen Farben, die völlig entgegengesetzt sind?

Außerdem, da die Farben nicht ohne das Licht sind zu denken,
Während die Grundelemente doch stets sich dem Lichte entziehen,
Lernt man daraus, dass sie nicht mit der Hülle der Farben
bedeckt sind,
Denn was könnte die Farbe in lichtlosem Dunkel bedeuten?
Ändert sie doch in dem Lichte sich selbst, da sie anders zurückstrahlt,
Je nachdem sie das Licht schräg oder gerade von vorn trifft.
Wie buntschillernd erglänzt in der Sonne das Taubengefieder,
Das um den Nacken sich legt und den Hals im Kranze umsäumet!
Bald erstrahlt es wie heller Rubin in rotem Gefunkel,
Bald bei bestimmtem Blicke erscheint uns der Glanz des Gefieders,
Wie wenn blauer Azur sich vermische mit grünen Smaragden.
Auch in dem Schweife des Pfauen erblickt man, sobald er dem vollen
Licht entgegen ihn wendet, den ähnlichen Wechsel der Farben.
Da nun diese entstehn durch gewisse Bestrahlung des Lichtes,
Lernt man daraus, dass sie ohne das Licht zu entstehn nicht
vermögen.
Und in der Tat empfängt die Pupille, die, wie man sich ausdrückt,

Weiße Farbe empfindet, ganz andersartige Reize,
Als dann, wenn sie die schwarze empfindet und sonstige Farben.
Auch beim Betasten der Dinge verschlägt nichts, wie sie gerade
Sind mit Farbe versehn, doch sehr, wie ihre Gestalt ist.
Also lernt man: Atome bedürfen durchaus nicht der Farbe,
Sondern verschiedner Gestalt, die verschieden wirkt auf den Tastsinn.

Da nun ferner nicht immer das Wesen der Farbe sich bindet
An die bestimmten Gestalten, und alle Atomgebilde
Können vorhanden sein in jedem beliebigen Farbton,
Weshalb sind nicht in jeglicher Gattung des Urstoffs Geschöpfe
Allüberall überzogen mit Farben von allerlei Arten?
Denn sonst müssten wohl auch bisweilen die fliegenden Raben
Weißlichen Farbenschein aus weißem Gefieder verbreiten,
Müssten aus schwärzlichem Keime auch schwärzliche Schwäne entstehen
Oder sonst wie getönt, bunt oder von einerlei Farbton.
Ja auch ein jegliches Ding, je mehr du in winzige Stückchen
Solches zerspaltest, verblasst, wie du deutlich zu sehen imstand bist,
Und es erlöscht allmählich die frühere Farbenerscheinung.
So beim Purpurgewand. Zerfasert man dieses in kleine
Fädchen, verliert sich der Purpur (auch selbst bei der glänzendsten Marke,
Die Phönizien schickt), sobald nur die Fäden zerzupft sind.
Daraus kannst du ersehn, dass längst die vereinzelten Fäden
Jegliche Farbe verlieren, bevor sie zergehn in Atome.
Endlich gestehst du wohl zu, dass nicht sämtliche Körper Gerüche
Oder Töne entsenden. Drum wirst du nimmer geneigt sein,
Durchweg sämtlichen Körpern Gerüche und Töne zu leihen.
Also lernt man daraus, da nicht alles zu sehn uns vergönnt ist,
Dass es auch einiges gibt, was ohne die Farbe bestehn kann,
Wie es ja anderes gibt, was tonlos oder geruchlos.
Aber ein aufgeweckter Geist kann dies nicht minder erkennen
Als er das andre begreift, des' andere Dinge ermangeln.

Atome sind überhaupt qualitätslos

Aber vermeine nur nicht, es fehle den Urelementen
Nur die Farbe. Sie sind vielmehr auch von Wärme und Kälte
Und von der dampfenden Hitze vollständig für immer geschieden,
Wie sie des Tones entbehren, geschmacklos und nüchtern erscheinen
Und aus den Körpern auch nie selbsteigne Gerüche verbreiten.
Willst du aus Myrrhenessenz, Majoran und Blüte der Narde[22],
Die nektarischen Odem für unsere Nase verhauchet,
Köstlichen Balsam bereiten, da heißt es vor allem bedacht sein,
Sich, soweit es nur möglich erscheint, des geruchlosen Öles
Reine Natur zu verschaffen, das keinerlei Dünste verbreitet,
Dass es sowenig als möglich durch Eigengerüche berühre
Jener Düfte Gemisch und Gebräu und sie dadurch verderbe.
Aus demselbigen Grunde versagen die Urelemente,
Den zu erschaffenden Dingen von sich aus Ton und Gerüche
Mitzuteilen (sie haben ja nichts derart zu vergeben).
Ebenso wenig verleihen Geschmack sie oder auch Kälte
Oder dampfende Hitze und lauliche Wärme und vieles
Andre; denn alles das ist aus ganz vergänglichem Stoffe,
(Biegsames weich, Zerbrechliches morsch und Hohles durchlöchert),
Und deshalb notwendig getrennt von den Urelementen,
Wenn wir gedenken die Welt auf ewigem Grunde zu bauen,
Welcher die sichere Stütze gewährt für das Heil der Gesamtheit,
Soll dir nicht alles zumal in das Nichts vollständig versinken.

Atome sind empfindungslos

Nunmehr gibst du gewiss mir auch zu, dass das, was Empfindung
Zeigt, wie wir sehn, doch alles empfindungslosen Atomen
Seine Entstehung verdankt. Damit stimmt völlig, was klar liegt,
Und nicht streitet damit, was männiglich jedem bekannt ist,
Sondern es führt uns vielmehr an der Hand und erzwingt das
Bekenntnis,

---

[22] Die *Indische Narde*, Nardenähre oder auch Speichenähre genannt, ist
eine Nutz- und Heilpflanze aus dem Himalaya, die schon in der Antike
bis in den Mittelmeerraum exportiert und zur Zubereitung kostbarer
Öle und Salben verwendet wurde.

Dass, wie gesagt, das Lebendige entsteht aus Empfindungslosem,
Sehn wir ja doch, wie lebendig Gewürm aus widrigem Kote
Seine Entstehung nimmt, sobald unzeitiger Regen
Fäulnisstoff erzeugt in der reichlich befeuchteten Erde.
Weiter sehn wir, wie alles sich ebenso untereinander
Wandelt, wie Wasser und Laub und labendes Futter in Schlachtvieh
Sich verwandelt und wieder das Vieh in die menschlichen Leiber
Seine Natur umändert, wie oft mit unserem Leibe
Tiere der Wildnis sich stärken und flügelgewaltige Vögel.
Also verwandelt Natur in lebendige Körper die Nahrung
Allen und schafft hieraus die Empfindung allen Geschöpfen,
Ebenso wie sie das trockene Holz zur Flamme entwickelt
Und die sämtlichen Scheite in loderndes Feuer verwandelt.
Siehst du nun ein, wie wichtig es ist, wie die Urelemente
Zueinander sich ordnen und wie sie gemischt und gelagert
Sind und wie sich verhält die wechselseitige Bewegung?

Entstehung der Empfindung

Ferner, so frag' ich, was ist's, das den Geist in dem
Glauben erschüttert,
Dass aus Empfindungslosem empfindendes Wesen sich bilde,
Das ihn selbst doch erregt und ihn zwingt zu verschiedenem Fühlen?
Selbstverständlich weil niemals die Erde, die Hölzer und Steine,
Wenn auch gemischt, ein Lebensgefühl zu wecken vermögen.
Aber man darf hierbei nicht diese Beschränkung vergessen,
Dass ich nicht ausnahmslos aus allen erzeugenden Stoffen
Lasse sofort auch die Sinne und sinnenbegabten Geschöpfe
Leben gewinnen. Vielmehr kommt viel auf die Kleinheit der Körper
An, die Empfindung wecken, und welche Gestalt sie besitzen,
Endlich auch, welche Bewegung und Ordnung und Lage sie haben.
Davon sehn wir wohl nichts bei den Hölzern und Schollen der Erde,
Und doch bringen auch diese, sobald sie der Regen durchfeuchtet,
Lebende Würmer hervor, weil des Grundstoffs Urelemente
Aus den bisherigen Bahnen durch neue Gewalten gerissen
Sich, wie es nötig, vereinen zur Schöpfung lebender Wesen.

Wenn dann einige, die das Empfindende lassen entstehen
Nur aus Empfindendem, weiter aus ändern empfindenden [Teilchen
Dies herleiten, so nehmen sie einen vergänglichen Urstoff
An,] da sie weich ihn sich denken. Der Sinn bleibt immer gebunden

An die Eingeweide, die Adern und Nerven, die alle vergänglich,
Da sie ja doch, wie man sieht, aus weichen Gebilden bestehen.
Aber gesetzt auch den Fall, sie könnten von ew'gem Bestand sein,
Müssten sie doch entweder den Sinn des Organes behalten
Oder es müssten die Teile wie ganze Geschöpfe empfinden.
Doch kein Einzelorgan besitzt selbständiges Fühlen;
Denn auf die ändern muss achten ein jedes der Einzelgefühle,
Und unmöglich vermag getrennt von dem übrigen Körper
Weder die Hand noch ein anderes Glied für sich zu empfinden.
So bleibt übrig allein, dass die Glieder dem ganzen Geschöpfe
Gleichen und gleiches Gefühl wie wir selbst notwendig entwickeln,
Um zusammenzustimmen in gleichem Lebensgefühle.
Also wie können Gebilde, wie diese, Prinzipien heißen?
Wie als lebende Wesen die Pfade des Todes vermeiden,
Da lebendiges Wesen soviel wie sterblich bedeutet?
Ja, entrannen sie ihm, so würde durch ihre Verbindung
Nur ein gemeines Gewirre von zahllosen Wesen entstehen,
Wie ja auch klärlich, wenn Menschen mit Zugvieh oder mit Bestien
Umgang pflögen, kein Wesen aus dieser Verbindung entstünde.
Wenn nun jene Gebilde die eigene Empfindung verlören
Und sie andre bekämen, wozu denn gibt man dem einen,
Um es dem ändern zu rauben? Zudem lässt, was ich schon angab,
(Insofern wir ja sehen, wie Eier in lebende Küken
Sich verwandeln, wie Würmer dem Boden entwimmeln, sobald er
Durch unzeitigen Regen die nötige Fäulnis erhalten)
Jetzt sich wirklich erkennen, dass Sinne sich bilden aus Nichtsinn.

Sollte nun einer behaupten, allein die Veränderung könne
Aus Empfindungslosem empfindende Wesen erzeugen
Oder auch gleichsam ein Akt der Geburt, durch den man hervortritt:
Wird es genügen, ihm dies zu beweisen und deutlich zu machen.
Dass nur nach der Vereinigung erst die Geburten erfolgen,
Und dass auch die Veränderung nur nach Vereinigung statthat.
Erstlich kann es bei keinem der Körper Empfindungen geben,
Ehe das lebende Wesen noch selber ins Leben getreten.
Denn zerstreut ist der Bildungsstoff (dies ist ja kein Wunder)
Über die Luft und das Wasser, die Erd' und der Erde Gewächse,
Und er vereinigt noch nicht zusammengeschart zueinander
Passende Lebenskräfte, von deren Strahlen entzündet
Jedes Geschöpf sich erhält durch die alles gewahrenden Sinne.

Krankheit und Tod

Ferner sobald ein beliebig Geschöpf ein stärkerer Schlag trifft,
Als die Natur ihn verträgt, so stürzt er es plötzlich zu Boden
Und verwirrt ihm das ganze Gefühl im Leib und der Seele.
Denn dann lösen sich auf die Lagen der Urelemente
Und die Lebensregung erfährt vollständige Hemmung,
Bis der in sämtlichen Gliedern von Grund aus erschütterte Urstoff
Zwischen Körper und Seele die Bande des Lebens zerschneidet,
Hierauf die Seele zerstreut und durch alle Kanäle hinaus presst.
Denn wie sollten wir anders die Wirkung des Schlages uns denken,
Als dass er alles zerschmettert und alle Verbindungen auflöst?
Freilich es kommt auch vor, dass bei minder gefährlichem Schlage
Sich noch siegreich behaupten die Reste der Lebensbewegung,
Siegend zu bannen verstehn die gewaltigen Wirren des Schlages,
Jegliches wieder in seine gewöhnlichen Bahnen geleiten,
Die in dem Leib schon herrschende Macht des Todes verscheuchen
Und die bereits fast erloschene Glut der Empfindungen wecken.
Denn wie anders vermöchten sie just von der Schwelle des Todes
Wieder zum Leben zu kehren und ihre Besinnung zu sammeln,
Statt zu dem Ziele den Lauf, den sie fast schon vollendet, zu richten?

Freude und Schmerz

Ferner entsteht wohl der Schmerz, wenn des Urstoffs Grundelemente
In dem lebendigen Fleisch und den Gliedern gewaltsam erschüttert
Hin und her sich bewegen im eigensten, Innersten Sitze;
Wonne dagegen, sobald in die vorige Lage sie kehren.
Daher weiß man, dass nimmer den Schmerz die Grundelemente,
Nie auch das Wonnegefühl von sich aus können empfinden.
Da sie doch selber nicht wieder aus Urstoffkörpern bestehen,
Deren erneute Bewegung sie schmerzhaft müssten empfinden
Oder auch hieraus gewinnen die Leben spendende Wonne.
Also dürfen Atome mit keiner Empfindung begabt sein.

Schlussbeweis

Endlich wenn alle Geschöpfe nur dann Empfindung besäßen,
Falls man sie auch den Atomen, daraus sie gebildet sind, gäbe,
Welche besondren bekäme das Menschengeschlecht dann zu eigen?
Offenbar würden dann diese bald schütterndes Lachen erheben,
Bald mit der Tränen Tau die Wimpern und Wangen benetzen,
Würden auch viel zu reden verstehn von der Mischung der Stoffe
Und dann weiter zu forschen nach ihren ureignen Atomen!
Denn da sie ähnlich, so wären wie sterbliche Menschen als Ganzes,
Müssten auch solche Atome nun wieder aus ändern bestehen,
Diese dann wieder aus ändern, so dass kein Ende zu sehn ist.
Daraus folgte, dass alles, was redet und lacht und Verstand hat,
Aus Atomen bestünde (so meinst du), die ebenso täten!
Aber wir sahen ja doch, dies ist blödsinniger Wahnwitz:
Lachen kann doch auch das, was aus lachendem Stoff nicht
erwachsen;
Was Verstand hat und weiß mit Beweisen gelehrt zu verfahren,
Braucht nicht hervorzugehn aus beredten, verständigen Keimen.
Warum sollten demnach die sinnenbegabten Geschöpfe
Nicht aus Keimen bestehn, die völlig der Sinne entbehren?
Schließlich wir sind doch alle von himmlischem Samen entsprossen,
Und Ein Vater erzeugte uns alle. Sobald nur die Tropfen
Seines befruchtenden Regens empfängt die befruchtete Mutter
Erde, gebiert sie die schimmernde Frucht und die labenden Bäume
Und das Menschengeschlecht mit sämtlichen Sippen der Tiere.
Dann reicht Nahrung sie dar, mit der sie den Körper ernähren,
Ihres Lebens genießen und zeugend sorgen für Nachwuchs.
Darum hat sie mit Fug auch den Mutternamen erhalten.
Ebenso kehrt, was der Erde vorher entstammt ist, zur Erde
Wieder zurück, und es steigt, was aus Äthers Höhen herabkam,
Wieder empor und zurück empfängt es das Himmelsgewölbe.
Denn es vernichtet der Tod nichts derart, dass er des Stoffes
Urelemente zerstörte. Er trennt nur ihre Verbindung;
Dann verbindet er weiter das ein' und andre und wirkt so,
Dass er bei allen die Formen verkehrt und die Farben verändert,
Dass sie Empfindung erhalten und plötzlich dann wieder verlieren.
Daraus lernst du, wie wichtig es ist, mit welchen Atomen,
Ferner in welchem Gefüge die Grundelemente verkehren,

Und wie sich endlich gestalte die gegenseitige Bewegung.
Glaub auch ja nicht, es ruhe im Grunde der ew'gen Atome,
Was wir so hin und her auf der Oberfläche der Dinge
Flutend und bald entstehend, dann plötzlich vergehend erblicken.
Ist es doch selbst bei unserm Gedicht recht wichtig, wie jede
Letter in Reihe sich stellt und mit anderen Lettern verbindet.
Denn dieselbigen Lettern bezeichnen ja Himmel und Erde,
Meer und Ströme und Sonne, wie Korn, Obst, lebende Wesen;
Wenn auch nicht alle sich gleichen, so ist doch bei weitem die
Mehrzahl
Ähnlich; erst Ordnung und Lage bewirkt die Scheidung der Sachen.
Mit den Dingen nun selbst steht's ebenso: wenn sich des Urstoffs
Ordnung, Lage, Gestaltung, Zusammenstoß und Bewegung
Ändern, dann müssen zugleich die Dinge sich selber verändern.

Übergang zum Kosmischen

Doch nun wende den Geist zur weiteren Wahrheitsforschung.
Denn ein neues Problem strebt heftig dein Ohr zu gewinnen,
Und die Erscheinung der Welt will neu sich den Blicken enthüllen.
Doch kein Ding ist so fasslich und leicht, dass es nicht für
den Glauben
Größere Schwierigkeit böte zu Anfang; aber hinwieder
Gibt es auch nichts so Großes und nichts so Bewundernswertes,
Dass nicht uns allen gemach die Bewunderung wieder verschwände.
Vorerst nenn' ich die reine und strahlende Bläue des Himmels
Und was er rings umschließt, die schweifenden Wandelgestirne
Samt dem Mond und des Sonnenlichts hell leuchtendem Glanze:
Wenn dies alles erst jetzt zum ersten Male urplötzlich,
Unversehens sich böte den Blicken der sterblichen Menschen,
Was verdiente wohl eher als dies die Bezeichnung des Wunders,
Oder was konnte vordem wohl die Menschheit weniger glauben?
Nichts, wie mich dünkt. Solch Wunder erschien' uns der himmlische
Anblick.
Trotzdem hält jetzt niemand für wert, da man satt ist des Schauspiels,
Seinen Blick zu erheben zum leuchtenden Himmelsgewölbe.
Drum wenn grade die Neuheit dich schreckt, verwirf nicht im Geiste
Vorschnell unsere Forschung; vielmehr mit der Wage des Urteils
Wäge sie desto genauer und, scheint sie dir wahr, so ergib dich!
Scheint sie dir aber verkehrt, so rüste dich sie zu bekämpfen.

Denn die Präge bedrängt uns den Geist: da der äußere Raum sich
In das Unendliche dehnt weit über die Mauern des Weltalls,
Was gibt's dort noch zu schauen, was unser Verstand zu erfassen
Wünscht und wohin sich der freiere Flug des Gedankens
emporschwingt?

Unendlichkeit des Weltalls

Erstlich gibt es für uns nach allen beliebigen Seiten
Weder nach rechts noch nach links, noch nach oben hin oder
nach unten
Irgendein Ende. So hab' ich's gelehrt, wie die Sache auch selber
Für sich spricht; so wird die Natur des Unendlichen deutlich.
Also muss wohl auch dies ganz unwahrscheinlich erscheinen,
Dass, da leer sich der Raum in das Unermessliche dehnet,
Und unzählige Keime in endloser Tiefe des Weltraums
Mannigfach schwirren umher, von der ew'gen Bewegung ergriffen,
Dieser einzige Himmel entstünd' und ein einziger Erdkreis,
Während so viele Atome des Urstoffs außerhalb feiern!
Überdies ist die Schöpfung der Welt ein natürlicher Vorgang,
Da sich die Keime der Welt von selbst und durch Zufall begegnen.
Vielfach trieben sie völlig vergeblich und fruchtlos zusammen,
Bis sich dann endlich die plötzlich geeinigten Teilchen verschmolzen
Und dann jedes Mal wurden zum Anfang großer Gebilde,
Wie von der Erde, vom Meere, vom Himmel und lebenden Wesen.
So musst immer aufs neue du dies mir bestätigen, dass sich
Anderswo andre Verbindung des Urstoffs bildet wie unsre
Welt, die der Äther so fest mit brünstigen Armen umklammert.

Unendlich viele Welten

Wenn zudem noch der Stoff in gewaltiger Menge sich findet,
Wenn auch der Raum zureicht, kein Ding und kein Grund
sich entgegen
Stellt, dann muss doch entstehn ein Weben und Leben der Wesen.
Wenn nun die Menge der Keime so groß ist, dass sie zu zählen
All die Lebenszeit der lebenden Wesen nicht reichte,
Und darin die Natur sich erhält, die in ähnlicher Weise
Überallhin zu verbringen vermag die Keime der Dinge,
Wie sie sie hierher brachte, so musst du wieder bekennen,

Dass noch andere Erden in anderen Welten bestehen
Mit verschiedenen Rassen von Menschen und Sippen der Tiere.
Hierzu kommt, dass im Ganzen kein einziges Wesen sich findet,
Das als einziges entstünd' und allein und einzig erwüchse,
Ohne zu einem Geschlecht zu gehören, in welchem noch viele
Gleicher Gattung sich fänden. Die lebenden Wesen vor allem
Sind zu beachten. Da findest du Berge bewohnende Tiere,
Ferner der Menschen erzeugtes Geschlecht, und endlich die stumme,
Schuppige Herde der Fische und alle die Vogelgestalten,
Darum darf man behaupten, dass ähnlich wie diese der Himmel,
Erde und Meer, auch Sonne und Mond und die übrigen Dinge
Nicht in der Einzahl dürfen vorhanden sein, sondern in Unzahl,
Da ihr Leben nicht minder der grundtief ruhende Markstein
Abgrenzt und sie nicht minder aus sterblichem Körper bestehen
Als das gesamte Geschlecht, das hienieden nach Arten gedeiht.

Kein Götterregiment

Hast Du nun dies wohl inne, so siehst du, wie stets die Natur sich
Unabhängig erhält von der Laune tyrannischer Herrscher
Und selbständig in allem sich ohne die Götter betätigt.
Denn bei dem heiligen Geist und dem seligen Frieden der Götter,
Die ein geruhiges Leben und heiteres Dasein führen:
Wer von ihnen vermag das unendliche All zu regieren,
Wer kann kräftig die Zügel der unermesslichen Tiefe
Halten in leitender Hand, wer alle die Himmel im Gleichmaß
Drehn und fruchtbar die Erde mit Flammen des Äthers erwärmen,
Gegenwärtig zu jeglicher Zeit und an jeglichem Orte,
Um bald Dunkel durch Wolken zu schaffen und Donner erregend
Heiteren Himmel zu trüben, bald Blitze zu senden und häufig
Selbst die eigenen Tempel zu schädigen oder im Wüten
Selbst auf Wüsten Geschosse zu richten, die harmlose Leute
Und unschuldige töten, dagegen die Schuldigen meiden?

Entstehen und Vergehen der Welt

Auch nach dem Weltenbeginne und nach dem Entstehungstage,
Als mit der Sonne zugleich auch das Meer und die Erde sich hoben,
Setzten sich Körper von außen her an, und es kamen noch ringsum
Keime dazu, die das endlose All ausschleudernd entsandte,
Draus sich das Meer wie die Länder zu mehren vermöchten,
daraus auch
Raum noch gewänne des Himmels Palast, um ein hohes Gewölbe
Fern von der Erde zu spannen, zugleich auch die Luft sich erhöbe.
Denn von überallher wird jedem sein eigener Urstoff
Sämtlich durch Stöße vermittelt und trifft auf die eignen Geschlechter
So kommt Wasser zu Wasser, die Erde vermehrt sich durch Erdstoff,
Feuer vergrößert das Feuer und Äther wiederum Äther,
Bis dann endlich Natur, die Schöpferin, alle Geschöpfe
Als Vollenderin führt zu dem äußersten Ende des Wachstums.
Dies tritt ein, wo der Stoff, der neu in die Lebensgefäße
Kommt, nicht stärker mehr strömt als jener, der weicht und
zurückströmt.
So ist allen Geschöpfen ihr Lebensfaden bemessen,
So hemmt Mutter Natur durch eigene Kräfte das Wachstum.
Alles, was wachsen du siehst in fröhlich gedeihendem Auftrieb
Und was mählich erklimmt die Stufen der reifenden Jahre,
Eignet sich mehr von dem Urstoff an als was ihm entschwindet,
Da sich die Nahrung leicht in die sämtlichen Adern verbreitet,
Diese auch selbst nicht so weit sind gedehnt, um viel zu verlieren
Und mehr Stoff zu vertun, als das Leben zur Nahrung verbrauchet.
Denn dass viel aus den Dingen entweicht und wieder zurückströmt,
Darf man gewiss nicht leugnen. Doch stärket muss immer der Zufluss
Sein, bis sie endlich erreichen den äußersten Gipfel des Wachstums.
Dann zerbricht uns das Leben die Kraft und gewonnene Stärke
Stückweise wieder und schwindet dahin nach der schlechteren Seite.
Denn natürlich je größer und breiter ein Ding ist geworden,
Wenn es den Zuwachs erhalten, zerstreut es auch größere Mengen
Überallhin von Atomen und schleudert sie ab dem Körper.
Auch verteilt sich nicht leicht die Nahrung in alle die Adern,
Und sie genügt nicht mehr. Um jetzt für den reichlichen Abfluss
Soviel Neues zu liefern und vollen Ersatz zu beschaffen.
So stirbt alles mit Fug, wenn es durch der Atome Verschwinden

Löcher erhält und den Stößen von außen her preisgegeben ist.
Denn dem höheren Alter muss endlich an Nahrung es fehlen,
Und nie rasten die Stoffe, durch heftigen äußeren Ansturm
Alles dem Tode zu weihn und durch feindlichen Stoß zu bezwingen.

Also werden dereinst auch die mächtigen Mauern des Weltrunds
Endlich erliegen dem Sturm und in Schutt und Moder zerfallen.
Denn nur die Nahrung ist's, die alles verjüngen, ergänzen,
Kräftigen müsste, die Nahrung! um alles instand zu erhalten:
Leider umsonst. Denn weder vermögen die Adern genügend
Dienste zu tun noch kann die Natur das Benötigte liefern.
Unsere Zeit ist so sehr schon gebrochen; erschöpft kann die Erde
Kaum noch kleinere Geschöpfe gebären, obgleich sie doch alle
Arten geschaffen und Tiere von riesigem Körper erzeugt hat,
Denn nicht senkte (so dünkt mich) an goldener Kette der Himmel
Einst die vergänglichen Wesen in unsre Gefilde hernieder,
Noch erschuf sie das Meer und die felsumtosende Brandung,
Sondern die Erde gebar sie, die jetzt auch selbst noch sie nähret.
Sie ist's auch, die das schimmernde Korn und die labende Rebe
Aus selbsteignem Entschlüsse zuerst uns Sterblichen pflanzte;
Sie gab selbst uns das trauliche Vieh und das labende Futter,
Was jetzt kaum noch gedeiht trotz unseren Mühen und Sorgen.
Ach, wie ermatten die Kräfte der Rinder und Ackerbauern,
Kaum gibt's Eisen genug, um unseren Boden zu pflügen.
So karg gibt er Ertrag und verdoppelt nur unsere Mühe.
Ja, jetzt schüttelt schon öfter sein Haupt der gealterte Bauer
Und seufzt darob, dass zunichte ihm ward die unendliche Arbeit,
Und mit der Gegenwart die vergangenen Zeiten vergleichend
Preist er wohl häufig das Glück, das seinem Erzeuger noch hold war.
Traurig beschwert sich der Pflanzer der alten, vertrockneten Rebe
Über veränderte Zeiten und schickt zu dem Himmel die Klagen.
»Wahrlich, das alte Geschlecht«, so schilt er, »das Frömmigkeit übte,
Konnte mit leichtester Mühe auf kleineren Hufen sich nähren,
Wenn auch des Ackers Maß viel schmäler war jedem bemessen.«
Ach, er begreift nicht, wie alles vergeht und mählich dem Grabe
Zuwankt, müde geworden im langen Laufe der Jahre.

Drittes Buch: Die Seele

Lob Epikurs

Der du zuerst aus der Finsternis Nacht so leuchtend die Fackel
Hoch zu erheben vermocht und die Güter des Lebens zu zeigen,
Dir, o Zier des hellenischen Volks, dir folg' ich und setze
Fest den Fuß in die Spuren, die du in den Boden gedrückt hast.
Nicht Wetteifer, dir gleich es zu tun, nur glühende Liebe
Drängt mich dir nachzustreben. Wie möchte dem Schwane
die Schwalbe
Je sich vergleichen? Wie könnte denn auch mit zitternden Gliedern
Jemals das Böcklein im Lauf mit dem sehnigen Rosse sich messen?
Du, mein Vater, du bist der Entdecker der Wahrheit, du gibst uns
Väterlich Rat. Wie die Bienen auf blumiger Halde den Blüten
Allen Honig entsaugen, so schlürfen auch wir aus den Rollen,
Die du. Gepriesener, schriebst, nun alle die goldenen Worte,
Goldene Worte und wert bis in Ewigkeit weiterzuleben!
Denn sobald dein System, das Erzeugnis göttlichen Geistes,
Über das Wesen der Dinge die laute Verkündigung anhebt,
Scheucht es die Angst von der Seele. Da weichen die Mauern
des Weltalls
Und ich erblick' im unendlichen Raum das Getriebe der Dinge.
Da enthüllt sich der Gottheit Macht und die friedlichen Sitze,
Die kein Sturmwind peitscht, kein Regengewölke benetzet,
Die kein Schneesturm schädigt, wo nie bei starrendem Froste
Weißlich die Flocken sich senken; wo immerdar heiter der Äther
Lacht und überallhin sich die Ströme des Lichtes ergießen.
Allen Bedarf reicht ferner von selbst die Natur und es stört nie
Irgendein Wesen die Gottheit im seligen Frieden des Geistes.
Nirgend erscheinen hingegen des finsteren Acheron Räume,
Nirgend auch hindert die Erde zu schauen, was alles umherschwirrt
Unterhalb unserer Füße im Raum des unendlichen Leeren.
Hier ergreift es mein Herz mit wahrhaft göttlicher Wollust
Und mit Schauer zugleich, dass so die Natur sich erschlossen
Deiner Gedankengewalt und jetzt allseitig enthüllt ist.

Inhalt des Buches: Psychologie

Da ich nun also gezeigt, wie beschaffen die Grundelemente
Sind bei sämtlichen Wesen, und wie an Gestalten verschieden
Diese durch eigenen Trieb in beständigen Bewegungen schwirren,
Und wie sämtliche Wesen im einzeln sich hieraus entwickeln:
Scheint mir nun hiernach das Nächste, des Geistes Natur
und der Seele
Dir in ein klareres Licht durch meine Gedichte zu setzen
Und dir aus deinem Gemüt kopfüber den Schrecken der Hölle
Auszutreiben, der gründlich das menschliche Leben zerrüttet,
Alles von unten befleckt mit des Todes Schwärze und nimmer
Lauter und rein uns gestattet des Lebens Lust zu genießen.

Todesangst der Menschen

Denn wenn häufig die Leute ein sieches und ehrloses Leben
Noch viel furchtbarer nennen als Tod in des Tartarus[23] Reiche
Und das Wesen des Geistes als Blut zu erkennen vermeinen
Oder als Luft, falls ihnen beliebt auch dies zu behaupten,
Und man brauche dazu nicht im mindesten unsere Weisheit:
All dies, wirst du bemerken, verrät mehr prahlerisch Wesen,
Wie du aus folgendem siehst, als wirkliche Lebensbewährung.
Denn die nämlichen Leute, sobald sie verbannt aus der Heimat,
Aus der Gesellschaft gestoßen, mit schimpflichem Makel behaftet
Und von jeglichem Kummer bedrückt sind, leben doch weiter,
Schlachten, wohin sie auch immer im Elend gelangen, den Ahnen
Schwärzliche Schafe zum Opfer und senden den seligen Toten
Weihegüsse ins Grab und wenden den Sinn in dem Unglück
Noch viel eifriger jetzt zu den religiösen Gebräuchen.
Drum empfiehlt es sich mehr, den wahren Charakter des Menschen
Zu erproben in widriger Zeit und in schweren Gefahren.
Dann erst hört man von ihnen die wirklichen Töne des Herzens
Aus der Tiefe sich ringen, es fallen die Masken: der Kern bleibt.

---

[23] *Tartaros* ist in der griechischen Mythologie ein personifizierter Teil der
Unterwelt, der noch unterhalb des Hades liegt. Er ist angeblich so tief,
dass ein Amboss, der von der Erde hinabfiel, neun Tage brauchte, um
den Grund zu erreichen.

Endlich die blinde Begierde nach Ehrenstellen und Reichtum
Treibt die erbärmlichen Menschen, sich über die Grenzen des Rechtes
Wegzusetzen, so dass sie als Helfer und Diener der Frevel
Oft bei Tag und Nacht mit erheblicher Mühsal streben,
Aufzusteigen zum Gipfel der Macht; das sind Wunden des Lebens,
Die von der Angst vor dem Tode zum größeren Teile sich nähren.
Denn die bittere Not und der Schimpf der Verachtung erscheinen
Unvereinbar zumeist mit behaglichem, sicherem Dasein,
Ja, sie scheinen bereits vor den Pforten des Todes zu lauern.
Darum wollen die Leute, die eingebildete Angst treibt,
Solchen Geschicken entfliehen und weit sich von ihnen zurückziehn.
So vergießen sie Bürgerblut, um sich Geld zu erraffen,
Doppeln den Reichtum mit Gier und begehen Morde auf Morde,
Freuen sich bar des Gefühls am Trauersarge des Bruders,
Und sie betrachten mit Hass und mit Angst den Tisch
der Verwandten.
Diese Angst ist nun häufig in ähnlicher Weise die Quelle
Quälenden Neides: sie klagen, dort jenen allmächtig zu sehen,
Jenen beachtet, dieweil er im Glänze der Würden einhergeht,
Während sie selber verachtet im Kot und im Dunkel sich wälzen.
Mancher auch stürzt in den Tod im Rennen nach Namen und
Denkmal.
Häufig sogar fasst Ekel am Leben und Wandeln im Lichte
Just aus bebender Angst vor dem Tode die Menschen, so dass sie
Selber im Jammer des Herzens mit eigener Hand sich entleiben,
Ohne zu denken, dass grade der Angst ihr Jammer entquelle.
Angst verleugnet die Scham, bricht Bande innigster Freundschaft,
Angst verletzt die heiligste Pflicht in krasser Gemeinheit.
Haben doch oft schon die Menschen, die Acherons Schlund
zu entgehen
Suchten, ihr Vaterland und die teuren Eltern verraten.
Denn wie in dunkler Nacht die Kindlein zittern und beben
Und vor allem sich graulen, so ängstigen wir uns bisweilen
Selbst am Tage vor Dingen, die wahrlich nicht mehr sind zu fürchten,
Als was im Dunkel die Kinder befürchten und künftig erwarten.
Jene Gemütsangst nun und die lastende Geistesverfinstrung
Kann nicht der Sonnenstrahl und des Tages leuchtende Helle
Scheuchen, sondern allein der Natur grundtiefe Betrachtung.

Geist ein Körperteil

Erstlich behaupt' ich, der Geist (wir nennen ihn öfter Verstand auch),
In dem unseres Lebens Beratung und Leitung den Sitz hat,
Ist nur ein Teil von dem Menschen, so gut wie die Hand und der Fuß ist
Oder das Auge ein Teil des ganzen lebendigen Wesens.
[Freilich nun haben dagegen sich einige leichthin geäußert,]
Geistiges Wesen sei nicht an bestimmte Organe gebunden,
Sondern als Lebenskraft in dem ganzen Körper verbreitet
(Harmonie ist das griechische Wort), die Leben uns wirke
Und Empfindung zugleich, doch an keinem besonderen Ort sei.
Spricht man ja oft ganz ähnlich von unseres Körpers Gesundheit,
Die doch gewiss nicht als einzelner Teil des Gesunden sich darstellt.
Ebenso wohne der Geist nicht in einem bestimmten Organe.
Damit scheinen sie mir gar sehr auf den Abweg geraten.
Fühlt doch Krankheit bisweilen der sichtbare Körper, indessen
Wir voll Heiterkeit sind in anderen, innern Organen.
Aber auch andererseits begegnet das Gegenteil häufig:
Krank im Gemüt strahlt mancher trotzdem in Gesundheit
des Körpers.
Ebenso bleibt vielleicht, wenn der Fuß uns Schmerzen bereitet,
Währenddessen das Haupt von jeglichem Leiden verschonet.
Ferner sobald uns der Schlummer mit weicher Umarmung genaht ist,
Ausgegossen die Glieder und fühllos dumpf uns der Leib liegt,
Lebt doch in unserer Brust noch ein anderes Etwas, das vielfach
Währenddessen sich regt, das alle die heitern Gedanken
Ebenso treulich erfasst wie des Herzens nichtige Sorgen.

Auch die Seele ein Körperteil

Nicht nur der Geist, auch die Seele verweilt in den Gliedern,
und Fühlen
Wirkt in dem Leib nicht die Harmonie. Dies kannst du ersehen
Daraus vor allem, dass oft trotz erheblichen Körperverlusten
Doch noch das Leben sich kann in unseren Gliedern erhalten;
Wiederum weicht es sofort aus unseren Adern und Knochen,
Wenn aus dem Körper entflohn auch nur wenige Wärmeatome
Und aus dem Munde der Odem hinaus in die Lüfte verhauchte.
Hieraus magst du erkennen, dass keineswegs alle Atome

Gleich in der Wirkung sind und gleich in der Lebenserhaltung;
Sondern dass die Elemente, die Luft und erwärmende Hitze
Schaffen, vornehmlich im Leibe für Lebenserhaltung besorgt sind.
Deshalb ist's auch die Lebensluft und die Wärme im Körper,
Die in der Stunde des Todes aus unseren Gliedern entweichen.
Also wir haben gefunden, das Wesen von Geist und von Seele
Sei wie ein Teil vom Menschen. Drum gib den Musikern wieder
Ihr Wort Harmonie, das von Helikons Höhen herabkam,
Oder woher man sonst es entlieh und auf jenen Begriff dann
Übertrug, der früher des eigenen Namens entbehrte:
Wie es auch sei, lass ihnen das Wort und höre das weitre!

Geist und Seele eine Einheit

Geist und Seele (behaupt' ich nun weiter) sind innig verbunden
Untereinander und bilden aus sich nur ein einziges Wesen.
Doch ist von beiden der Herrscher und gleichsam das Haupt in dem ganzen
Körper die denkende Kraft, die Geist und Verstand wir benennen,
Und die nur in der Mitte der Brust den beständigen Sitz hat.
Hier rast Schrecken und Angst, hier quillt auch beruhigend nieder
Fröhlicher Heiterkeit Born. So sitzt auch Geist und Verstand hier.
Über den ganzen Körper jedoch ist die übrige Seele Ausgebreitet.
Sie regt sich gehorsam dem Winke des Geistes.
Dieser allein denkt frei, nur er fühlt eigene Freuden,
Während zur selbigen Zeit in Körper und Seele sich nichts regt.
Wie wir, sobald wir am Haupte verletzt sind oder am Auge,
Doch nicht im Ganzen des Körpers die Qual mitleidend empfinden,
Also erfährt auch bisweilen der Geist selbst schmerzliches Leiden
Oder erhebende Freude, dagegen empfindet der Seele
Übriger Teil nichts weiter in Gliedern oder Gelenken.
Wird hingegen der Geist von stärkerem Schrecken ergriffen,
Leidet das Ganze der Seele (man sieht's an den Gliedern) zugleich mit:
So bricht Angstschweiß aus, es erblasst uns die Haut auf dem Körper,
Unsere Sprache wird lallend, die Stimme versagt und das Ohr saust,
Dunkel umflort sich das Auge, es knicken die Knie zusammen;
Ja wir bemerken wohl oft, wie ein plötzlich Erschrecken des Geistes
Menschen zu Boden stürzt. Leicht kann da ein jeder erkennen,
Seele sei innig verbunden mit Geist. Wenn dieser die Seele
Anstößt, lenkt sie den Stoß auf den Körper und streckt ihn zu Boden.

Körperlichkeit von Geist und Seele

Eben derselbe Beweis lehrt klar, dass ein körperlich Wesen
Geist wie Seele besitzen. Sie geben den Gliedern Bewegung,
Weckenden Körper vom Schlaf und verändern die Züge im Antlitz,
Ja man sieht, dass sie gänzlich den Menschen regieren und lenken.
Da sich nun, wie wir erkennen, nichts hiervon ohne Berührung
Kann vollziehn und Berührung nicht ohne den Körper, so muss man
Auch für den Geist und die Seele ein körperhaft Wesen behaupten.
Weiter siehst du des Geistes und Körpers gemeinsames Wirken,
Und wie sympathisch sie beide in unserem Körper empfinden.
Dringt ein schrecklich Geschoss mit Gewalt in die Knochen und
Nerven,
Dass es das Innre entblößt, so verschont es vielleicht noch das Leben,
Aber es stellt sich doch Ohnmacht ein und der Drang, auf die Erde
Sachte zu gleiten, und dort entwickelt sich Wallung im Geiste
Und bisweilen ein dumpfes Gefühl, sich erheben zu wollen.
Also das Wesen des Geistes ergibt sich als körperhaft hiernach;
Denn das Geschoss wie der Schuss, die ihn schmerzen,
sind körperhaft beide.

Die Atome des Geistes

Welcherlei Körper der Geist nun besitzt und aus welchen Atomen
Dieser besteht, soll weiter mein Vers dir näher erläutern.
Erstlich behaupt' ich, er sei aus den allerfeinsten und kleinsten
Urelementen gebildet. Dass dieses sich also verhalte,
Magst du aus folgendem lernen, so dass es dir völlig gewiss wird.
Nichts in der Welt scheint wohl an Geschwindigkeit irgend zu gleichen
Unserem Geist, der im selben Moment, was er denkt, auch schon
anfängt.
Also bewegt sich der Geist viel schneller als irgendwas andres
Aus dem Bereiche der Dinge, die unserem Auge sind sichtbar.
Aber nun kann doch ein Ding, das so leicht sich bewegt, nur bestehen
Aus ganz kugelig runden und allerkleinsten Atomen,
Die beim leichtesten Stoß sofort in Bewegung sich setzen.
Denn auch das Wasser bewegt sich und wogt beim leisesten Anstoß,
Da es sein Dasein dankt leicht rollenden kleinen Figuren.
Andererseits hat der Honig die ungleich festere Fügung:

Zäher fließen die Tropfen und zögernder ist die Bewegung.
Denn das Gefüge des Stoffs hängt hier viel fester zusammen
Untereinander. Natürlich; es hat ja weniger glatte,
Weniger feine und auch viel weniger runde Atome.
Nimm nun die Körner des Mohns: das leiseste, schwebende Lüftchen
Lässt auch den stattlichsten Haufen von oben herunter zerrinnen;
Aber bei einem Gehäufe von Steinen oder von Ähren
Ist das unmöglich. Mithin je kleiner und glatter die Körper
Sind von Natur, um so mehr wird ihre Beweglichkeit wirksam.
Alle jedoch, die im Gegenteil recht wuchtig erscheinen,
Und nicht minder die rauen, sind um so besser gefestigt.
Nunmehr, wo wir erkannt die Beweglichkeit äußersten Grades
Als das Wesen des Geistes, ergibt sich unweigerlich, dass er
Aus ganz winzigen, glatten und runden Atomen bestehe.
Diese Erkenntnis mein Bester, die nun du gewonnen, sie wird sich
Dir noch in mancher Beziehung als nützlich und förderlich zeigen.

Die Atome der Seele

Auch das folgende wird dir das Wesen der Seele erläutern,
Wie so fein ihr Gewebe und wie sie mit winzigem Raume
Auskommt, falls ein Zusammenschluss sich nur irgend ermöglicht.
Nämlich sobald nur den Menschen die friedliche Ruhe des Todes
Überwältigt, sobald mit dem Geiste die Seele geschieden,
Siehst du doch keinen Verlust an der ganzen Gestaltung des Körpers
Weder nach Form noch Gewicht. Der Tod zeigt alles wie vordem,
Nur fehlt jetzt ihm das Lebensgefühl und die feurige Wärme.
Also muss doch die Seele in Adern, Geweiden und Sehnen
Nur durch die kleinsten Atome sich ganz mit dem Leibe verknüpfen.
Denn selbst wenn sie vom Körper nun ganz und gar sich getrennt hat,
Bleibt ihm doch völlig erhalten der äußere Umriss der Glieder,
Und an dem alten Gewicht fehlt auch kein einziges Quäntchen.
Ähnlich verflüchtigt sich auch die Blume des Weines, und wenn sich
Lieblicher Duft in die Lüfte dem Salbölfläschchen entwindet,
Oder wenn irgendein Saft aus anderem Körper entweichet,
Ohne dass dieser nun selbst deswegen für unsere Augen
Kleiner erschien' und ohne dass irgendwas fehlt' am Gewichte.

Wunderbar ist dies nicht. Denn viele winzige Keime
Bildenden Saft und Geruch in dem ganzen Körper der Dinge.
Darum präge dir ein (ich verkünd' es dir wieder und wieder),
Dass die Natur wie den Geist so die Seele aus winzigen Keimen
Schuf, weil, wenn sie entweichen, sich nichts im Gewichte verändert.

Vier Arten von Seelenatomen

Aber man darf sich nun doch dies Wesen zu einfach nicht denken.
Denn aus des Sterbenden Munde entweicht ein dunstiger Windhauch
Allerfeinster Natur, und der Dunst zieht wieder die Luft mit.
Wärme zudem ist immer vermischt mit jeglicher Luftart:
Denn da der Wärme Gefüge stets locker ist, müssen darinnen
Grundelemente der Luft in erheblicher Zahl sich bewegen.
So hat sich dreifach bereits das Wesen des Geistes enthüllet;
Doch dies alles genügt nicht, um Sinnesempfindung zu wecken.
Traut sich doch keins von den dreien die Fähigkeit zu, auf die Sinne
Einzuwirken, geschweige Verstandesgedanken zu wecken!

Vierter Seelenbestandteil

Ihnen müssen wir also ein viertes Wesen gesellen;
Doch ward dieses bisher noch mit keinerlei Namen bezeichnet.
Ihm vergleicht sich wohl nichts an Beweglichkeit oder an Feinheit,
Denn nichts reicht an die Glätte und Kleinheit seiner Atome.
Dieses erzeugt in den Gliedern zuerst die Erregung der Sinne,
Da es zuerst wird gereizt infolge der Kleinheit der Keime;
Dann empfängt auch die Wärme den Stoß, und das Wirken des
Windes,
Den man nicht sieht, dann die Luft, bis alles gerät in Bewegung:
Blut wallt auf, dann dringt das Gefühl auch in alle die innern
Teile, dann teilt es zuletzt auch den Knochen sich mit und dem Marke,
Sei es die Lust, sei's Glut der entgegengesetzten Empfindung.
Übrigens dringt kein Schmerz, kein heftiges Übel so leichthin
Tief bis ins Mark. Sonst würde am Ende ja alles in Aufruhr
Kommen, so dass kein Raum für das Leben mehr bliebe und alle
Stücke der Seele entwichen durch sämtliche Poren des Körpers.
Sondern zumeist hört schon an der Oberfläche des Leibes
Alle Bewegung auf. So können das Leben wir retten.

Einheitlichkeit der vier Seelenteile

Nunmehr möcht' ich wohl gern dir erörtern, wie diese Vermögen
Untereinander gemischt und geordnet sind, aber den Vorsatz
Auszuführen versagt mir die Armut unserer Sprache.
Aber ich will, so gut ich's vermag, doch das wichtigste streifen.
 Siehe, da schwingen beständig die Urelemente der Dinge

Hin und her miteinander, so dass kein einziges jemals
Los sich trennen und räumlich geschiedene Wirkung entstehn kann;
Sondern die vielerlei Kräfte des Körpers wirken als Einheit.
Wie sich Geruch und Geschmack und besondere Farbe im Fleische
Aller belebten Geschöpfe der Regel nach überall findet,
Und doch allen erwächst vollkommene Einheit des Leibes,
So wird ein einziges Wesen durch Luft und Wärme gebildet
Und durch des Windes Gewalt, die nicht sichtbar ist,
endlich durch jene
Leichtestbewegliche Kraft, die den ändern vermittelt den Anstoß
Und so zuerst in dem Fleisch die Sinneserregung hervorruft.
Denn dies Seelenvermögen verbirgt sich als innerster Urgrund,
Und es ist nichts in unserem Leib, was tiefer versteckt sei,
Ja, voll der ganzen Seele ist dieses just wieder die Seele.
Gleichwie vermischt mit dem Leib in den Gliedern
sowohl wie im Ganzen
Unseres Geistes Kraft und der Seele Vermögen sich bergen,
Da sie aus wenigen nur und kleinen Atomen sich bilden,
So versteckt sich auch dies aus den kleinsten Atomen erschaffne
Namenlose Vermögen, das gleichsam wieder die Seele
Bildet der Seele im Ganzen und überall herrscht in dem Körper.
Ähnlich müssen auch Wärme und Luft mit dem Winde sich mischen
Untereinander und so in den Gliedern betätigen, freilich
Eins wird mehr vor den ändern hervorstehn oder zurückstehn,
Aber doch so, dass aus allen ein einheitlich Ganzes sich bildet,
Und nicht der Wind und die Wärme sich sondern vom Wirken
des Lufthauchs;
Denn sonst würde die Trennung vernichten die Sinnesempfindung.

Seelenaffekte

Wärme entfaltet der Geist, wenn die Flamme des Zorns in ihm lodert
Und die Glut der Empörung ihm heftiger blitzt aus den Augen,
Während zumeist der Genösse der Furcht, der erkältende Windhauch,
Schauder erregt in den Gliedern und Schultern in allen Gelenken;
Endlich die Luft wirkt jene beruhigte Seelenverfassung,
Die sich im heiteren Blick und im Frieden des Herzens bekundet.
Doch mehr Wärme besitzen die heftigen Temperamente,
Deren erregbares Herz gar leicht im Zorne emporwallt.
So ist vor allem geartet der grimmig wütende Löwe,
Dessen Gebrüll und Gestöhn die Brust ihm droht zu zersprengen,
Da sein Herz nicht vermag die Fluten des Zornes zu fassen.
Doch in der Seele des Hirsches regiert die Kälte des Windes;
Der bringt schnell den erkältenden Hauch in dem Leibe
zur Herrschaft,
Wo er ein Zittern und Beben in sämtlichen Gliedern hervorruft.
Doch in des Ochsen Natur herrscht mehr die ruhige Luft vor,
Nie erregt ihn zu stark des Zorns aufsprühende Fackel
Und verbreitet in ihm die Schatten verdüsternden Qualmes;
Doch auch die eisigen Pfeile des Schreckens bewirken kein Starrsein:
Seine Natur liegt zwischen dem grausamen Leu und dem Hirsche.
So steht's auch mit dem Menschengeschlecht. Denn wenn auch
die Bildung
Einzelne gleich abschleift, so lässt sie bei jedem doch Spuren
Seiner ureignen Natur in seinem Geiste bestehen.
Niemals lassen sich Laster so ganz mit den Wurzeln entfernen:
Stets wird dieser geneigter zu heftigem Zorne sich zeigen,
Jener wird allzurasch von der Angst ergriffen, ein Dritter
Endlich lässt sich mitunter zuviel von den ändern gefallen.
Auch sonst müssen sich vielfach der Menschen verschiedne Naturen
Mannigfach unterscheiden wie ihre entsprechenden Sitten;
Doch die verborgenen Gründe dafür kann jetzt ich nicht sagen,
Noch die Benennungen finden für alle die mancherlei Formen
Jener Atome, die diese Verschiedenheit geben den Dingen.
Nur dies glaub' ich dabei als sicher vertreten zu können,
Dass es nur wenige Reste des angeborenen Wesens
Gibt, die sich nicht durch Vernunft vollständig beseitigen ließen.
So steht nichts uns im Wege, ein göttliches Leben zu führen.

Gemeinsames Leben von Leib und Seele

Dies ist also das Wesen, das gänzlich vom Körper gehalten
Wieder den Körper bewahrt und der Grund ist seiner Erhaltung.
Denn durch gemeinsame Wurzeln ist Seele und Körper verbunden;
Trennung erscheint für beide nicht ohne den Untergang denkbar.
Wie es nur schwer uns gelingt den Geruch aus den Körnern des
Weihrauchs
Ganz zu beseitigen, ohne sein Wesen zugleich zu vernichten,
So ist's schwierig den Geist und die Seele vom Körper zu lösen,
Ohne dass alles zusammen dadurch der Vernichtung verfiele.
Da sie von Uranfang durch die Grundelemente verwoben
Sind miteinander, so führen sie auch ein gemeinsames Leben;
Auch dass das eine der beiden, der Körper nur oder die Seele,
Ohne die Hilfe des ändern empfinde, erscheint mir undenkbar.
Nein, der Empfindung Flamme wird nur durch vereinte Bewegung
Jener beiden gemeinsam in unserem Innern entzündet.
Überdies wird der Körper auch nie selbständig geschaffen,
Nimmt auch allein nie zu, noch dauert er fort nach dem Tode.
Denn es ist nicht wie beim Wasser, das häufig die Wärme verlieret,
Die es besaß, und doch nicht deshalb auch selber zerstört wird,
Sondern es bleibt wie es war. So, sag' ich, ist's nicht bei der Seele.
Ihr Abscheiden vermag der zurückgebliebene Körper
Nicht zu ertragen. Sofort zerfällt und verfaulet er gänzlich.
So vom Beginne des Lebens, verborgen im Schoße der Mutter,
Lernen Seele und Körper durch innige Wechselberührung
Sich an des Lebens Regung in solchem Maße gewöhnen,
Dass sich nicht ohne Vernichtung die Trennung der beiden
vollziehn kann.
Daraus kannst du ersehn, dass ihr Wesen aufs engste verknüpft bleibt,
Da auch der Grund der Erhaltung für beide so innig verknüpft ist.

Ist Empfindung nur der Seele eigen ?

Falls im übrigen jemand versucht, des Körpers Empfindung
Dadurch abzutun, dass er meint, nur unsere Seele
Fühle im Körper verbreitet den Reiz, den Sinn wir benennen,
Der bestreitet damit die offenkundigste Wahrheit.
Wer kann je uns erklären, was körperlich Fühlen bedeutet,

Wenn die Erfahrung nicht selbst Tatsachen uns liefernd belehret?
»Aber«, so heißt es, »der Leib, wenn die Seele entflohen, ist fühllos.«
Ja, denn er büßt nur ein, was im Leben nicht ganz ihm gehörte,
Und noch vieles dazu, sobald ihn das Leben verlassen.

Sieht das Auge oder der Geist?

Ferner zu sagen, die Augen vermöchten nicht selber zu sehen,
Sondern der Geist nur sehe durch sie wie durch offene Türen,
Ist recht schwer; denn ihr eignes Gefühl spricht heftig dagegen:
Leitet uns doch das Gefühl und verweist auf das Sehen der Augen
Selber, zumal wir ja oft hellglänzende Dinge nicht sehen,
Weil uns das Augenlicht durch das äußere Licht wird geblendet.
Anders steht's mit den Türen. Denn wenn man sie öffnet, so trifft doch
Keinerlei Schade die Öffnung, durch die wir selber hindurchsehn.
Übrigens wenn man für Türen erklären will unsere Augen,
Müsste dann um so mehr bei herausgenommenen Augen,
Wie bei beseitigten Türen, der Geist von den Dingen erschauen.

Gegen Demokrit

Hierbei hüte dich wohl, der Ansicht Beifall zu zollen,
Die ein erhabener Geist, Demokritos, hatte begründet,
Nämlich: die Urelemente des Geistes mit denen des Körpers
Einzeln zusammengefügt abwechselnd verbänden die Glieder.
Denn die Atome der Seele sind erstens geringer an Größe
Als die, welche den Körper und dessen Inneres bilden,
Dann auch geringer an Zahl. Auch sind sie nur sparsam verteilet
Hier und da durch die Glieder, so dass sich nur dieses behaupten
Lässt: wie klein nur eben ein einzelner Körper noch sein kann,
Um die Sinneserregung in unserem Körper zu wecken,
Soviel Zwischenraum bleibt auch für die Seelenatome.
Denn wir fühlen's bisweilen auch nicht, wenn Staub an den Körper
Anfliegt, oder wenn Tünche auf unsere Glieder herabfällt,
Spüren auch nicht Nachtnebel und zarte Gewebe der Spinne,
Die auf dem Weg uns begegnen und uns beim Gehen umstricken,
Oder wenn uns ihr vermodertes Kleid auf die Haut ist gefallen,
Fühlen auch Vogelfedern und fliegende Samen der Pflanzen,
Die nur langsam meist infolge der Leichtigkeit fallen,

Ebenso wenig wie irgendein Tier, das auf uns herumschleicht,
Oder die einzelnen Tritte der Mücken und andren Geschmeisses,
Das auf unseren Körper die kriechenden Füße gesetzt hat.
Also müssen zuerst gar viele der Körperatome
In die Bewegung geraten, bis dann die unserem Körper
Beigemischten Atome der Seele Erschütterung spüren
Und durch Stöße getrennt in bedeutenden Zwischenräumen
Wechselseitig verkehren durch Anprall, Einigung, Abprall.

Der Geist lebenswichtiger als die Seele

Und in der Tat ist der Geist der Torwart unseres Lebens
Und übt mehr als die Seele die Herrschaft über das Leben.
Denn wenn Geist und Bewusstsein entflohn, da vermag in den Gliedern
Kein Teil unserer Seele auch nur ein Momentchen zu weilen,
Sondern sie folgt als Genossin ihm bald, entweicht in die Lüfte
Und lässt unsere Glieder im Todesfroste erstarren.
Aber am Leben verbleibt, wem Geist und Bewusstsein geblieben,
Ob er auch rings an den Gliedern verstümmelt und Krüppel geworden;
Ob ihm auch Seele entzogen und rings aus den Gliedern gewichen,
Dennoch lebt er und atmet ätherischen Lebensodem;
Ja, der Seele beraubt, wenn nicht ganz, doch zum größeren Teile,
Zögert er dennoch zu sterben und hängt noch immer am Leben.
Auch das Auge behält bei Verletzungen, wenn die Pupille
Nur nicht gelitten hat, weiter die alte, lebendige Sehkraft;
Aber man darf nur nicht gänzlich den Apfel des Auges zerstören
Oder die Haut um den Stern rings lösen und ihn nur erhalten;
Denn auch dies wird dem Ganzen unzweifelhaft Untergang bringen.
Doch wenn auch nur ein winzigster Teil aus dem mittleren Stücke
Wäre zerfressen, erlösche das Licht und Finsternis folgte,
Selbst wenn der Umkreis sonst untadelig wäre erhalten.
Solch ein ewiges Bündnis verknüpft auch den Geist und die Seele.

Geist und Seele sind sterblich

Aber wohlan, auf dass Du erkennst, dass in lebenden Wesen
Geist und flüchtige Seelen entstehen und wieder vergehen,
Will ich die Verse, die mir in der langen, erfreulichen Arbeit

Reiften, Dir jetzt vortragen: sie seien des Memmius würdig!
Fasse dabei nur die beiden Begriffe in eine Bezeichnung!
Wenn ich zum Beispiel nun von der »Seele« zu sprechen beginne
Und sie als sterblich erweise, so gilt dasselbe vom Geiste,
Da dies beides nur eins und eng miteinander verknüpft ist.

Kleinheit der Seelenatome

Erstlich zeigt' ich ja schon, dass das feine Gebilde der Seele
Nur aus den kleinsten Atomen besteht, die kleiner bei weitem
Sind als die Urelemente der flüssigen Wassermaterie
Oder des Rauchs und des Nebels. Denn ihre Beweglichkeit steht ja
Weit voraus, und sie setzt sich beim leisesten Stoß in Bewegung,
Da sie doch schon von den Bildern des Rauchs und des Nebels
erregt wird.
So erblicken wir oft im Schlummer, wie Dampf vom Altare
Hoch in die Lüfte sich hebt und weithin der Rauch sich verbreitet.
Denn unzweifelhaft schweben uns Bilder von dort vor den Augen.
Da du nun also siehst, wie rasch aus zersprungnen Gefäßen
Nass auseinander fließt und Wasser ins Weite entweichet,
Da sich auch, ebenso Nebel und Rauch in die Lüfte verbreitet,
Glaube mir, dass auch die Seele noch schneller sich teilt auseinander
Und noch rascher vergeht und in ihre Atome sich auflöst,
Ist sie einmal den Gliedern des Menschen entflohn und entwichen.
Denn wenn der Körper bereits, der gleichsam der Seele Gefäß ist,
Nicht mehr die Seele zu halten vermag, wenn irgendein Stoß ihn
Trifft und ein Leck entsteht, so dass aus den Adern das Blut rinnt,
Wie soll dann wohl die Luft, wie du wähnst, sie zu halten vermögen,
Die doch viel weniger dicht als der Leib ist und weniger festhält?

Gleichzeitiges Werden und Vergeben von Leib und Seele

Übrigens fühlen wir selbst, wie der Geist mit dem Körper zusammen
Wird und zugleich auch wächst und zugleich auch wiederum altert.
Denn wie die Kinder noch schwanken mit ihrem noch schwachen
und zarten
Körper, so ist entsprechend ihr Geistesgedanke noch unfest.
Kommt dann das männliche Alter mit stärkeren Kräften zur Reife,

Wächst auch der kluge Verstand und es mehrt sich die Stärke
des Geistes.

Doch wenn später den Leib in den nervigen Lebenskräften
Irgendein Stoß erschüttert, wenn stumpf und kraftlos der Körper
Sinkt, dann erlahmt uns das Denken, es faselt die Zunge, der
Geist wankt
Alles wird schadhaft und endlich da mangelt uns alles auf einmal.
Also muss auch entsprechend das Wesen der Seele sich endlich
Ganz auflösen wie Rauch in die hohen Regionen des Luftreichs,
Da wir sie sehn mit dem Körper zugleich entstehen und wachsen
Und, wie ich zeigte, zugleich vom Alter ermattet zerfallen.

Gleichzeitiges Leiden von Leib und Seele

Fernerhin sehen wir auch, ganz ebenso wie in dem Körper
Unerträgliche Leiden und heftige Schmerzen uns treffen,
Also befällt auch den Geist Angst, Trauer und nagende Sorgen.
Und so teilt er natürlich mit jenem das Schicksal des Todes.
Ja, bei Leiden des Körpers verfällt auch der Geist oft in Irrsinn;
Denn er verliert das Bewusstsein und schwatzt wahnschaffene Dinge.
Und bisweilen verfällt er bei schwerer lethargischer Starre
Tiefem und dauerndem Schlaf: es sinkt ihm das Haupt und die Augen;
So vernimmt er die Stimme nicht mehr, er erkennt nicht die Züge
Seiner Verwandten, die um ihn stehn und ins Leben zurück
Ihn zu rufen sich mühn, das Gesicht und die Wangen voll Tränen.
Darum musst du gestehn, dass auch der Geist sich zersetze,
Da auch in ihn sich drängen ansteckende Krankheitskeime.
Sind doch beide, wie Krankheit so Schmerz, Vollstrecker des Todes,
Wie uns dies schon seit lange der Untergang vieler gelehrt hat.
Sieht man nun auch, dass der Geist wie der kranke Körper
geheilt wird,
Und dass der Geist wie der Leib durch Senfteig Heilung kann finden ...

Wirkung des Weins

Endlich, warum nur folgt, wenn die Wirkung des Weines das Innre
Trifft und die feurige Glut sich in unseren Adern verbreitet,
Gliederschwere? Wir schwanken daher, es schlingern die Beine,

Stotternd lallet die Zunge, der Geist wird umnebelt, die Augen
Schwimmen, es hebt sich allmählich das Lärmen und Schluchzen und
Zanksucht
Und was sonst noch für Folgen in ähnlicher Weise sich zeigen.
Wie ist nur all dies möglich, wenn nicht die gewaltige Wirkung,
Die von dem Wein ausgeht, in dem Leib selbst Wirrnis dem Geist
bringt?
Aber was immer imstand ist, Verwirrung und Hindrung zu leiden.
Zeigt hierdurch, dass, wenn sich noch steigert die Kraft, die da
einwirkt,
Alles dem Tode verfällt und künftigen Lebens beraubt ist.

Wirkung der Epilepsie

Ja, oft stürzt urplötzlich ein Mensch wie vom Blitze getroffen,
Wenn ihn die Krankheit packt, vor unseren Augen zu Boden;
Schaum tritt ihm vor den Mund, tief stöhnt er, ihm zittern
die Glieder;
Ohne Bewusstsein, die Muskeln gespannt wie gefoltert, so keucht er
Ungleichmäßig und schleudert die Glieder, bis dass er ermattet.
Weil durch der Krankheit Kraft sich die Seele zerstreut in den
Gliedern,
Wird sie in Aufruhr versetzt und schäumet empor wie die Wogen,
Die in dem salzigen Meere des Sturmwinds Wüten empor peitscht.
Ferner das Stöhnen entringt sich der Brust, weil die Glieder
von Schmerzen
Werden ergriffen und dann überhaupt, weil die Stimmelemente
Ausgepresst und im Munde geballt sich nach außen entladen,
Wo ihr Weg ist gebahnt und wo sie es gleichsam gewähnt sind.
Ferner, Bewusstsein fehlt, weil die Kraft des Geists und der Seele
In Verwirrung gerät und weit auseinander gerissen,
Durch das nämliche Gift, wie ich zeigte, vertrackt und getrennt wird.
Sind dann der Krankheit Quellen versiegt und die ätzenden Säfte,
Welche den Körper verseuchten, zurück in den Winkel gekrochen.
Dann erhebt sich der Kranke zuerst wie im Taumel und mählich
Kehrt die Besinnung ihm wieder zurück und die volle Beseelung.
Wenn nun im Körper bereits solch Leiden die Kräfte der Seele
Zur Erschütterung bringt und erbärmlich zersplittert und abquält,
Weshalb soll sie denn ohne den Leib und frei in den Lüften
Mit den gewaltigen Winden ihr Leben zu fristen vermögen?

Heilung von Leibes- und Seelenerkrankung

Sieht man nun auch, wie der Geist aus dem Siechtum wieder genesen
Und durch ärztliche Kunst wie der Leib kann Besserung erfahren,
Deutet auch dies nur hin auf das sterbliche Wesen der Seele.
Denn wer irgend den Geist zu verändern versucht und sich anschickt,
Oder auch irgendein anderes Ding zu verwandeln bestrebt ist,
Muss da Teile dem Ganzen hinzutun oder versetzen
Oder ein Stückchen vom Ganzen, so wenig es sein mag, hinweg tun.
Doch das Unsterbliche duldet nicht Zusatz oder Versetzung
Seiner einzelnen Teile noch Abfluss auch des Geringsten.
Denn was immer sich ändert und seine bisherigen Sitze
Wechselt, erleidet sofort die Vernichtung des früheren Zustands.
Somit verrät, wie gesagt, die Seele, sie mag nun erkranken
Oder sich bessern durch ärztliche Kunst, ihr sterbliches Wesen.
So tritt hier dem erlogenen Wahn tatsächliche Wahrheit
Augenscheinlich entgegen, versperrt ihm den Weg zum Entkommen
Und widerlegt den gefälschten Beweis durch den Zwang des Dilemmas.

Allmähliches Absterben

Endlich sehen wir oft, wie ein Mensch allmählich davongeht
Und wie Glied um Glied das Lebensgefühl in ihm abstirbt.
Bleifarb werden zunächst an den Füßen die Nägel und Zehen,
Dann ersterben die Füße und Beine, dann zeigen allmählich
Auch die übrigen Glieder die Spuren des eisigen Todes.
Also es teilt sich des Geistes Natur und er tritt nicht auf einmal
Voll und ganz in das Freie. So muss man für sterblich ihn halten.
Nimmst du etwa nun an, die Seele vermög' in dem Innern
Selbst sich zusammenzuziehen und an einem Punkte zu sammeln
Ihre Atome und so die Empfindung den Gliedern zu nehmen,
Müsste man diesen Vereinigungspunkt, wo riesige Massen
Seelenstoffes sich sammeln, an stärkerer Empfindung erkennen.
Doch der findet sich nirgends, was klar ist und früher bemerkt ward,
Sondern in Stücke zerrissen entfliegt sie; so geht sie denn unter.
Ja, selbst wollt' ich einmal dir die falsche Behauptung gestatten,
Dass sich die Seele im Körper vermöge zusammenzuballen,
Wenn die Sterbenden nach und nach von dem Leben sich scheiden,

Müsstest du dennoch gestehn, dass die Seele sterblicher Art ist.
Denn es ist gleich, ob sie untergeht in die Lüfte zerstiebend
Oder gefühllos wird, sobald die Verästelung aufhört,
Da ja mehr und mehr aus dem Ganzen des Menschen Empfindung
Schwindet und weniger stets und weniger Leben zurückbleibt.

Untrennbarkeit von Leib und Seele

Da nun der Geist nur ein Teil ist des Menschen und stets an derselben
Festbestimmten Stelle verbleibt wie die Augen und Ohren
Und was für andere Sinne das Leben sonst noch regieren,
Da nun ferner die Hand und das Äug' und die Nase gesondert
Oder geschieden von uns nicht Empfindung haben noch Dasein,
Sondern, wenn schon, in der kürzesten Frist in Moder zerfließen,
Also kann auch der Geist nicht ohne den Leib und den Menschen
Selbst sich des Daseins freuen, da der Körper des Geistes Gefäß ist
Oder was sonst von noch engerer Form der Verbindung der beiden
Denken sich lässt: denn es hängt ja der Leib untrennbar am Geiste.
Kurz, wenn Körper und Geist zu lebendiger Wirkung sich innig
Untereinander verbinden, erfreun sie sich kräftigen Lebens.
Weder der Geist allein kann jemals ohne den Körper
Lebensregung bewirken noch kann ein entseelter Körper
Längere Zeit fortdauern und seine Sinne gebrauchen.
Gleichwie das Auge bekanntlich, sobald es den Wurzeln entrissen,
Und von dem übrigen Körper gelöst ist, nichts mehr erblicket,
So kann Geist und Seele allein nichts selber verrichten,
Wie es natürlich erscheint. Denn überall sind sie im Körper
Fest verbunden mit Fleisch, mit den Adern und Sehnen und Knochen.
Ihren Atomen ist auch, da ihr Abstand äußerst gering ist,
Freierer Sprung in die Weite versagt. Drum ist auch der Umkreis
Ihrer Sinneserregung beschränkt und, entfliehn sie im Tode
In die Luft aus dem Körper, ist keine Erregung mehr möglich;
Denn sie sind dann nicht mehr in der gleichen Weise gebunden.
Würde die Luft doch selber zum Körper und lebenden Wesen,
Könnte sie fassen die Seele und so die Erregungssphäre
Ihr umzirken, wie früher in Nerven und Leib sie sich regte.
Darum (ich sag' es noch einmal, du musst notwendig mit glauben):
Hat sich die Hülle des Körpers gelöst und der Odem verflüchtigt,
Muss auch die Sinnesempfindung des Geistes sofort mit der Seele
Schwinden; denn enge verknüpft ist für beide die Lebensbedingung.

Trennung von Leib und Seele

Da nun endlich der Körper die Trennung der Seele nicht aushält,
Ohne in Fäulnis zu fallen mit widrigem Leichengeruche,
Warum zweifelst du noch, dass die Seele den Innersten Tiefen
Unseres Leibes entströmt und verfliegt wie der Rauch aus der Esse?
Und dass der Körper so völlig vermorscht und verwandelt
in Trümmer
Sinkt, weil die Fundamente des Baus von der Stelle gerückt sind
Und sich die Seele durch alle die Glieder, die Windungen alle,
Die sich im Körper befinden, durch alle die Poren verflüchtigt?
So ist der Schluss wohl erlaubt, dass durch alle die Glieder des Leibes
Vielfach sich teilte der Seele Natur, noch ehe sie austrat,
Ja dass im Körper sogar die Seele schon in sich zersetzt war,
Eh' sie nach außen entwich und hinausschwamm frei in das Luftmeer.

Ohnmachtsanfälle

Selbst solange sie noch von des Lebens Schrecken umzirkt ist,
Scheint doch öfter die Seele durch irgendwelche Erschütterung
Schwankend zu werden und ganz von dem Körper sich lösen zu
wollen:
Schlaff schon werden die Züge, als nahe die Todesstunde,
Und an dem blutlosen Körper ermatten und sinken die Glieder.
Solches geschieht, wenn, wie man wohl sagt, es jemandem schlecht
wird
Oder die Ohnmacht naht. Da zittert man schon und ein jeder
Sucht noch zu haschen das Ende des schwindenden Lebensfadens.
Denn es erleidet alsdann wie der Geist so die Seele im ganzen
Einen erschütternden Stoß; so schwanken sie selbst wie der Körper;
So tritt leicht die Vernichtung ein, wenn ein stärkerer Stoß trifft.

Wie scheidet die Seele vom Leibe

Endlich, was zweifelst du noch, dass die Seele hinaus aus dem Körper
Hilflos ausgestoßen, im Freien und ledig der Hülle
Nicht nur nicht dauern könne durch endlos ewige Zeiten,
Sondern nicht eine Sekunde sogar sich zu halten vermöge?
Auch hat niemand (so scheint es) im Sterben noch selbst die
Empfindung,

Dass sich die Seele als Ganzes dem ganzen Körper entringe,
Oder als steige sie erst bis zur Kehle und über den Schlund auf;
Sondern sie geht an der Stelle zugrund, die als Sitz ihr bestimmt ist,
Wie man ja auch bei den Sinnen es weiß, dass jeder verschwindet
Nur in seinem Bereich. Drum, war' unsterblich die Seele,
Klagte sie nicht beim Sterben so sehr, nun scheiden zu müssen;
Nein, sie freute sich wohl aus der Haut wie die Schlange zu schlüpfen.

Die Brust Sitz des Geistes

Endlich warum wird nie der Verstand und die Einsicht des Geistes
Weder im Haupte erzeugt noch in Händen und Füßen, warum bleibt
Ihm nur ein einziger Sitz und begrenzter Bereich in uns allen,
Wenn nicht für jedes Organ ein bestimmter Bezirk der Entstehung
Wäre gegeben, wo jedes Erschaffne zu dauern vermöchte,
Und so vielfache Teilung für alle Gelenke entstünde,
Die bei den einzelnen Gliedern die Störung der Ordnung verhindert?
So folgt eins aus dem ändern; denn nie pflegt Feuer im Wasser
Sich zu erzeugen und nie kann Eis in dem Feuer erstehen.

Die fünf Sinne ohne Körper undenkbar

Ferner gesetzt, es wäre die Seele nun wirklich unsterblich
Und vermöchte gesondert von unserem Körper zu fühlen,
Müssten wir ihr doch auch, wie mich dünkt, fünf Sinne gewähren,
Denn wir können ja sonst auf keinerlei Weise uns denken,
Wie da unten die Seelen am Acheron sollen verkehren.
Deshalb haben die Maler und älteren Dichtergeschlechter
Also mit Sinnen begabt uns die Seelen der Toten geschildert.
Aber das Auge, die Nase, die Hand selbst kann nicht gesondert
Nur für die Seele bestehn, noch gesondert Zunge und Ohren.
Also können auch Seelen für sich nicht bestehn und empfinden.

Teilbarkeit der Seele

Wir empfinden auch stets, dass überall unsere Körper
Lebensgefühle durchströmen, und sehen, wie ganz er belebt ist.
Spaltete nun in der Mitte urplötzlich ein rascher Gewaltstreich
Unseren Körper so, dass jede der Hälften getrennt liegt,
Würde wohl sicherlich auch die seelische Kraft sich verteilen

Und mit dem Körper zugleich auseinander gerissen zerstieben.
Doch was sich spaltbar zeigt und in Teile beliebig zerlegbar,
Muss natürlich verzichten, als ewiges Wesen zu gelten.
Sichelwagen, so heißt es, bespritzt von rauchendem Mordblut
Schneiden bisweilen so überaus rasch die Glieder vom Rumpf ab,
Dass man das aus den Gelenken geschnittene Stück auf den Boden
Fallend und dort noch zappelnd erblickt, obgleich doch des Menschen
Geistige Kraft von dem Schmerz nichts spürt, da so plötzlich das
Unheil
Kommt und der Geist sich zugleich in die Kampfwut gänzlich
verrannt hat.
Noch mit dem Körperstumpfe begehrt er den Kampf und das
Blutbad
Und er bemerkt oft nicht, dass die Räder und reissenden Sicheln
Seine Linke zugleich mit dem Schild vor die Rosse geschleudert.
Einer, der Mauern erklimmt, fühlt seiner Rechten Verlust nicht:
Aufstehn möchte ein andrer trotz abgehauenem Beine,
Während daneben sein Fuß noch sterbend zuckt mit den Zehen:
Auch wenn das Haupt von dem warmen und lebenden Rumpfe
getrennt ist,
Zeigt es im Sand noch lebendigen Blick und geöffnete Augen,
Bis es die Reste der Seele hat allesamt von sich gegeben.
Ja, wenn du Lust hast, der Schlange, die naht mit züngelnder Zunge,
Drohend erhobenem Schwanz und sich langhin rollendem Leibe,
Beides, den Leib wie die Seele, durch Schwertstreich vielfach zu
trennen,
Siehst du, wie alle die Stücke zerschnitten mit frischer Verwundung
Einzeln sich winden und eitriges Blut auf dem Boden zerstreuen,
Wie sie sich selbst abmüht, mit dem Maul ihr Ende zu fassen,
Um durch den Biss sich den brennenden Schmerz der Zerfleischung
zu lindern.
Sollen wir demnach sagen, ein jedes der Stücke besitze
Seine Seele für sich? Dann würde sich hieraus ergeben,
Dass ein einzig Geschöpf viel Seelen im Leibe behauste.
Folglich ward nur die eine, die vordem da war, zerteilet
Mit dem Körper zugleich; drum muss man doch beide für sterblich
Halten, da Seele wie Leib gleichmäßig sich vielfach zerteilen.

Gibt es eine Präexistenz der Seele?

Weiter, besäße die Seele unsterbliches Wesen und fände
Sie erst bei der Geburt in den Leib der Geschöpfe den Eingang,
Weshalb können wir uns nicht des früheren Lebens erinnern?
Weshalb haften bei uns nicht auch Spuren früherer Taten?
Denn wenn sich wirklich so sehr die Kraft hat der Seele geändert,
Dass ihr gänzlich entfiel das Gedächtnis an frühere Dinge,
Dann ist der Zustand, dünkt mich, vom Tod nicht beträchtlich
verschieden.
Deshalb musst du gestehen, dass jene Seele, die einst war,
Untergegangen und diese, die jetzt lebt, neu ist erschaffen.

Gegen den Creationismus

Weiter, wenn erst nach Vollendung des Körpers unserer Seele
Lebenskraft für gewöhnlich in unsere Leiblichkeit eindringt
Bei dem Akt der Geburt, sobald wir die Schwelle des Lebens
Überschreiten, dann könnt' es sich nie und nimmer begeben,
Dass sie mit Leib und mit Gliedern zugleich im Blute erwüchse,
Sondern sie müsste dann wohl für sich selbst wie im Käfige leben;
Trotzdem müsste der Leib mit Empfindung völlig gefüllt sein.
Also (ich sag' es noch einmal): die Seelen sind nicht der Entstehung
Unteilhaft, wie man wähnt, noch befreit vom Gesetz der Vernichtung.
Denn sie hätten wohl nie sich so innig an unsere Körper
Anzuschmiegen vermocht, wenn von außen sie ein sich geschlichen.
Aber es liegt ja vor Augen, dass grade das Gegenteil wahr ist.
Denn in den Adern und Nerven, dem Fleisch und den Knochen
ist jene
Bindung so innig, dass selbst die Zähne Empfindung besitzen,
Wie uns das Zahnweh lehrt und der Schauder vor eisigem Wasser,
Oder wenn plötzlich erknirscht ein härtlicher Stein aus dem Brote.
Da nun die Seelen so innig verwoben sind, können sie nimmer
Heil aus dem Körper entweichen und ungefährdet sich lösen
Aus dem Verbande mit allen den Nerven und Knochen und Gliedern.
Wenn du nun etwa glaubst, von außen her schlüpfe gewöhnlich
Unsere Seele hinein und ströme von hier in die Glieder:
Nun, dann muss um so mehr sie zugleich mit dem Körper vergehen,
Denn was strömt, das löst sich auch auf; so geht es auch unter;

Denn sie verteilt sich im Körper durch alle seine Kanäle.
Wie die Speise vergeht, die in alle Gelenke und Glieder
Fein sich verteilt, und aus ihr sich ein anderes Wesen entwickelt,
So wird Seele und Geist, selbst wenn sie heil in den Körper
Treten, sich doch im Zerfließen von selbst auflösen, indessen
Wie durch Kanäle hindurch sich in sämtliche Glieder verteilten
Jene Atome, aus denen sich bildet das Wesen der Seele,
Die zwar in unserem Leib jetzt herrschen wird, aber erzeugt ist
Aus der Seele, die bei der Geburt durch Verteilung zugrund ging.
Hieraus kann man erseh'n, dass dem Wesen nach unserer Seele
Nicht der Geburtstag fehlt noch die traurige Todesstunde.

Lebt die Seele im Leichnam teilweise fort?

Bleiben, so fragt man weiter, im Leichnam Reste der Seele
Oder verbleiben sie nicht? Sind wirklich solche vorhanden,
Kann man nicht wohl mit Recht Unsterblichkeit leihen der Seele;
Denn sie verließ ja den Leib durch Verlust voll Teilen gemindert.
Hat sie jedoch aus den Gliedern des Leibs sich restlos geflüchtet,
Ohne dass Teile von ihr in dem Körper zurück sind geblieben,
Woher kommt's, dass die Leiche Gewürm aus dem faulenden Fleische
Ausspeit, ferner woher, dass solch ein gewaltig Gewimmel
Bein- und blutloser Maden durchströmt die geschwollenen Glieder?
Wenn du vielleicht dir denkst, dass die Seelen von außen herschlüpfen
In das Gewürm und allmählich die einzelnen Körper besetzen,
Ohne dabei zu erwägen, warum viel tausende Seelen
Da, wo nur eine verschwand, sich bildeten, bleibt doch auch hierbei
Folgende Frage noch übrig und muss zur Entscheidung gelangen:
Jagen denn wirklich die Seelen den einzelnen Keimen der Würmer
Nach und erbauen sich selber aus diesen ihre Behausung?
Oder schlüpfen sie erst in die Körper, wenn fertig ihr Bau ist?
Aber man könnte nicht sagen, warum sie es tun und sich selber
Also sollten bemühen; denn da sie doch körperlos schwirren,
Sind sie ja frei von Hunger und Kälte und allerlei Krankheit.
Denn mehr leidet der Körper an diesen, ihm eigenen Mängeln
Und nur seine Berührung verschafft viel Leiden dem Geiste.
Aber gesetzt, auch den Seelen sei förderlich, wenn sie zur Wohnung

Körper sich bauen: man sieht doch den Weg nicht, wie das
geschehn soll.
Also die Seelen erbauen sich niemals Körper und Glieder.
Aber sie schlüpfen auch nicht in die irgendwie fertigen Körper;
Denn dann könnten sie nicht sich so eng miteinander verbinden,
Und die Berührung würde nicht gleich zur Sinnesempfindung.

Vererbung geistiger Eigenschaften

Weshalb endlich ist stets bei dem grimmigen Löwengeschlechte
Wilde Gewalttat erblich, beim Fuchse die List, bei den Hirschen
Flucht von den Vätern vererbt und der Schreck, der die Glieder
beflügelt?
Ähnlich die übrigen Sippen; warum nur arten sie alle
Von dem Beginn des Lebens in Gliedern und Geist dem Geschlecht
nach?
Doch nur aus dem Grund, weil die besondere seelische Kraft wächst
Stets aus dem eigenen Samen und Stamm mit dem Körper zusammen.
Wäre die Seele unsterblich und wechselte öfter die Leiber,
Müsste bei allen Geschöpfen sich auch der Charakter vermischen.
Dann ergriffe wohl oft ein Hund Hyrkanischer Rasse
Vor dem Hirsche die Flucht, wenn mit seinem Geweih er ihn anrennt,
Scheu entflöhe der Falk in die Luft vor der nahenden Taube,
Tiere bekämen Vernunft und vernunftlos würden die Menschen.
Denn wenn man sagt, es verändre sich auch die unsterbliche Seele,
Wie sich der Leib umwandelt, so ist die Erklärung nicht richtig.
Denn was sich wandelt, das löst sich auch auf, geht also zugrunde.
Da sich die Teile verschieben und nicht in der Reihe verbleiben,
Müssen sie auch in den Gliedern bequem auseinander sich lösen
Können, um alle zuletzt mit dem Körper zugleich zu verscheiden.
Wenn sie dann aber behaupten, die Seelenwanderung gehe
Immer durch menschliche Körper, so frag' ich, weshalb wohl
die klügsten
Geister bisweilen verdummen, warum kein Kind schon verständig
Und kein Füllen gelehrig schon ist wie ein kräftiger Renner?
'Weil natürlich im zarteren Leib auch der zartere Geist wohnt',
Lautet die Ausflucht jener. Doch ist's so, musst du der Seele
Sterbliches Wesen bejahn; denn wenn sie im Körper sich so sehr
Ändert, büßt sie doch ein das frühere Leben und Fühlen.

Und wie soll denn die geistige Kraft mit dem Körper erstarken
Und zur willkommenen Reife des Lebens gemeinsam erblühen,
Wenn sie nicht schon vom Lebensbeginn sein treuer Genösse?
Oder was will sie für sich, dass sie flieht aus den alternden Gliedern?
Fürchtet sie etwa verhaftet im modernden Körper zu bleiben
Und von den Trümmern verschüttet der altersschwachen Behausung
Unterzugehen, trotzdem der Unsterblichen keine Gefahr droht?

Torheit der Seelenwanderungslehre

Endlich, wie lächerlich ist's, sich die Seelen gerüstet zu denken,
Um bei der Paarung der Tiere und ihrer Geburt zu erscheinen!
Sollen sie warten unendlich an Zahl auf die sterblichen Glieder
Sie, die Unsterblichen? Sollen sie untereinander sich streiten
Um die Wette, wer allen zuvor soll haben den Zutritt?
Oder es müssten denn etwa die Seelen vertraglich beschlossen
Haben, dass, wer nur zuerst sich im Fluge genaht, auch als erster
Dürfe hinein, wodurch sich erübrige weiterer Wettstreit.

Die Seele ist an den Leib örtlich gebunden

Übrigens kann in dem Himmel kein Baum, kein Gewölk in des Meeres
Tiefe sich bilden, es kann kein Fisch im Trockenen leben,
Kann kein Blut aus dem Holz, kein Saft aus den Steinen erfließen.
Fest umzirkt ist für jedes der Ort, wo es wachsen und sein darf.
So kann nie sich alleine und ohne den Körper die Seele
Ihrem Wesen nach bilden entfernt von dem Blut und den Nerven.
Könnte sie das, dann würde wohl eher die geistige Kraft sich
Sammeln im Haupte, den Schultern, sogar ganz unten im Fuße
Oder auch sonst an beliebigem Ort einwachsen, sie würde
Immer doch bleiben im selben Gefäß, das heißt, in dem Menschen.
Weil wir nun sehn, wie dieses Gesetz auch in unserem Körper
Feststeht und auch der Ort für das Sein und Wachsen gesondert
Wie für den Geist so die Seele bestimmt ist, muss man noch schärfer
Leugnen, dass außer dem Körper sie könnten entstehen und dauern.
Drum wenn der Körper zerfällt, dann geht notwendig zugleich auch
Die durch den ganzen Leib hin verbreitete Seele zunichte.
Drum wer ein sterbliches Wesen mit einem unsterblichen galtet

Und sie zu einem Gefühl und zur Wechselwirkung vereinen
Will, ist ein Narr. Was lässt sich denn auch Verschiedneres denken
Oder entgegengesetzter und weiter getrennt voneinander
Als ein sterbliches Wesen unsterblichem, ew'gem vermählet,
Um aneinander gebunden den widrigen Stürmen zu trotzen?

Begriff der Ewigkeit unvereinbar mit der Seele

Ferner muss alles, was ewig besteht, Trotz bieten den Stößen,
Weil entweder sein Körper durchaus massiv und solid ist
Und nicht duldet, dass irgendein fremdes Wesen sich eindrängt,
Welches die enge Verbindung der Teile zu lockern vermöchte,
(Der Art sind, wie ich früher gezeigt, die Atome des Urstoffs),
Oder es kann auch etwas in alle die Ewigkeit dauern,
Weil es kein Schlag je trifft (so steht's mit dem stofflosen Leeren,
Das kein Stoß je trifft, das unantastbar verharret),
Oder es gibt auch ein Etwas, das ringsum ohne den Raum ist,
In den sonst sich der Dinge Bestand verflüchtigt und auflöst.
So ist das ewige All; denn es dehnt sich da weder nach außen
Irgendein Raum zum Entweichen der Dinge noch gibt es da Körper,
Die es durch kräftigen Schlag beim Hineinfall könnten zertrümmern.
Wollte man aber vielleicht die unsterbliche Seele noch retten,
Dadurch, dass man sich stützt auf die schützenden Lebenskräfte,
Weil entweder, was schadet dem Leben, sich gar nicht heranwagt
Oder weil das, was sich etwa genaht, noch bevor wir den Schaden
Fühlen, schon irgendwie sich nach rückwärts wendet und abprallt,
[Lässt sich doch nichts hieraus für das Wesen der Seele gewinnen.]
Spricht doch außer den Leiden des Körpers, an denen sie teilnimmt,
Auch die marternde Angst vor der Zukunft kräftig dagegen,
Welche die Seele bedrängt und durch nagende Sorgen ermattet,
Wie die Gewissensbisse ob früherer Sündenverstrickung.
Hierzu kommen noch weiter die eigentlich seelischen Leiden:
Tollheit, Gedächtnisschwund und die dunkle Woge der Schlafsucht.

Der Tod berührt uns nicht

Nichts geht also der Tod uns an, nichts kann er bedeuten,
Da ja das Wesen des Geistes nunmehr als sterblich erkannt ist.
Wie kein Leid wir litten in jenen vergangenen Zeiten,
Als die Punier kamen mit kampfgerüsteten Heeren,
Als von dem Lärme des Krieges erschüttert der schaudernde Erdball
Unter den hohen Gefilden des himmlischen Äthers erdröhnte,
Als es noch zweifelhaft war, an welche von beiden Nationen
Fiele das Amt zu Wasser und Land ob der Menschheit zu herrschen
So wird dann, wenn wir nicht mehr sind, wenn Körper und Seele
Reinlich sich schieden, die jetzt sich in uns zur Einheit verbanden,
Sicherlich uns, die wir nicht mehr sind, nichts künftig mehr treffen,
Nichts auf der Welt mehr unser Gefühl zu erregen imstand sein,
Selbst wenn das Land mit dem Meer und das Meer mit dem Himmel
sich mischte.
Ja, wenn des Geistes Natur und die Kraft der Seele noch irgend
Etwas empfände, sobald sie aus unserem Körper geschieden,
Geht es uns doch nichts an. Denn wir, wir bestehn ja als Einheit
Nur durch den innigen Bund, den Körper und Seele geschlossen.
Selbst wenn die Zeit nach unserem Tod die gesamten Atome
Unseres Daseins wieder vereinigte so, wie sie jetzt sind,
Und wir das Lebenslicht zum anderen Male erblickten,
Würde auch dieses Ereignis mitnichten uns irgend berühren,
Da an das frühere Leben uns fehlte die Wiedererinnerung.
Wie es uns jetzt nicht berührt, was wir früher einmal sind gewesen:
So trifft nie uns die Angst um unser künftiges Leben.
Wenn du bedenkst, wie unendlich sich dehnt der Vergangenheit
ganzer
Zeitraum, ferner wie mannigfach auch die Bewegung des Urstoffs
Sich gestaltet, so kannst du wohl leicht zum Glauben gelangen,
Dass schon früher die Keime, aus denen wir jetzo bestehen,
Oft in derselbigen Ordnung gestanden sind, wie sie auch jetzt stehn.
Doch wir können uns nimmer zurück dies rufen im Geiste,
Da sich dazwischen ergab ein Stillstand unseres Lebens
Und der Atomenstrom von Empfindungen gänzlich sich fern hielt.
Denn wenn es einem vielleicht in der Zukunft schlecht soll ergehen,
Müsst' er doch selbst in eigner Person, der es übel ergehn soll,
Dasein. Da nun der Tod dies aufhebt und die Person nicht

Existieren mehr kann, die Übel zu treffen vermöchten,
Lernt man daraus, dass im Tode wir nichts mehr haben zu fürchten,
Ferner, dass wer nicht lebt, auch niemals elend kann werden,
Ja, dass es grade so ist, als wären wir nimmer geboren,
Wenn der unsterbliche Tod uns das sterbliche Leben genommen.

Wahngedanken über den Tod

Siehst du daher, dass ein Mensch sich entrüsten will über sich selber,
Modern zu müssen im Grab, wo der Leib nach dem Tode soll ruhen,
Oder von Flammen, ja gar von Bestien gefressen zu werden,
Glaub mir, da klingt's nicht rein, da liegt ein verborgener Stachel
Noch in dem Herzen versteckt, so sehr es jener auch leugnet,
Selber an Fortempfindung im Todesfalle zu glauben;
Denn, wie mich dünkt, erfüllt er nicht recht sein Versprechen
und dessen
Tieferen Grund, und er kann sich nicht ganz vom Leben
noch scheiden,
Sondern er lässt noch ein Restchen vom Ich auch jenseits bestehen,
Ohn' es zu merken. Denn wer als Lebend'ger einmal es sich vorstellt,
Wie im Tode den Körper die Vögel und Bestien zerfleischen,
Wird sich selber bejammern. Er kann sich von jenem nicht trennen,
Kann sich nicht recht noch scheiden von seinem leblosen Körper,
Wähnet, er sei es noch selber und leiht ihm seine Empfindung.
Drum entrüstet er sich ob seines sterblichen Ursprungs,
Ohne zu sehn, dass beim wirklichen Tod er nicht selbst noch
als Fremder
Dastehn werde, um lebend den eigenen Tod zu bejammern
Und zu bedauern, ein Raub von Flammen und Tieren zu werden.
Denn wenn es schlimm ist, im Tod von dem Biss und den Kiefern der
Bestien
Übel misshandelt zu werden, so find' ich es ebenso bitter,
Auf das Feuer gelegt und in glühenden Flammen gebraten
Oder gebettet zu sein in erstickende Honigklumpen
Oder im Frost zu erstarren auf eisiger Marmorplatte
Oder von oben zerdrückt durch der Erde Gewicht sich zu fühlen.

Nichtige Trauergedanken

»Nimmermehr wird dich dein Heim willkommen heißen und nimmer
Dir dein treffliches Weib und die lieblichen Kinder entgegen
Eilen mit Küssen, dein Herz mit inniger Wonne erfüllend;
Nimmermehr kannst du ein Mehrer des Ruhms und den Deinen ein
Hort sein;
Ein unseliger Tag entriss ohn' alles Erbarmen
Alles dir Armen, was einst dein Leben so herrlich beglückte.«
Also klagt man, doch fügt man nicht zu: »Und du selber, du bist jetzt
Aller Sehnsucht ledig nach all dergleichen Genüssen.«
Sähen sie dies recht ein im Gemüt und liehen ihm Worte,
Könnten sie leicht ihr Herz von gewaltigen Ängsten erleichtern:
»D u wirst so, wie du jetzt im Tode entschlummert, auch künftig
Ruhen, erlöst von allen dich kränkenden Schmerzen und Nöten;
Doch wir standen dabei, als du auf dem schaurigen Holzstoß
Wurdest zu Asche verbrannt. Wir beweinten dich bitterlich; nie wird
Kommen der Tag, der den ewigen Gram aus den Herzen uns nähme.«
Hier nun darf man wohl fragen: »Was ist denn so Bittres geschehen?
Wenn doch die Sache auf Schlaf und auf ewige Ruhe hinausläuft,
Warum soll sich denn jemand in ewiger Trauer verzehren?«
Öfter begegnet es auch, dass sich Leute beim Mahle beklagen,
Wenn sie, von Kränzen umschattet die Stirn, die Pokale erheben,
Recht so aus Herzensgrund: »Wie kurz, ach, dauert uns Menschlein
Dieser Genuss! Bald ist er dahin; nie kehrt er uns wieder.«
Gleichsam als ob in dem Tod dies wäre das grässlichste Unglück,
Dass austrocknender Durst die Verstorbenen brenne und dörre
Oder nach ändern Genüssen noch stehe ihr heißes Begehren.
Aber wenn Seele und Leib gleichmäßig im Schlummer sich ausruhn,
Dann sorgt wahrlich doch niemand um seine Person und sein Leben.
Denn wir wären's zufrieden, auch ewig so weiter zu schlummern,
Und persönliche Wünsche berühren uns nimmer im Schlafe;
Und doch halten sich dann die Atome in unseren Gliedern
Noch durchaus nicht so weit entfernt von Erregung der Sinne;
Kann ja der Mensch doch von selbst, aus dem Schlummer erwacht,
sich ermannen!
Also berührt uns der Tod weit weniger noch als wir glauben,
Wenn es ein Weniger gibt als das, was offenbar Nichts ist;
Denn es folgt auf den Tod stets größere Verwirrung des Stoffes
Und Zerstreuung. Noch nie ist jemand wieder erstanden,
Hat ihn erst einmal umfangen des Lebens eisiges Ende.

Die Stimme der Natur

Wenn die Natur nun plötzlich erhöbe die Stimme und zornig
Also in eigner Person zu einem der unsrigen spräche:
»Sterblicher, sage, was ist dir? Was gibst du so über die Maßen
Kläglichem Trauern dich hin? Was beklagst und beweinst du das
Sterben?
War dir dein Leben erfreulich, das hinter dir liegt und vollendet,
Sind dir alle Genüsse nicht etwa kläglich zerronnen
Wie durch ein leckes Gefäß und ohne Genuss dir entschwunden,
Warum scheidest du nicht als gesättigter Gast von des Lebens
Tafel, du Tor, und genießest die sichere Ruhe mit Gleichmut?
Sind hingegen die Quellen der Freude dir gänzlich zerflossen,
Ist dir das Leben zum Ekel, was willst du denn weiter hinzutun,
Was doch wieder verschwindet und ohne Genuss dir zerrinnet?
Warum machst du nicht lieber ein Ende der Qual und des Lebens?
Denn was könnt' ich noch weiter ersinnen dir oder erfinden,
Was dich zu freuen vermöchte? Es bleibt ja doch immer beim Alten.
Auch wenn die Jahre noch nicht dir den Körper völlig entnervten
Oder die Glieder dir lahmten, so bleibt doch alles wie vorher,
Magst du auch alle Geschlechter an Lebensdauer besiegen,
Ja, selbst wenn du für immer dem Tod zu entfliehen vermöchtest.«
Was entgegnen wir dann der Natur? Doch wohl, dass mit Recht sie
Uns vor Gericht hat gezogen und nur die Wahrheit gesprochen.
Wenn nun vollends ein alter, gebrechlicher Greis sich beklagte
Und zu kläglich begänne den nahenden Tod zu bejammern,
Müsste sie da nicht noch lauter und schärfer die Schelte erheben?
»Weg mit den Tränen, du Narr, und lass dein Klagen und Jammern!
Alles, was schön ist im Leben, das hattest du: nun bist du fertig;
Doch weil du immer verschmähst, was du hast, und begehrst, was du
nicht hast, So entschwand dir dein Leben in unerfreulicher Halbheit,
Bis sich der Tod urplötzlich zu Häupten dir stellte, bevor du
Scheiden konntest gesättigt und voll von den Gütern des Lebens.
Jetzt lass alles im Stich, was sich nicht mehr schickt für dein Alter,
Mach den Klügeren Platz, schnell! ohne zu murren: es muss sein!«
Klagte nun so die Natur, sie hätte, ein Recht so zu schelten.
Wird doch das Alte beständig verdrängt von dem Neuen: es muss ihm
Weichen und immer sich eins aus dem anderen wieder ergänzen.
Niemand kann in dem Schlund und des Tartarus Dunkel versinken;

Denn man bedarf ja des Stoffs zur Bildung der nächsten Geschlechter,
Die dir alle jedoch einst folgen werden am Ende:
Vor dir nicht minder wie nach dir verfallen sie alle dem Tode.
So wird unaufhörlich das eine entstehn aus dem andern,
Keinem gehört ja das Leben zum Eigentum, allen zur Nutzung.
Blick nur zurück! Was können für uns die vergangenen Jahre
Jener unendlichen Zeit vor unsrer Geburt noch bedeuten!
Dies ist also der Spiegel, den uns die Natur von der Zukunft
Vorhält, welche dereinst wird sein nach unserem Tode.
Ist das ein Schreckensbild? Erscheint da was Düsteres? Oder
Ist man nicht besser im Tod als im ruhigsten Schlafe gesichert?

Deutung der Unterweltsfabeln

Nun erst die Fabelgestalten, die da in des Acheron Tiefen
Hausen! Du findest natürlich sie alle in unserem Leben:
Tantalus braucht nicht zu fürchten den über ihm schwebenden Felsblock
Hoch in der Luft, wie man fabelt (der Schrecken des Armen ist nichtig),
Sondern die grundlose Angst vor den Göttern bedrücket
die Menschheit
Während des Lebens schon jetzt und die Furcht vor den Tücken
des Zufalls.
Auch in des Tityos Leib, der am Strande des Acheron daliegt,
Wühlen nicht Geier; sie können in Ewigkeit sicherlich nimmer
Etwas entdecken, was unter der mächtigen Brust sie erwühlen.
Wenn auch sein Riesenkörper unendlich an Größe sich dehnte,
Dass er nicht nur neun Jucherte bloß das Gelände bedeckte,
Sondern den Erdkreis ganz mit der Spanne der Glieder umfasste.
Trotzdem könnte er nimmer die ewigen Qualen erdulden
Oder vom eigenen Fleisch stets Nahrung den Vögeln gewähren.
Aber der Tityos lebt ja in uns: wer in Liebe verstrickt ist,
Wem die quälende Angst, wem andre Begierden und Sorgen
Ständig verzehren das Herz, die alle zerreissen die Geier.
Auch des Sisyphos Bild steht uns aus dem Leben vor Augen:
Der vom Volke die Beile und Rutenbündel erbettelt
Und nach dem Wahldurchfall stets traurig vom Markte zurückkommt.

Denn nach der Herrschaft streben (ein eitel, unmöglich Begehren)
Und in dem Streben danach stets härteste Mühen erdulden,
Das heißt aufwärts stets anstemmend den Felsblock wälzen,
Der von dem obersten Gipfel doch wieder und wieder herab rollt
Und mit beflügelter Hast sich hinab in die Ebene stürzet.
Weiter: im Herzen beständig ein undankbares Gemüte
Hegen und nie sich an Gütern ersättigen oder genugtun,
Was uns die Zeiten des Jahres bescheren im wechselnden Kreislauf,
Wenn sie uns Frucht darbieten und mancherlei andere Gaben,
Ohne dass je wir genug von des Lebens Früchten bekämen –
Dies heißt meines Bedünkens das Nass in durchlöcherten Eimer
Schütten, den trotz der Bemühung man niemals zu füllen imstand ist
Wie dies Fabeln berichten von Danaos blühenden Töchtern.
Nun gar Cerberus erst und die Furien, endlich der dunkle
Tartarus, der entsetzlichen Qualm aus dem Schlunde herausstößt
All dies gibt es ja nicht und kann es auch wirklich nicht geben.
Aber im Leben schon folgt auf grässliche Taten des Frevels
Grässliche Angst vor den Strafen: der Kerker, als Sühne der Schandtat,
Oder der schaurige Sturz von den Felsen hinab in die Tiefe,
Henker und Geissel, der Block, Pech, Fackeln, glühendes Eisen!
Selbst wenn die Strafe nicht folgt, so stachelt das Sündenbewusstsein,
Das sie ahnt, das Gemüt und peitscht es mit brennenden Hieben.
Und doch sieht es nicht ab, wie ein Ende soll werden der Übel
Oder wie endlich sich schließe der Kreis der drohenden Strafen;
Ja, es befürchtet sogar noch ihre Verschlimmerung im Tode.
So wird schließlich schon hier zur Hölle das Leben der Toren.

Kein Heros entrann dem Tode

Nimm auch das folgende Wort bisweilen dir ernstlich zu Herzen:
»Auch der vortreffliche Äneus[24] hat einst sein Auge geschlossen,
Der doch in vielem ein besserer Mann als du Arger gewesen;
Nach ihm sind noch viele der Fürsten und Herrscher gestorben,
Welche vor Zeiten die Reiche gewaltiger Völker regierten.

---

[24] *Aineias* oder *Äneas* ist eine Person sowohl der griechischen als auch der römischen Mythologie. Er entstammt einer Nebenlinie des trojanischen Herrschergeschlechtes und ist Sohn des Anchises mit der Göttin Aphrodite (röm. Venus). Aineias gilt als Stammvater der Römer.

Selbst der Perser, der über die See einst bahnte die Straße,
Der Legionen geführt durch die wogenden Fluten des Meeres,
Der sein Fußvolk lehrte das salzige Nass zu beschreiten
Und es mit Rossen durchstampfte den brausenden Wogen zum Trotze,
Auch er schied aus dem Lichte und hauchte den Odem im Tod aus.
Scipios Sprosse, der Blitz in der Schlacht, der Schrecken Karthagos,
Gab die Gebeine der Erde, als war' er der niedrigste Diener!
Füge hinzu noch die Schöpfer der Wissenschaften und Künste
Und die Genossen der Musen, von denen Homer sich den Szepter
Einzig errang: auch er ruht schlummernd im Grab wie die andern!
Endlich wie ging's Demokrit? Als ihn die Gebrechen des Alters
Mahnten, dass matter nun werde des regen Gedächtnisses Pulsschlag,
Trug er von selbst sein Haupt freiwillig dem Tode entgegen.
Selbst Epikuros verschied, als des Lebens Fackel sich senkte,
Er, der mit seinem Genie das Menschengeschlecht überstrahlte
Wie die erwachende Sonne am Himmel das Sternengeflimmer.
Und du wolltest noch murren und heimzugehn dich bedenken?
Du, der lebendigen Leibes und sehenden Auges schon tot ist,
Der im Schlafe verbringt die größere Hälfte des Lebens,
Der selbst wachend noch schnarcht und Träume zu spinnen
nicht aufhört,
Der sich beständig den Geist mit den nichtigsten Ängsten erreget,
Der auch häufig nicht weiß, was ihm fehlt, der in trunkenem Taumel
Elend sich überallher von tausend Sorgen bedrückt fühlt
Und unsicheren Schrittes im Irrsinn schweifend umher schwankt?«

Erkenntnis des Irrtums bringt Heilung

Könnten die Menschen sich doch, wie sie selbst die Last auf der Seele
Scheinen zu fühlen, die schwer sie bedrückt und gänzlich ermattet,
Über den Grund der Belastung zur Klarheit kommen, woher nur
Soviel Leids wie ein Stein auf der Brust sich bei ihnen gelagert:
Anders führten ihr Leben sie dann als jetzt man es meistens
Sieht Was er eigentlich will, weiß niemand so recht, und so sucht er
Immer die Stelle zu wechseln, als könnt' er sich dadurch entlasten.
Oft eilt jener hinaus aus seinem geräumigen Hause,
Dem sein Heim ist verleidet. Doch plötzlich wendet er heimwärts,
Da er gemerkt, auf den Straßen ist's auch nicht besser als drinnen.
Dann kutschiert er in sausendem Trab mit den Ponys zum Landgut,

Wie wenn es gälte sein brennendes Dach vor dem Feuer zu retten.
Kaum ist die Schwelle der Villa erreicht, gleich fällt er ins Gähnen
Oder in Schlaf. So sucht er bedrückt sich selbst zu vergessen;
Oder er Wendet zurück und sucht stracks wieder die Stadt auf.
So will jeder sich selber entfliehn. Doch, wie es zu gehn pflegt,
Sich entrinnt er gewiss nicht. Unwillig stockt er und wird nun
Ärgerlich, weil er als Kranker der Krankheit Grund nicht erkannt hat.
Sähe er ihn, dann würde wohl jeder das übrige lassen
Und versuchen zuerst die Natur recht kennen zu lernen;
Denn hier handelt sich's nicht um den Zustand einiger Stunden,
Sondern der Ewigkeiten, in dem sich der Sterblichen Dasein
Abspielt, das nach dem Tode uns bleibt und jeden erwartet.

Verwerfliche Lebensgier

Endlich die Gier nach dem Leben! Wie maßlos beherrscht sie und
zwingt uns,
Stets in Gefahren und Zweifeln mit Zittern und Zagen zu leben!
Sicher, ein Ende des Lebens erwartet uns Sterbliche alle,
Flucht vor dem Tod ist nicht möglich, es rettet uns nichts vor dem
Sterben.
Außerdem drehn wir uns stets und verharren im selbigen Kreise;
Und kein neues Vergnügen ersprießt aus der Lebensverlängrung,
Sondern, so lange uns fehlt, was wir wünschen, erscheint uns
just dieses
Besser als alles, und haben wir dies, dann wünschen wir andres.
Also lechzen wir stets, nie stillt sich der Durst nach dem Leben.
Auch welch' Los uns die Zukunft bringt, was der Zufall uns zuwirft,
Was uns erwartet am Schluss; dies alles muss zweifelhaft scheinen.
Mag man das Leben verlängern, vom Zeitraum unseres Todes
Rauben wir keine Sekunde. Wir können ja niemals bewirken,
Dass wir geringere Zeit im Reiche des Todes verweilen.
Könnten wir also das Leben selbst auf Jahrhunderte dehnen,
Ewig würde doch währen der Tod, und für jenen, der heute
Schied aus dem Tageslicht, wird das Nichtsein kürzer nicht dauern
Als für den, der schon Monde zuvor und Jahre verstorben.

Viertes Buch: Wahrnehmen, Denken, Begehren

Dichterbekenntnis

Unwegsame, von niemand betretene Musengefilde
Will ich durchwandern. Da freut's, jungfräuliche Quellen zu finden,
Draus ich schöpfe, da freut's, frischsprießende Blumen zu pflücken,
Um sie zum herrlichen Kranz um das Haupt mir zu winden,
wie solchen
Keinem der früheren je um die Schläfen gewunden die Musen.
Denn mein Gesang gilt erstlich erhabenen Dingen: ich strebe,
Weiter den Geist aus den Banden der Religion zu befreien,
Ferner erleuchtet mein Dichten die Dunkelheit dieses Gebietes
Hell, weil über das Ganze der Zauber der Musen sich breitet.
Denn auch der Versschmuck wurde mit vollem Bedachte gewählet.
Wie, wenn die Ärzte den Kindern die widrigen Wermutstropfen
Reichen, sie erst ringsum die Ränder des Bechers bestreichen
Mit süß schmeckendem Seime des goldigfarbenen Honigs,
Um die Jugend des Kindes, die ahnungslose, zu täuschen:
Während die Lippen ihn kosten, verschluckt es indessen den bittern
Wermutstropfen. So wird es getäuscht wohl, doch nicht betrogen,
Da es vielmehr nur so sich erholt und Genesung ermöglicht.
So nun wollt' ich auch selber, weil unsere Lehre den meisten,
Die noch nie sie gehört, zu trocken erscheint und der Pöbel
Schaudernd von ihr sich kehrt, mit der Dichtung süßestem Wohlklang
Unsere Philosophie dir künden und fasslich erläutern
Und sie gleichsam versüßen mit lieblichem Honig der Musen,
Ob es mir so wohl gelingt, dein Denken bei unseren Versen
Solang fesseln zu können, bis endlich die ganze Natur sich
Deinen Sinnen erschließt und ihr Nutzen sich fühlbar gemacht hat

Inhalt des IV. Buches, spätere Fassung

Und nachdem ich des Geistes Natur und sein Wesen geschildert
Und aus welcherlei Stoff er zusammengefügt mit dem Körper
Wirkt und von diesem getrennt in die Urelemente zurückkehrt,

Will ich dir jetzo die Lehre beginnen, die eng sich daranschließt,
Über die Bilder der Dinge: so nennen wir diese Gebilde,
Die von der Oberfläche der Körper wie Häutchen sich schälen
Und bald hierhin bald dorthin umher in den Lüften sich treiben.
Dies sind dieselben Gebilde, die nachts im Traum, wie im Wachen
Uns begegnen und schrecken. Da sehen wir öfter Gestalten
Wunderlich anzuschauen und Bilder dem Lichte Entrückter,
Die aus dem festesten Schlummer empor mit Entsetzen uns wecken.
Aber man bilde nicht etwa sich ein, die Seelen der Toten
Könnten dem Orkus entfliehn und als Schattengespenster umflattern
Uns Lebendige, oder es bliebe von uns noch was übrig
Nach dem Tod, wenn der Körper zugleich und die Seele geschieden
Und sich ein jedes von ihnen in seine Atome getrennt hat.
Also, behaupt' ich, es senden die Oberflächen der Dinge
Stets Abbilder der Dinge hinaus und dünne Figuren,
Was selbst der wohl begreift, des' Geisteskräfte nur stumpf sind.

Dasselbe, ältere Fassung

Aber nachdem ich gelehrt, wie beschaffen die Urelemente
Sämtlicher Dinge und wie sie verschieden durch mancherlei Formen
Eigenem Triebe gehorchend in ew'ger Bewegung sich tummeln
Und wie hieraus sich alles im einzelnen könne gestalten,
Will ich dir jetzo die Lehre beginnen, die eng sich daranschließt,
Über die Bilder der Dinge: so nennen wir diese Gebilde,
Die man als Häutchen und Rinde am füglichsten könnte bezeichnen,
Weil an Gestalt und an Form solch Abbild ähnelt dem Körper
Aus dem dieses erfließt, wie man sagt, und ins Weite davonfliegt.

Bilderlehre

Erstens entsenden die Dinge gar oft, wieder Augenschein lehret,
Körper, die teils zerfließen und so sich im Räume verbreiten,
Wie sich der Rauch aus dem Holze, die Glut aus dem Feuer entwickelt,
Teils auch mehr sich verdichten und fester verweben, wie manchmal
Ihrem Puppengewand die Zikaden im Sommer entschlüpfen
Und wie das Kalb beim Akt der Geburt sich löst von der Harnhaut
Oder auch so wie sich ähnlich die schlüpfrige Schlange am
Dornstrauch
Ihrer Hülle entledigt. So sehen wir öfter an Hecken

Prangen von Schlangenleibern die flatternden Siegestrophäen.
Steht nun dies so fest, so kann auch ein dünneres Abbild
Aus den Dingen entsteigen der Oberfläche der Körper.
Denn was wäre der Grund, dass solcherlei Hüllen sich eher
Sondern als dünnere Häutchen? Dafür fehlt jede Erklärung,
Namentlich finden sich doch auf der äußeren Fläche der Körper
Viele Atome, die just in der früheren Ordnung verbleiben
Und sich die Form und Gestalt, sobald sie sich sondern, bewahren.
Und das geschieht um so schneller, je weniger Hinderung eintritt,
Wo nur wenige sind in der vordersten Linie gelagert.
Denn wir sehen ja deutlich, wieviel da sprudelt und aufschießt
Nicht nur vom Innersten her aus der Tiefe, wie früher gesagt ward,
Sondern vom Äußeren auch, wie sogar die Farbe sich ablöst.
Überall kommt dies vor bei den gelblichen, roten und blauen
Segeln, die über die weiten Theatergebäude verbreiten
Mittelst der Masten und Sparren die flimmernden Wogen der Farbe.
Denn sie durchfluten die Sitze dort unten, das Ganze der Bühne,
Wie auch den stattlichen Kreis der Herren und Damen im
Festschmuck:
All dies zwingen sie so in gefärbtem Licht zu erstrahlen.
Und je enger die Mauern den Raum des Theaters umzirken,
Um so wärmerer Reiz durchströmet das Innere; alles
Glänzt im selbigen Ton, da die Tageshelle gedämpft ist.
Wie von der Oberfläche die linnenen[25] Segel die Farbe
Senden, so muss es auch sonst dünnhäutige Bilder von allem
Geben, da hier wie dort die oberste Schicht sich verflüchtigt.
Damit haben wir jetzt ganz sichere Spuren der Formen,
Die aus dem feinsten Gespinste bestehend wohl allerwärts fliegen,
Die wir jedoch nicht einzeln, sobald sie sich lösen, erblicken.
Jeder Geruch, Rauch, Glut und andere ähnliche Dinge
Quellen zudem nur vereinzelt hervor aus der Mitte der Stoffe,
Weil sie im Innern erzeugt beim Weg aus der Tiefe sich spalten
Wegen der Krümmung der Bahn und weil auch die Öffnung nicht grade,
Wo sie nach ihrer Entstehung den Ausgang suchen, hinausführt.
Wird hingegen ein Häutchen der oberflächlichen Farbe
Abgeschleudert, so kann, so dünn es ist, nichts es zerreißen;
Denn dies steht schon bereit und lagert in vorderster Reihe.

---

[25] *linnen*: aus Leinen gefertigt

Spiegelbilder

Endlich nun alle die Bilder, die sei es im Spiegel, im Wasser
Oder auch sonst auf glänzendem Stoff uns erscheinen, sie müssen,
Da sie den wirklichen Dingen im Aussehn völlig entsprechen,
Aus den Bildern bestehn, die jenen Dingen entströmen.
Also es gibt in der Tat dünnhäutige Formen der Dinge
Und entsprechende Bilder, die niemand einzeln erblichen
Kann, die trotzdem aber bei häufigem, dauerndem Anprall
Sichtbar werden, sobald sie die spiegelnde Fläche zurückwirft.
Auch vermöchten sie wohl auf keinerlei andere Weise
So sich erhalten, dass immer das Abbild gliche dem Urbild.

Dünnheit der Bildfilme

Lass dir nun jetzt verkünden, wie dünn die Beschaffenheit sein muss
Solchen Bildes. Vor allem beherzige, dass die Atome
Soweit unter der Schwelle der Sinnesempfindung und soviel
Kleiner noch sind als alles, was eben das Auge noch sehn kann.
Nun hör' einige Worte, die dir es bestätigen sollen,
Wie gar fein sind gebildet die sämtlichen Urelemente.

Kleinste Tierchen. Duftatome

Da gibt's erstlich schon Tierchen von solch verschwindender Kleinheit,
Dass man ein Drittel von ihnen auf keinerlei Weise mehr sehn kann.
Wie klein muss nun erst jeder der inneren Teile erscheinen?
Wie ihr rundliches Herz? Und die Augen, die Glieder, Gelenke?
Ach, wie winzig sind diese! Nun gar die Atome im einzeln,
Welche den Geist und die Seele dem Wesen nach müssen begründen,
Siehst du nicht, wie dies alles so klein und so fein ist zu denken?
Alles nun außerdem, was scharfen Geruch von sich aushaucht,
So wie die Allheilwurzel, der widrig riechende Wermut,
Ferner des Enzians Herbe, der Stabwurz scharfer Duft.
Rührst du bei diesen Gewächsen auch nur an ein einziges Blättlein
[Mit zwei Fingern, dann wird dir der Duft noch lange verbleiben]
[***]
Ja, du erkennst vielmehr, dass vielerlei Bilder der Dinge
Vielfach umher sich tummeln, doch sind sie unfühlbar und kraftlos.

Wolkenähnliche Schleier aus Uratomen

Aber damit du nicht wähnst, nur die aus den Dingen sich lösen,
Seien die einzigen Bilder der Dinge, die so uns umschwärmen,
Siehe da gibt's noch die andere Art selbständigen Ursprungs,
Die an dem Himmel entsteht, in dem Luftkreis, wie wir ihn nennen.
Mannigfach sind die Bilder geformt, die droben sich regen.
So erblicken wir oft, wie leicht sich die Wolken im Luftraum
Ballen und Finsternis bringend der Welt die Heiterkeit rauben,
Wenn sie in stürmischem Sausen das Luftmeer peitschen. Da sehen
Oft wir als Riesen sie fliegen und weithin werfen den Schatten,
Oft als gewaltige Berge und abgerissene Blöcke
Bald vor die Sonne sich schieben, bald neben ihr her sich verziehen;
Sehn sie auch anderes Regengewölk als Schäfchen herbeiziehn.
Doch im Zerfließen verändern sie unaufhörlich ihr Aussehn
Und verwandeln sich so in beliebig umrissene Formen.

Beständiger Zu- und Abfluss der Bilderfilme

Doch jetzt höre, wie leicht und wie rasch sich die Bilder entwickeln
Und wie beständig ihr Strom von den Dingen her fließt und
sich ablöst,
[Dass du nicht etwa beginnst an unserer Lehre zweifeln.]
Immer ist reichlicher Stoff an der Oberfläche der Dinge,
Den sie entsenden können, vorhanden. Und trifft er auf andre
Dinge, so geht er hindurch, wie durch Schleier; doch trifft er auf Raues,
Etwa auf Felsstein oder auf Holz: dann spaltet der Strom sich,
Und so kann sich dabei kein richtiges Abbild ergeben;
Stellt sich jedoch ein glänzender Stoff, der dicht ist, entgegen,
Wie man besonders beim Spiegel es sieht, dann zeigt sich was andres:
Weder vermögen die Bilder hindurchzugehn wie durch Schleier
Noch sich zu spalten; denn davor bewahrt sie die Glätte der Fläche.
So kommt's, dass uns der Spiegel die Bilder in Fülle zurückwirft.
Stellst du auch jeden Moment ein andres beliebiges Ding hin,
Immer erscheint dir sogleich auf der spiegelnden Fläche das Abbild.
So erkennst du, dass ständig ein Strom von dünnen Geweben

Und von dünnen Figuren der Oberfläche entquelle;
Also entstehn in kürzester Frist so zahllose Bilder,
Dass man wohl hier von schneller Geburt zu sprechen ein Recht hat.
Und wie in kürzester Frist die Sonne unzählige Strahlen
Ausschickt, dass sich beständig die Welt mit dem Lichte erfülle,
Also müssen der Bilder unzählige ähnlich sich lösen
Von den verschiedensten Dingen und in der verschiedensten Weise
Und nach jeglicher Richtung in einem Moment sich bewegen.
Stellen wir nämlich den Spiegel beliebigen Räumen entgegen,
Wirft er die Dinge zurück mit ähnlichen Formen und Farben.
Ferner, wenn eben noch herrschte die heiterste Himmelsbläue,

Bricht oft plötzlich herein so scheußlich stürmisches Wetter,
Dass man vermeint, aus dem Acheron sei die Finsternis alle
Aufgestiegen und fülle die riesigen Himmelsgewölbe.
So schlimm droht uns von oben ein schwärzliches Schreckensgesichte,
Wenn sich des Regengewölks abscheuliche Nacht hat erhoben.
Welch ein winziger Teil nun von diesen Dingen das Bild sei,
Das kann niemand uns sagen noch auch mit Zahlen erklären.

Schnelligkeit des Bilderstroms

Wie nun die Bilder sich ferner mit großer Geschwindigkeit regen,
Welche Beweglichkeit ihnen, indem sie die Lüfte durchschwimmen,
Zukommt, dass sie im Nu die weitesten Strecken durchmessen,
Jedes, wohin ein verschiedener Trieb es gerade mag lenken,
Dies will ich jetzt nicht in vielen, doch lieblichen Versen dir künden;
Kurz ist der Schwanengesang, doch er klingt weit besser als jenes
Kranichgeschrei, das den Äther erfüllt, aus den Wolken des Südwinds.
Erstens sieht man, dass leichte, aus kleinen Atomen geschaffne
Körper sich trotzdem öfter mit großer Geschwindigkeit regen.
Dazu zählt man vor allem das Licht und die Wärme der Sonne,
Da sie ja beide bestehn aus den winzigsten Urelementen,
Die wie mit Hämmern geschlagen vom folgenden Stoße getrieben
Ohne Verweilen die Luft, die dazwischen ist, eilends durchsausen.
Strahl auf Strahl ersetzt sich sofort und es wird, wie am Leitseil
Ochse auf Ochse sich reiht, so der Blitz vom Blitze gestachelt.
Deshalb müssen auf ähnliche Art auch die Bilder imstand sein,
Unaussprechbare Räume in einem Moment zu durchfliegen,
Erstens, weil ununterbrochen von hinten ein freilich nur kleiner

Antrieb stets die Bilder nach vorne hinstößt und sie vortreibt,
Wo sie zudem sich so rasch mit beflügelter Leichtigkeit tummeln
Können, sodann weil im Fliegen ihr überaus zartes Gewebe
Leicht sich zu drängen vermag durch alle beliebigen Dinge
Und durch die Räume der Luft, die dazwischen sind, gleichsam
zu fließen.
Sieht man doch auch Stoffkörperchen, die aus der innersten Tiefe
Rasch nach außen hin dringen, wie Licht und Wärme der Sonne
Augenblicklich, sobald sie entbunden sind, über den ganzen
Himmelsraum sich ergießen und über die Länder und Meere
Fliegen und so mit Strömen des Lichts den Himmel erfüllen.
Wie nun vollends die Bilder, die schon in der vordersten Reihe
Stehen zur Trennung bereit und durch nichts sind behindert
beim Ausflug?
Siehst du nicht, wie viel schneller und weiter sie müssen die Bahnen
Ziehen und wie vielfach größer der Raum ist, den sie durchfliegen,
Als in derselbigen Zeit die Sonnenstrahlen den Himmel?
Auch dies scheint mir vor allem ein wahrer Erweis der Erkenntnis,
Welche geschwinde Bewegung die Bilder der Dinge entwickeln:
Stellst du ins Freie zur Nacht ein Gefäß mit spiegelndem Wasser,
Siehst du, sobald nur am Himmel die heiteren Sterne erglänzen,
Wie die Gestirne der Welt in dem Wasser sich allsobald spiegeln.
Hieraus sieht man nunmehr, wie augenblicklich das Abbild
Hoch aus dem Äthergefilde zu unserer Erde herabfällt.

Wahrnehmbarkeit der Bilder
und Ausflüsse

Also musst du gestehen, beständig lösen sich Körper
Ab, die ins Auge uns dringen und unseren Sehnerv reizen
Unaufhörlich entströmen gewissen Stoffen Gerüche,
Wie von den Flüssen die Kühle, die Glut von der Sonne, die Brandung
Sprüht von den Wogen des Meers, das Gemäuer der Küste
zerfressend;
Unaufhörlich durchfliegen verschiedene Töne die Lüfte;
Oft auch dringt in den Mund, sobald in der Nähe des Meeres
Wir uns ergehn, der salzige Gischt, und wenn man nur zusieht,
Wie man den Wermut löset zum Mischtrank, schmeckt man das Bittre.
So fließt allenthalben aus allerhand Stoffen der Stoffe

Ständiger Strom und verteilt sich sodann nach jeglicher Seite.
Nirgends gibt es da Ruhe noch Rast im beständigen Flusse.
Denn stets wach ist ja unser Gefühl und wir können beständig
Alles erblicken und riechen und alle Geräusche vernehmen.

Wirkung der Bilder auf das Auge

Weiter erkennen wir stets: sobald wir im Dunkel betasten
Eine Figur mit der Hand, so ist sie die nämliche, die wir
Auch bei Tag und bei strahlendem Licht besehen. So muss wohl
Tast- und Gesichtsempfindung auf ähnlichen Gründen beruhen.
Wenn wir nun also bei Nacht mit der Hand abtasten ein Viereck
Und wir als solches es fühlen, was kann denn da anders bei Tage
In viereckiger Form uns erscheinen, es sei denn sein Abbild?
Also man sieht hieraus, dass das Sehen durch Bilder verursacht
Wird und dass nichts auf der Welt ist ohne die Bilder zu sehen.

Form, Farbe, Abstand der Objekte

Freilich strömen ja nun die erwähnten Bilder der Dinge
Überallher und verteilen sich dann nach jeglicher Richtung.
Aber dieweil wir allein mit den Augen zu sehen vermögen,
Kommt es, dass Form und Farbe nur da von sämtlichen Dingen
Unserem Blicke sich zeigt, wohin er gerade gewandt ist.
Weiterhin lässt uns das Bild auch den Abstand sehen und schätzen,
Der uns jedes Mal trennt von dem Gegenstande des Bildes.
Denn sobald es von ihm sich gelöst, da stößt es und treibt es
Alle Luft vor sich her, die zwischen ihm liegt und dem Auge.
Und so dringt denn diese durch unsere Augen ins Innre
Und durchstreicht die Pupille und geht so durch bis ans Ende.
Daher kommt's, dass wir wissen den Abstand jeglichen Urbilds
Einzuschätzen. Je größer die vor uns erschütterte Luftschicht,
Und je länger ihr Strom durch unsere Augen hindurch streicht,
Desto weiter entfernt erscheint uns ein jegliches Urbild.
Doch dies alles vollzieht sich natürlich so wunderbar schnelle,
Dass wir mit einem Blick die Beschaffenheit sehn und den Abstand.

Totalität der Bilderscheinung

Hierbei darf uns jedoch der Umstand nimmer befremden,
Dass zwar alle die Bilder, die unseren Augen sich nahen,
Einzeln nicht sichtbar sind, wohl aber das Urbild selber.
Denn auch beim Wind, wenn er strichweis bläst, und wenn
schneidende Kälte
Uns umströmt, dann pflegen wir nie das einzelne Teilchen
Wind und Kälte für sich zu empfinden; wir fühlen vielmehr sie
Mehr als Einheit und merken die einzelnen Schläge des Windes,
Welche der Körper erleidet, nur so wie ein anderes Ding uns
Schlägt und die Körperlichkeit hierdurch von außen her aufweist.
Wenn wir weiter Gestein mit dem Finget beklopfen, berühren
Wohl wir die Oberfläche des Steins und die äußere Farbschicht,
Aber wir fühlen sie nicht beim Betasten; wir fühlen vielmehr nur
Die sich zur innersten Tiefe erstreckende Härte des Steines.

Jenseitige Spiegelbilder

Aber wohlan, nun höre, weshalb in dem Spiegel das Abbild
Jenseits immer sich zeigt. Denn es scheint ja gänzlich entrückt uns.
Ähnlich erkennen wir wohl, was draußen ist, wirklich im Durchblick,
Wenn uns die offene Türe nach außen gestattet das Durchsehn;
So wird vieles, was draußen geschieht, vom Hause aus sichtbar.
Denn auch hier ermöglicht das Sehn die gedoppelte Luftschicht.
Denn wir erblicken zuerst diesseitige Luft vor der Türe,
Danach kommen zur Rechten und Linken die doppelten Pfosten,
Dann durchstreichet die Augen das äußere Licht und die zweite
Luft, und alles, was draußen im Durchblick wirklich zu sehn ist.
So ist's auch mit dem Bilde des Spiegels. Sobald er es ausschickt,
Bis es zu unseren Augen gelangt, treibt dieses die Luftschicht,
Welche sich zwischen ihm selbst und dem Blicke befindet, nach vorne
Und bringt diese noch eher zu unserer Sinnesempfindung
Als den Spiegel. Indessen, sobald wir auch diesen erblicken,
Langt dies Bild, das im Nu zu dem Spiegel wieder zurückkehrt,
An und von dort wird es wieder zurück zu den Augen geworfen,
Und so stößt es und wälzt es von neuem weitere Luft vor.
So kommt's, dass wir noch früher die Luft als den Spiegel erblicken
Und dadurch das gespiegelte Bild so weit uns entfernt scheint.
Also (ich sag' es noch einmal) man soll sich mitnichten verwundern,
[Dass sich die Bilder, die draußen und hinter der Tore erscheinen,]
Ähnlich erklären wie die, so die spiegelnde Fläche zurückwirft.
Denn durch die doppelte Luft entsteht bei beiden die Wirkung.

Umkehrung der Spiegelbilder

Dass nun im Spiegel verkehrt, was rechts ist bei unseren Gliedern,
Dort zur Linken erscheint, erklärt sich folgendermaßen:
Trifft das entstehende Bild auf die Fläche des Spiegels, so kehrt es
Keineswegs ohne Veränderung um, nein, gradezu rückwärts
Wird es nach außen geworfen; wie wenn man die Maske aus
Ton formt,
Die man, solange sie feucht, auf die Wand drückt oder auf Balken,
Und wenn dann sie sogleich sich von vorn in der richtigen Form hält
Und infolge des Drucks sich rückwärts selber dort abdrückt:
Dann kommt's, dass sich das Auge, das früher das rechte war, nunmehr
Links zeigt, während das linke hinwiederum rechts uns erscheinet.

Vervielfachung der Spiegelbilder

Ähnlich geschieht's, dass ein Bild von Spiegel zu Spiegel sich
fortpflanzt
Und das fünf, ja sechs Abbilder gewöhnlich sich bilden.
Alles, was rückwärts liegt im Innern des Hauses verborgen,
Mag es auch noch so entfernt und der Weg verwickelt erscheinen,
Lässt sich ans Licht doch ziehn durch gewundene Gänge, sobald man
Mehrere Spiegel verwendet und dadurch Sichtbarkeit herstellt;
So hell leuchtet das Bild von Spiegel zu Spiegel hinüber,
Und was links ist gewesen, das wird nun wiederum rechts sein,
Dann kehrt's wieder zurück und dreht sich dann wiederum rechtsum.

Flankenspiegelung

Ja, wenn die Spiegel sogar versehn sind mit seitlichen Flanken,
Ähnlich wie unsere Körper an beiden Seiten gekrümmt sind,
Werfen sie uns die Bilder zurück in richtiger Ansicht,
Weil entweder das Bild von Spiegel zu Spiegel sich umdreht
Und so doppelt gebrochen uns zufliegt, oder auch darum,
Weil sich das Bild nach beendetem Lauf selbst völlig herumdreht,
Da ja die Rundung des Spiegels es lehrt sich nach uns hin zu wenden.

Bewegung der Spiegelbilder

Glaube mir ferner: die Bilder bewegen sich stets in dem gleichen
Schritt und Tritt wie wir selbst und machen dieselben Gebärden
Darum, weil von dem Punkte des Spiegels, den selbst du verlassen,
Auch gleich keinerlei Bilder zu uns mehr zu kommen vermögen.
Denn ein Gesetz der Natur heißt: alles, was irgendwo abprallt,
Muss in dem nämlichen Winkel zum Anlauf nehmen den Rücklauf.

Blendung des Auges

Glänzenden Dingen entzieht sich das Auge und meidet den Anblick.
Blendet die Sonne doch auch, wenn man unaufhörlich hinein starrt.
Denn sie selbst hat gewaltige Kraft, und von oben her stürzen
Ihre Bilder mit Wucht sich herab durch den heiteren Luftraum,
Treffen das Augenpaar und zerrütten sein innres Gewebe.
Aller Glanz, der zu grell ist, entzündet auch darum das Auge
Häufig, weil er so reich ist mit Feueratomen versehen,
Die, wenn ins Auge sie dringen, dort heftige Schmerzen erregen,
Ferner erscheint, was sie sehen. Gelbsüchtigen alles als gelblich,
Weil aus dem Körper der Kranken gar viele Atome des Gelbstoffs
Fließen, die dann in der Luft auf die Bilder der Dinge sich setzen.
Auch mischt sonst sich noch mancherlei bei in dem Auge des
Kranken,
Was mit dem blässlichen Ton all das, was sie sehen, bemalet.

Aus dem Dunkel ins Helle

Aus der Finsternis ferner erblicken wir das, was im Licht ist,
Weil, nachdem sich zuerst die schwärzliche Luft in dem Dunkel
Eingang hatte verschafft in die offenen Augen und dort sich
Niedergelassen, sofort die glänzend erleuchtete Luft folgt,
Welche die Augen uns klärt und die schwärzlichen Schatten
der Nachtluft
Aus dem Verstecke verscheucht. Denn beweglicher, feiner und stärker
Ist doch die hellere Luft bei weitem als finstere Nachtluft.
Kaum hat jene mit Licht die Gänge des Auges erfüllet
Und die Bahn sich gebrochen, wo früher die dunkele Nachtluft
Hatte gelagert, da folgen sofort auch die Bilder der Dinge,
Die von dem Licht sind getroffen, und reizen das Auge zum Sehen.

Umgekehrt aus dem Licht in die Finsternis sehn ist unmöglich
Darum, weil ja die dickere Luft der Verfinsterung später
Folgt, die alle Kanäle verstopft und die Gänge des Auges
So verrammelt, dass keines von allen den Bildern der Dinge,
Die an das Auge geraten, sich dort kann weiter bewegen.

Gesichtstäuschung

Dass viereckige Türme der Stadt oft rund uns erscheinen,
Wenn wir sie nur aus der Ferne besehn, liegt darin begründet,
Dass ein jeglicher Winkel von fern als stumpfer gesehn wird
Oder auch nicht mehr gesehn. Es verliert sich gänzlich die Stoßkraft
Und kein Reiz dringt mehr von dem Winkel an unsere Augen;
Denn da die Bilder durch Massen von Luft sich weiterbewegen,
Stumpft sie den Reiz unweigerlich ab durch den häufigen Anstoß.
Da sich nun hierdurch dem Sehen entzieht ein jeglicher Winkel,
Sieht man das Quaderngefüge gleichwie mit dem Zirkel gerundet,
Freilich nicht derart rund, wie ein wirkliches Rund in der Nähe,
Sondern nur ähnlich geformt mit ein wenig verschwommenem
Umriss.

Schattenbewegung

Ebenso scheint in der Sonne der Schatten uns treu zu begleiten,
Da er dem Schritt nachfolgt und unsre Bewegungen nachahmt,
Wenn man nur wirklich glaubt, die lichtlose Luft sei imstande
Schritte zu tun und Bewegung, Gebärde des Menschen zu folgen.
Denn in der Tat, was wir Schatten nach unsrer Gewohnheit benennen,
Kann doch nichts anderes sein als Luft, die des Lichtes beraubt ist.
Weil natürlich der Boden der Reihe nach lichtlos gemacht wird
Überall da, wo wir wandeln und hierdurch die Sonnenbestrahlung
Hemmen, während er dort, wo wir weggehen, gleich sich mit
Licht füllt:
So kommt's, dass wir vermeinen, es folge noch immer derselbe
Schatten uns gradewegs nach, den vorher der Körper geworfen,
Unaufhörlich ergießen sich neu die Strahlen des Lichtes,
Während die alten verschwinden, als ziehe man Wolle durchs Feuer.
Drum verliert auch der Boden so leicht die Sonnenbestrahlung,
Wie er sie wieder erhält und die schwärzlichen Schatten sich abwäscht.

Theorie der Gesichtstäuschungen

Aber ich räume nicht ein, dass ein Irrtum der Augen hier vorliegt.
Denn ihr einzig Geschäft ist den Ort, wo Schatten und Licht sich
Findet, zu sehen; jedoch ob das Licht auch immer dasselbe,
Ob der Schatten, der hier sich befand, jetzt anderswo hingeht
Oder die Sache vielmehr wie oben gesagt sich verhalte,
Dies zu entscheiden befugt ist allein des Verstandes Erwägung.
Denn zum Wesen der Dinge vermag kein Auge zu dringen;
Deshalb bürde dem Auge nicht auf des Verstandes Verirrung.
Fährt man im segelnden Schiffe, so scheint dies stille zu stehen,
Jenes jedoch, das ankert im Port, vorüberzufahren,
Auch die Hügel und Felder uns heckwärts rasch zu entfliehen,
Während mit Rudern und Segeln an ihnen vorüber wir fliegen.
Scheinen die Sterne uns nicht an das Himmelsgewölbe geheftet
Sämtlich stille zu stehn? Und sie sind doch in steter Bewegung.
Denn sie steigen empor, und wenn sie mit leuchtendem Körper
Über den Himmel gezogen, verschwinden sie fern beim Hinabgang,
Ebenso bleiben Sonne und Mond an derselbigen Stelle,
Wie es uns scheint, doch die Wirklichkeit lehrt, dass sich beide bewegen.
Fern aus dem Strudel des Meers zwei Klippen sich heben. Dazwischen
Dehnt sich für Flotten sogar frei aus die geräumige Durchfahrt;
Und doch scheinen sie beide vereint ein Eiland zu bilden.
Wirbeln sich Knaben herum, so scheinen danach, wenn sie still stehn,
Ihnen die Säulen des Hofs sich im Kreise zu drehn und zu tanzen,
Ja, kaum können sie's fassen, dass ihnen nicht über den Häuptern
Auch noch drohe das Dach ringsum zusammenzustürzen.

Wenn die Natur nun beginnt mit flimmerndem Lichte das Frührot
Über die Berge empor und hoch zum Himmel zu heben,
Ist das Gebirg, des' Gipfel die Sonne dir scheint erklimmen
Und ganz nahe erglimmend mit feuriger Glut zu umlodern,
Kaum doch entfernt von uns zweitausend Schüsse des Pfeiles
Oder bisweilen auch nur fünfhundert Würfe des Speeres.
Nun liegt zwischen dem Berg und der Sonne das riesige Weltmeer,
Dessen Spiegel bestrahlt das unendliche Äthergefilde;
Und da liegen zudem viel tausend Länder dazwischen,
Die gar mannigfach Volk und Geschlechter der Tiere bevölkern,
Doch in der Wasserlache, die kaum in der Höhe des Fingers

Stehn bleibt zwischen den Steinen im Straßenpflaster, gewinnt man
Ebenso tief in die Erde hinab unermesslichen Einblick,
Wie die unendliche Kluft von der Erde zum Himmel sich dehnet;
Wolken glaubst du darin und die Himmelskörper zu sehen,
Unter der Erde versteckt wie in einem verzauberten Himmel.
Wenn uns mitten im Strome das feurige Ross nicht vorankommt
Und wir hinab dann sehn in die reißenden Wogen des Flusses,
Scheint uns der Körper des Tiers, obwohl es doch steht, durch
die Strömung
In die Quere gestellt und dem Strom entgegen getrieben.
Und wohin wir den Blick nun spähend werfen, erscheint uns
Alles auf ähnliche Weise in strömendem Flusse begriffen.
Weiter, der Säulengang zeigt zwar gleichmäßige Führung,
Da er ja beiderseits fortlaufend auf Säulen sich stützet,
Aber sobald man von oben die Länge des Ganzen hinabschaut,
Zieht er zur Kegelspitze sich mählich verengend zusammen;
Eins wird die Linie des Dachs und des Bodens, die linke und rechte,
Bis sie am Ende verläuft in des Kegels verschwommenen Endpunkt,
Auf dem Ozean scheinet den Schiffern die Sonn' aus den Wogen
Aufzusteigen und dann in den Wogen auch unterzugehen.
Freilich sie sehen ja dort nichts andres als Himmel und Wasser.
Hüte dich drum leichtfertig an Sinnestäuschung zu glauben.
Ja, wer der See nicht kundig, wird glauben, die Schiffe im Hafen
Hätten den Steven gebrochen und kämpften schwer mit den Wellen.
Denn an den Rudern erscheint, was oberhalb liegt von der Salzflut,
Alles gerade zu sein wie die oberen Teile des Steuers;
Was dagegen hinab in die Flut taucht, scheint wie gebrochen
Alles verkehrt und nach oben gedreht die Flächen zu wenden,
Ja, durch die Beugung fast auf dem Spiegel des Wassers zu schwimmen.
Führen zur nächtlichen Stunde die Winde zerrissene Wolken
Über den Himmel dahin, dann scheinen die funkelnden Sterne
Gegen die Wolken zu laufen und ganz verschiedene Bahnen
Dort in der Höhe zu ziehen als wie sie sich wirklich bewegen.
Wenn wir vielleicht mit der Hand ein Auge von unten nach oben
Drücken, so haben wir hier ein Gefühl, als sähen wir doppelt
Alle die Gegenstände, die unserem Bliche begegnen:
Doppelt erscheint uns das Licht, das hell aus den Leuchtern erblühet,
Doppelt auch sonstig Gerät, das überall steht in dem Hause,
Doppelt der Menschen Gesicht und doppelt auch ihre Gestalten.

Traumtäuschung

Und zum Schluss noch die Träume! Obwohl uns in lieblichem Schlummer
Fesselt der Schlaf und der Leib in völlige Ruhe versenkt ist,
Glauben wir dennoch zu wachen und unsere Glieder zu regen,
Glauben auch trotz stockfinsterer Nacht die Sonne zu schauen
Und das erleuchtende Licht des Tages; es deucht' uns, obwohl wir
Uns im geschlossenen Räume befinden, als ob wir durchflögen
Himmel und Erde, die Ströme, das Meer, und die Felder durchwandern;
Ja, wir vernehmen da Töne, obgleich doch nächtliche Stille
Ringsum herrscht, und wir geben mit schweigendem Munde die Antwort.
Der Art können wir vieles und wundersames erleben,
Was uns alles versucht, das Vertrauen zu den Sinnen zu rauben.
Freilich umsonst! Denn die Täuschung entspringt in den meisten der Fälle
Erst dem Denken des Geistes, das wir doch selber hinzutun,
Das uns erblicken lässt, was das Auge doch gar nicht erblickt hat.
Ist doch nichts so schwierig als Scheidung des deutlich Erkannten
Von dem Bezweifelbaren, das unser Verstand noch hinzutut.

Gegen die Skeptiker

Endlich wer meint, man wisse doch nichts, der weiß ja auch dies nicht,
Ob man was wissen kann, da sein eigenes Wissen er leugnet.
Nun mit solchem Sophisten Verzicht' ich den Streit zu beginnen;
Steht er ja doch mit dem Kopfe in seiner eigenen Fußspur.
Aber gesetzt auch, ich gab' es ihm zu, so frag' ich ihn einfach:
Da er vorher in der Welt nichts Wahres gesehn hat, woher denn
Weiß er, was Wissen bedeutet und was Nichtwissen; und weiter:
Was verschaffte ihm denn die Erkenntnis des Wahren und Falschen?
Welchen Probierstein hat er das Sichte vom Zweifel zu scheiden?

Epikurs Kanon

Du wirst folgendes finden: die Sinne verschaffen vor allem
Uns die Erkenntnis des Wahren, die Sinne sind unwiderleglich.
Denn viel größeres Vertrauen muss immer erwecken, was selber

Unabhängig von andrem den Irrtum schlägt mit der Wahrheit.
Was kann also Vertrauen erweckender sein als die Sinne?
Oder wie darf ein falsch aus der Sinnesempfindung gezogner
Schluss, der doch ganz aus den Sinnen geboren ist, gegen sie gelten?
Sind die Sinne nicht wahr, dann täuschen auch sämtliche Schlüsse.
Oder vermöchte das Auge den Fehler des Ohrs zu bekritteln,
Oder das Ohr des Gefühls? Soll dies der Geschmack überführen?
Dies die Nase bestreiten, das Auge dagegen sich wenden?
Nein, so ist es wohl nicht. Denn ein jeglicher Sinn hat sein eigen Reich
und sein eigen Vermögen und deshalb muss jeder, was weich ist
Oder was kalt, was warm, mit besonderem Sinne empfinden
Und die verschiedenen Farben und Formen und alles, was sonst sich
Diesen vereinet, gesondert mit anderem Sinne bemerken.
Ebenso wirkt der Geschmack mit besonderer Kraft, und gesondert
Kommen Geruch und Gehör zur Empfindung. So ist es unmöglich,
Dass ein Sinn durch den ändern zur Widerlegung gebracht wird.
Niemals können nun gar die Sinne sich selber bekritteln;
Denn ein jeder verdient allzeit das gleiche Vertrauen.
Folglich ist jedes Mal wahr, was den Sinnen so jedes Mal dünket.
Und wenn gleich der Verstand nicht vermöchte die Frage zu lösen,
Weshalb, was in der Nähe ein Viereck war, aus der Ferne
Rund uns erschien, empfiehlt es sich doch, wenn uns mangelt
die Einsicht,
Lieber falsch zu erklären die doppelte Form der Gestaltung
Als Handgreifliches je aus der Hand sich entwischen zu lassen
Und an dem Grundvertrauen zu rütteln und niederzureissen
Unseres Lebens und Heils grundlegende Fundamente.
Nicht nur jedes System zerfiele sofort, auch das Leben
Bräche dann selber zusammen, wofern du den Sinnen nicht trautest,
Oder des Wahns Abgründe nicht miedest und sonstige Versuchung,
Und nicht zu folgen wagtest entgegengesetzten Maximen.
Alles mithin, was gehäuft wird, gegen die Sinne zu sprechen,
Darf dir nichts weiter bedeuten als inhaltloses Gerede.
Wie ja auch schließlich beim Bau, wenn das Grundlineal nicht gerade,
Wenn auch das Richtmaß falsch und mit schiefen Winkeln gebaut ist
Oder das Bleilot endlich auch nur um ein Bisschen abweicht,
Da muss alles vertrackt und windschief werden am Hause,
Alles verpfuscht und vorn wie hinten zum Dache nicht passend,
Dass schon einzelne Teile mit Einsturz drohen, ja wirklich

Stürzen; verfehlt war eben von Grund aus die ganze Berechnung.
So müsst' auch jedwedes System verpfuscht und verkehrt sein,
Falls dir die Sinne, auf die du gebaut, sich als irrig erwiesen.Jetzt bleibt
nur noch zu sagen (das ist kein schwindelnder Weg mehr),
Wie von den übrigen Sinnen ein jeder was andres empfindet.

Theorie des Gehörs

Erstlich der Schall und jeglicher Ton wird hörbar, sobald er
Eindringt bis in das Ohr und körperlich dessen Gefühl weckt.
Denn dass der Ton wie der Schall ein körperlich Wesen hat, darf man
Wohl nicht füglich bestreiten: sie können die Sinne ja reizen.
Scheuert doch öfter die Stimme schon selber den Schlund, und
es macht ihn
Heiserer noch, wenn Geschrei durch die Gurgel hinaus in die
Luft dringt.
Denn wenn größere Haufen von Stimmelementen auf einmal
Durch die Enge der Kehle hinaus sich zu stürzen beginnen,
Wird durch die Überfülle die Pforte des Mundes gescheuert.
Sonach besteht kein Zweifel, dass körperbegabte Atome
Bilden die Laute und Worte; sonst wäre die Reizung nicht möglich.
Weißt du doch selbst, was ein Mensch an seinem Körper verlieret,
Was ihm an Nervenkraft muss rauben beständiges Sprechen,
Wenn er versucht von den ersten erglänzenden Strahlen des Frührots
Bis zu den dunklen Schatten der Nacht als Redner zu wirken,
Namentlich wenn es geschieht mit der höchsten Entfaltung der
Stimmkraft.
Also es muss doch die Stimme ein körperlich Wesen besitzen,
Da wir durch längeres Reden an unserem Körper verlieren.
Ferner die Rauheit der Stimme entsteht aus der Rauheit des Urstoffs,
Ebenso glätterer Ton aus glätteren Urelementen.
Denn verschieden geformt ist der Urstoff, der uns ins Ohr dringt,
Lässt die Drommete [26] mit Wucht ihr dumpfes Gedröhne erschallen
Und hallt Phrygierland dumpf wider von Flötengetute,
Oder wenn nächtens herab aus des Helikon kühlen Revieren
Schmelzender Trauergesang der gefiederten Sänger erschallt.

---

[26] *Drommete*: Trompete

Stimmbildung

Alle die Töne nun weiter, die tief aus dem Innern uns kommen
Und die wir grade hinaus aus der Öffnung des Mundes entsenden,
Gliedert beweglich die Zunge, die Wörterbildnerin, während
Auch die Formung der Lippe zum Teil sie weiter gestaltet.
Ist nun gering die Entfernung, aus der uns die einzelnen Laute
Zugehn, müssen wir auch notwendigerweise die Wörter
Selbst mit Bestimmtheit hören und deutlich gegliedert vernehmen;
Denn sie behalten die Form, sie behalten die weitere Gestaltung.
Doch wenn ein allzu beträchtlicher Raum in der Mitte dazwischen
Liegt, muss Wörtervermengung und Stimmverwirrung entstehen,
Da ja der Ton durch die Masse von Luft nur mühsam hindurch dringt.
So kommt's, dass man den Schall wohl zu hören vermag, doch
die Worte
Selbst nicht mehr nach dem Sinn voneinander zu scheiden imstand ist.
So kommt vielfach gehemmt und verwirrt ein Laut uns zu Ohren.
Andererseits dringt öfter das einzelne Wort, das verkündet
Wird aus des Herolds Mund, in das Ohr der gesamten Gemeinde.
So zerflattert mithin im Momente die einzelne Stimme
In viel tausende Stimmen und teilt sich dem einzelnen Ohr mit,
Wenn sie dem Worte Gestalt aufprägt und deutliche Lautung.
Was von den Lauten jedoch nicht ins Ohr kann richtig gelangen,
Fliegt vorbei und vergeht umsonst in die Lüfte verschwebend,
Während ein anderer Teil, der an festeren Körpern zurückprallt,
Widerhallt und bisweilen mit äffenden Worten uns täuschet.

Echo

Fasst du nun dies recht auf, so kannst du dir selber und andern
Rechenschaft geben, warum die Felsen an einsamen Orten
Gleiche Formen der Wörter der Reihe nach richtig erwidern,
Wenn die Gefährten wir suchen, die irrend im schattigen Bergwald
Sich verliefen und die wir mit lautem Gerufe herbeiziehn.
Sechs-, ja siebenfach hab' ich das Echo des Wortes vernommen,
Das man nur einmal rief: so warf ein Hügel dem ändern
Stets es von neuem zurück; so fanden die Wörter die Rückkehr.
Dieses Gelände bevölkert die Schar bocksfüßiger Satyrn
Samt den Nymphen, so raunt der benachbarte Bauer; und Faune,

Heißt es im Munde des Volks, verführen dort nächtliches Lärmen;
Durch ihr Geschäker und Scherz wird die schweigende Stille gestört:
Saitengeklimper erklingt, süßklagende Weisen ertönen,
Welche der Flöte entströmen, die spielende Finger bemeistern.
Weithin lausche dem Pan das Landvolk, wenn er zu Zeiten
Sein halbtierisches Haupt, das die Fichte bekränzt, hin und her wiegt
Und mit gebogener Lippe die Pfeifenmündungen anbläst.
Pans Rohr sorge, dass nie die Musik in dem Walde verstumme.
Auch noch andere Märchen und Wunder, wie diese, erzählt man,
Um nicht den Glauben zu wecken, die einsame Gegend der Heimat
Sei auch von Göttern verlassen; drum fabeln sie Wundergeschichten.
Oder man hat noch anderen Grund zu solcher Erfindung;
Denn nur allzu geneigt ist die Menschheit solches zu hören.

Reichweite der Töne

Wundern darf man sich übrigens nicht, weshalb durch die Orte,
Welche dem Auge verwehren den ungehinderten Durchblick,
Doch noch die Stimme gelangt und unserem Ohre sich kundgibt;
Hört man doch oft ein Gespräch sogar bei verschlossener Türe!
Wundre dich nicht! Denn die Bilder vermögen nicht heil wie
die Stimme
Durch die gewundenen Poren der Gegenstände zu dringen;
Sie zerreissen vielmehr, sofern nicht wie etwa beim Glase
Gradaus laufen die Poren, wo jede Erscheinung hindurch streicht.
Außerdem auch zerteilt sich der Schall nach jeglicher Seite,
Da ein Ton aus dem ändern entsteht. Sobald er sich bildet,
Teilt er sofort sich in viele. So kann man auch sehen beim Feuer,
Wie ein Funke davon zerstiebt in unzählige Funken.
Also füllt auch der Raum sich mit Tönen, und selbst die verborgnen
Hinteren Räume durchdringet der Lärm, durchwogen die Töne.
Bilder hingegen verfolgen, sobald sie erst einmal entsandt sind,
Alle den gradesten Weg. Drum kann auch über den Zaun weg
Niemand sehn, wohl aber von außen die Stimmen vernehmen.
Doch auch die Stimme erfährt, wenn sie durch die verschlossenen
Räume
Durchdringt, Dämpfung und kommt nur verworren ins Innre des
Ohres,
Dass wir mehr ein Geräusch als Worte zu hören vermeinen.

Theorie des Geschmackes

Etwas mehr tut Einsicht not und mehr Überlegung,
Wenn wir zu Zunge und Gaumen, mit denen wir schmecken, uns wenden.
Erstlich schmecken im Munde den Saft wir, wenn wir beim Kauen
Unsere Speise zerdrücken, wie wenn man den Schwamm, der mit Wasser
Voll ist gefüllt, mit der Hand fest ausdrückt, um ihn zu trocknen.
Was wir nun so auspressen, verbreitet sich ganz durch des Gaumens
Gänge hindurch und das Porengewirr in der schwammigen Zunge.
Wo nun glatt sind die Stoffe des rinnenden Saftes, da gibt es
Milde Berührung, und milde behandeln sie alle die Räume,
Welche mit wässrigen Säften gefüllt die Zunge behausen;
Während im Gegenteil sie den Sinn mehr stechen und reizen
Beim Entstehen, je mehr die Atome von rauer Gestalt sind.
Nur bis zum Ende des Gaumens jedoch reicht unser Geschmackssinn;
Wenn hingegen noch weiter der Saft durch die Kehle hinab rinnt
Und sich in alle Gelenke verteilt, dann hört der Geschmack auf.
Ohne Belang ist's ferner, womit sich der Körper ernähre,
Wenn man nur, was man gegessen, auch richtig verdaut an die Glieder
Weiter verteilt und den Magensaft weiß feucht zu erhalten.

Geschmacksverschiedenheit

Jetzt nun will ich erklären, warum uns die Speise verschieden
Vorkommt oder warum den einen abscheulich und bitter
Schmeckt, was den ändern durchaus nur lieblich möchte erscheinen.
Und da zeigt die Verschiedenheit sich so groß und der Abstand,
Dass was dem einen zur Nahrung, dem ändern zum Gifte gereicht.
So ist's wie bei der Schlange, die, wenn sie der menschliche Speichel
Trifft, dem Tode verfällt und sich selbst durch Bisse vernichtet.
So ist die Nieswurz auch für uns scharf wirkendes Giftkraut,
Doch für die Böcke und Wachteln ein fettansetzender Nährstoff.
Aber damit du erkennest, wodurch dergleichen geschehn kann,
Musst du vor allem an das, was ich früher gesagt, dich erinnern,
Dass Keimstoffe sich finden in allem, die vielfach gemischt sind,
Ferner dass alles, was lebt und von Speise sich nährt, schon von außen
Große Verschiedenheit zeigt und dass gattungsweise gesondert

Äußere Körperform in begrenzende Schranken sie einschließt.
Somit bestehen sie auch aus Keimen verschiedener Bildung.
Da nun ferner die Keime verschieden sind, müssen auch jene
Zwischenräume und Gänge, die wir als die Poren bezeichnen,
Ungleich sein in den Gliedern und so in dem Mund und im Gaumen.
Folglich muss es auch hier bald größere, bald kleinere geben,
Manche in Dreiecksform und andre gestaltet als Viereck,
Viele sind rund und manche in vielerlei Weisen ein Vieleck.
Denn wie die Art der Gestalten und ihre Bewegung es fordern,
Danach müssen sich auch die Figuren der Poren verschieben
Und sich die Gänge verändern je nach des Gewebes Umhüllung.
So kann bitter den einen erscheinen, was anderen süß schmeckt.
Wem's süß schmeckt, dem müssen die glattesten Stoffelemente
Gleichsam zärtlich kosend die Höhlen des Gaumens betreten;
Doch wem bitter im Munde es schmeckt, was dem anderen süß dünkt,
Dessen Kehle betreten nur rauere Hakenatome.
Hieraus ist's nun leicht auch das einzelne kennenzulernen.
So wenn einer das Fieber bekommt, weil er Galle zuviel hat,
Oder aus anderem Grund ein Leiden mit Macht ihn gepackt hat,
Dann wird der Körper sofort von oben bis unten zerrüttet
Und es ändert sich völlig die Lage der Urelemente.
So kommt's, dass die Stoffe, die früher den Sinnen gefielen,
Jetzt missfallen und andre nun mehr willkommen erscheinen,
Welche den bittern Geschmack im Mund zu erzeugen instand sind.
Denn in dem Honiggeschmack ist beides zusammen vereinigt,
Was ich dir oben schon öfter des Näheren habe bewiesen.

Theorie des Geruches

Jetzt nun will ich die Frage behandeln: wie kommt der Geruch denn
Hin zur Nase? Zum ersten, man muss viel Dinge sich denken,
Denen der Strom verschiedenen Dufts sich wälzend entströmet,
Dessen stetiger Fluss und Verbreitung sich überallhin lenkt;
Doch die verschiedenen Formen bewirken verschiednen Geschöpfen
Ganz verschiednen Geruch. Drum zieht durch die Lüfte die Immen
Honiggeruch schon von weitem herbei, und verwesendes Aas lockt
Selbst aus der Ferne die Geier. Es leitet die Meute der Rüden
Uns zu der Fährte des Wilds, die sein Spalthuf drückt in den Boden.
Auch die weißliche Gans, der Retter der römischen Felsburg,

Merkt schon lange vorher den Geruch des nahenden Menschen.
So wird jedes Geschöpf von einem besonderen Dufte
Hin zu dem Futter geführt und verscheucht vom widrigen Giftkraut.
So erhalten sich weiter der Tiere Geschlechter am Leben.

Langsamkeit der Duftatome

Diese Gerüche nun alle, soweit sie die Nase uns reizen,
Reichen in ihrer Verbreitung die einen weiter als andre,
Doch kein einziger dringt darunter in solche Entfernung
Wie das Geräusch und die Stimme – ich will von den Bildern nicht sprechen,
Welche das Auge berühren und unsern Gesichtssinn reizen.
Langsam naht sich der Duft auf irrender Bahn und vorher oft
Schwindet er allzu leicht in das Luftreich mählich zerfließend.
Erstlich löst sich nur schwer der Geruch aus dem Innern der Stoffe.
Denn dass er wirklich den Tiefen entströmt und den Dingen entweichet,
Dafür gibt den Beweis, dass alles Zerbrochene stärker
Riecht und Zerriebenes und vom Feuer gründlich Zerstörtes.
Ferner ersieht man auch leicht, dass der Duft aus größeren Atomen
Als die Stimme besteht. Denn er dringt nicht durch steinerne Wände,
Wo der Schall und die Stimme sich allenthalben den Weg bahnt.
Deshalb wirst du auch sehn, wie schwierig es ist bei den Düften
Aufzufindenden Ort, wo der Ursprung ist des Geruches.
Während der Duft in den Lüften verschwebt, erkaltet der Auftrieb,
Und so langet der Bote nicht warm mehr am Sitz des Gefühls an.
Darum irren die Hunde auch oft, wenn die Fährte sie suchen.

Theorie der Antipathie

Doch dies zeigt sich nicht nur im Gebiet des Geruchs und Geschmackes,
Sondern auch in dem Bereich der Gestalten und Farben der Dinge:
Auch hier wecket nicht alles die gleichen Gefühle bei allen,
Sondern manches berührt den greller als jenen beim Sehen.
Ja, den Hahn, der die Nacht mit schlagenden Flügeln verscheuchet
Und uns täglich den Morgen mit schmetternder Stimme herbeiruft,
Können die grimmigen Löwen nicht anschaun oder entgegen
Sich ihm stellen. Sie suchen vielmehr ihm rasch zu entrinnen.

Nämlich im Körper der Hähne befinden sich manche Atome,
Welche, sobald sie dem Löwen ins Auge sich bohren und dorten
In die Pupille sich graben, ihm heftige Schmerzen erregen:
So ist ein Widerstehen dem trotzigen Tiere nicht möglich.
Aber für unser Auge sind jene Atome gefahrlos,
Weil es den Durchgang wehrt und, falls sie wirklich hindurch gehn,
Freien Ausgang verstattet, so dass sie bei ihrem Verweilen
Nicht im geringsten das Auge im Innern beschädigen können.

Theorie der geistigen Tätigkeit

Nun vernimm noch in Kürze, wodurch in Bewegung gesetzt wird
Unser Geist und woher der Gedanke zum Denken gebracht wird.
Erstlich behaupte ich dies: es bewegen sich Bilder der Dinge
Viele auf vielfache Art nach allen möglichen Seiten.
Zart ist ihr Wesen; drum bleiben sie leicht in der Luft aneinander
Bei der Begegnung hängen wie Spinnengewebe und Blattgold.
Sind ja doch solcherlei Bilder viel feiner in ihrem Gewebe
Als was sonst uns die Blicke ergreift und das Auge kann reizen.
Denn durch die Maschen des Leibes gelangen uns solche ins Innre,
Weckenden duftigen Geist und reizen die Sinnesempfindung.
So erblicken wir denn Centauren und Glieder der Scylla,
Fratzen des Höllenhunds und Bilder von lange Entschlafnen.
Deren Gebein in der Todesnacht umschließet die Erde.
Überall schwärmen ja Bilder herum von allerlei Arten,
Die teils erst in den Lüften sich ganz selbständig entwickeln,
Teils auch irgendwie aus verschiedenen Dingen sich lösen,
Und aus deren Gestalten sich formt ein neues Gesamtbild.
Denn das Centaurenbild kann gewiss nicht vom Lebenden stammen,
Weil es ja nie in der Welt solch lebendes Wesen gegeben;
Doch wenn der Zufall eint die Bilder vom Ross und vom Menschen,
Hängen sie leicht aneinander, da, wie schon früher gesagt ward,
Sie gar feine Natur und zartes Gewebe besitzen.
Ebenso bilden sich auch noch sonst gleichartige Bilder.
Dringen nun diese beweglich mit äußerster Leichtigkeit weiter,
Kann, wie ich früher gezeigt, ein beliebiges einziges Bildchen
Auch schon durch einen Stoß, da es fein ist, den Geist uns erregen.
Denn auch dieser ist selbst gar wundersam zart und beweglich.
Dass dies so, wie ich sage, geschieht, kannst leicht du begreifen;

Denn da das geistige Schauen dem leiblichen ganz analog ist,
Muss sich auch jenes natürlich auf ähnliche Weise vollziehen.
Da ich nun oben gelehrt, dass wenn ich den Löwen, zum Beispiel,
Sehe, mein Auge einmal durch Bilder des Löwen gereizt wird,
Gilt auch der Schluss, dass der Geist auf ähnliche Weise erregt wird,
Nämlich durch Bilder von Löwen und anderem, was er so wahrnimmt
Grad wie das Auge, nur dass er noch zartere Bilder kann schauen.
Eben darum bleibt, wenn auch die Glieder im Schlummer
sich strecken,
Wach noch die geistige Kraft. Nur dass dieselbigen Bilder
Wie im Wachen, so jetzt auch im Traume die Seele uns reizen,
Aber so stark, dass wir glauben noch lebend manchen zu schauen,
Den schon das Leben verlassen und Tod und Erde verschluckt hat.
Dieses bewirkt der Zwang der Natur, weil während des Schlafes
Sämtliche Sinne des Körpers gehemmt fest ruhn in den Gliedern;
Und sie können daher nicht den Wahn durch die Wirklichkeit abtun.
Auch das Gedächtnis versagt und leidet infolge des Schlummers.
Deshalb befremdet es nicht, dass jener schon längst von dem Tode
Wurde gepackt, den der Geist noch lebendigen schauen vermeinet,
Übrigens nimmt es nicht Wunder zu sehn, wie die Bilder sich regen.
Wie sie die Arme im Takt und die übrigen Glieder bewegen.
Glauben wir doch im Schlafe bisweilen dergleichen zu sehen.
Denn wenn das frühere Bild uns verschwand und ein neues mit andrer
Stellung entstand, so scheint uns das erste die Haltung zu ändern.
Dies vollzieht sich natürlich im Nu, was wohl zu beachten.
So beweglich und zahlreich erscheint uns die Menge der Dinge
Wie auch der Teilchen, die ständig in jedem nur messbaren Zeitraum
Ihnen entquellen, dass nie ihr Nachschub könnte versagen.

Über Wille und Aufmerksamkeit

Viel ist auf diesem Gebiet noch zu fragen und viel noch zu klären,
Wenn wir dieses Problem vollständig erledigen wollen.
Da ist die wichtigste Frage: Weshalb denkt unser Verstand just
Das alsbald, was zu denken ihm grade die Lust ist gekommen?
Schauen die Bilder vielleicht auf unseren Willen und stellt sich
Uns, wenn wir wollen, sofort das entsprechende Bild zur Verfügung?
Mag sich der Wunsch auf das Meer, auf die Erde, den Himmel
uns richten,

Oder Versammlung des Volks, Aufzüge, Bankette und Schlachten,
Schafft das etwa aufs Wort die Natur und liefert uns alles?
Aber es denkt doch der Geist an der nämlichen Stelle und Gegend
Bei verschiednen Personen auch ganz verschiedene Dinge.
Sehen wir ferner im Takt die Bilder des Traumes marschieren.
Sehn wir sie wie im Tanz die gelenkigen Glieder bewegen,
Wenn sie gelenkig die Arme zur Wechselbewegung erheben
Und das Spiel mit dem Fuße dazu harmonisch begleiten,
Sind da die Bildet nicht gar kunststrotzende Tanzvirtuosen,
Dass sie zur nächtlichen Zeit so zierlich zu spielen imstand sind?
Oder ist folgender Grund wohl richtiger? Weil in dem einen
Zeitraum, wo wir empfinden, das heißt wo ein Wörtchen
wir sprechen,
Viele Momente versteckt sind, die nur die Berechnung ermittelt,
Daher kommt's, dass in jedem Moment und von jeglicher Art uns
Bilder an jeglichem Orte bereit zur Verfügung sich stellen.
So beweglich und zahlreich erscheint uns die Menge der Dinge.
Denn wenn das frühere Bild uns verschwand und ein neues mit andrer
Stellung entstand, so scheint uns das erste die Haltung zu ändern.
Da sie nun ferner so zart sind, erscheinen dem Geiste genau nur
Die, worauf er sich spannt; drum schwinden ihm sämtliche Bilder
Außer denen, auf die er sich selber schon innerlich einstellt:
Darauf stellt er nun für der sich ein in der Hoffnung, die Bilder,
Die aus jeglichem Dinge sich bilden, zu sehn: so geschieht's auch.
Siehst du nicht auch, wie das Auge sich spannt und den Willen
darauf lenkt,
Wenn es begonnen den Blick auf zarte Gebilde zu richten?
Ohn' ein solches Bemühn ist deutliches Sehen nicht möglich.
Kann man doch selbst erfahren, dass deutlich erkennbare Dinge,
Wenn sie der Geist nicht beachtet, so gut wie dem Blicke entrückt sind
Während der ganzen Zeit und in weiteste Ferne verschlagen.
Weshalb soll es nun wunderbar sein, dass dem Geiste das andre
Alles verloren geht, nur das nicht, worauf er sich einstellt?
Ferner fügen wir oft den kleinsten Erscheinungen größte
Wahnvorstellungen zu und verstricken uns selbst so in Täuschung.

Wechsel der Traumbilder

Manchmal geschieht's im Traum, dass ein andersartiges Bild sich
Unterschiebt dem vorherigen Bild. So scheint, was ein Weib war,
Unter den Händen uns oft in ein männliches Wesen verwandelt;
Oder es folgt ein verändert Gesicht und verändertes Alter.
Aber wir wundern uns nicht: so wirkt das Vergessen im Schlafe.

Die Organe sind früher als ihr Gebrauch

Hierauf soll man nun nicht, nach [meinem entschiedenen Urteil],
Folgenden Fehler begründen, [und diesen] Irrtum vor allem
[Sollst du, so lautet mein Wunsch], vorsorglich verhüten und meiden:
Dass du nicht meinst, es seien der Augen leuchtende Lichter
Uns zum Sehen gegeben; und dass auf die Füße sich stützend
Waden wie Schenkel sich oben am Ende zu falten vermögen,
Um es uns möglich zu machen ausschreitende Schritte zu setzen;
Oder dass ferner die Arme an kräftigen Muskeln befestigt
Und zwei Hände uns seien als Dienerinnen gegeben,
Um uns damit zu beschaffen, was alles wir brauchen zum Leben;
Und was man sonst sich noch alles in ähnlicher Weise zurechtlegt.
Dies ist alles verkehrt und nach falscher Methode ersonnen.
Denn zu unserm Gebrauche ist nichts in dem Körper erschaffen,
Sondern es schafft sich vielmehr das Geschaffene seinen Gebrauch erst.
Ehe das Augenpaar war geschaffen, bestand noch kein Sehen.
Und kein Sprechen war möglich, solange die Zunge nicht da war,
Sondern die Schöpfung der Zunge war früher als jene der Sprache,
Und die Entstehung des Ohrs fällt auch weit früher, als jemand
Töne vernahm; kurzum, für sämtliche Glieder, so mein' ich,
Gilt's, dass sie früher vorhanden, bevor ihr Gebrauch ward gefunden.
Folglich konnten sie nicht dem Gebrauche zuliebe erwachsen.
Aber die Hand zu erheben zum feindlichen Streite des Faustrechts
Und zu zerfleischen den Leib und die Glieder mit Blut zu beflecken,
Dies gab's lange, bevor noch flogen die blitzenden Pfeile,
Und sich vor Wunden zu hüten erzwang die Natur bereits früher,
Ehe die Linke die Kunst noch gelernt mit dem Schild sich zu decken.
Auch den ermüdeten Leib zur Ruhe zu bringen erfand man

Selbstverständlich schon früher als weichlich gepolsterte Betten,
Und man löschte den Durst noch bevor man den Becher erfunden.
All dies darf man mithin als zum Nutzen des Menschen erfunden
Ansehn, da der Gebrauch des täglichen Lebens es lehrte.
Aber verschieden davon ist alles, was selbst schon vorher war,
Was, nachdem es entstanden, die Kenntnis des Nutzens erst hergab.
Dazu gehören vor allem die Sinne und sämtliche Glieder.
Also (ich sag' es noch einmal), es bleibe dir fern der Gedanke,
Dass die Organe uns seien zu nützlichem Dienst erst erschaffen.

Hunger- und Durstgefühle

Auch dies darf uns nicht wundern, dass jedes Geschöpf sich die Nahrung,
Die sein Körper bedarf, von selbst nach dem Trieb der Natur sucht.
Nämlich ich lehrte bereits, dass aus sämtlichen Dingen Atome
Zahlreich auf mancherlei Weise entströmen, doch kommen die meisten
Aus den belebten Geschöpfen. Sie sind ja in steter Bewegung.
So verduftet schon viel durch den Mund, wenn ermattet sie keuchen,
Viel wird auch durch den Schweiß aus der Tiefe nach oben befördert.
Hierdurch entleert sich der Körper, die ganze Natur wird von Grund aus
Unterwühlt und es stellt sich ein schmerzendes Hungergefühl ein.
Darum greift man zur Speise, um unsere Glieder zu stützen,
Um durch ihre Verteilung im Körper die Kraft zu ersetzen
Und in den Gliedern und Adern zu stillen die gähnende Esslust.
Auch die flüssigen Stoffe zerstreun sich an alle die Stellen,
Wo man das Flüssige braucht, und die zahlreichen Hitzequellen,
Die sich im Magen gehäuft und dort Entzündung erregen,
Werden zerstreut durch genossenes Nass und gelöscht wie das Feuer.
Dann kann dörrende Hitze nicht länger die Glieder verbrennen.
So wird also (du siehst es) der lechzende Durst aus dem Körper
Weggespült und gestillt die nüchternen Hungergefühle.

Theorie des Gehens

Nun erklär' ich auch dies, weshalb wir, sobald wir nur wollen,
Schritte zu machen vermögen und unsere Glieder zu regen,
Was uns sodann die Fähigkeit gab, die so große Gewichtslast

Unseres Körpers voran zu bewegen: vernimm nun die Lehre!
Also ich sage: Zuerst erscheinen uns Bildet des Gehens
Vor dem Geist und sie geben, wie früher gelehrt, ihm den Anstoß.
Dann wird der Wille zum Gehen erweckt; denn niemand beginnt doch
Etwas zu tun, wenn der Geist, was er will, nicht voraussieht;
Was er voraus nun sieht, des' Bild steht ihm vor der Seele.
Regt sich nun also im Geiste der Wille zum Gehen und Schreiten,
Trifft er sofort auf die seelische Kraft, die im Körper verteilet
Überallhin ist zerstreut durch alle Gelenke und Glieder.
Leicht vollzieht sich auch dies; denn der Geist ist der Seele verbunden.
So gibt diese den Stoß an den Körper dann weiter; so schiebt sich
Und so bewegt sich allmählich die Last im Ganzen nach vorwärts.
Dann wird locker des Körpers Gewebe; die Lücken durchflutet
Selbstverständlich die Luft, wie sie muss; denn immer beweglich
Dringt sie reichlich herein und gelangt durch die Poren ins Innre.
Und so verteilt sie sich weiter von da zu den feinsten Atomen
Unseres Leibes. So kommt's durch beiderseitige Hilfe,
Dass sich der Körper bewegt wie ein Schiff mit Riemen und Segeln.
Hierbei darf es jedoch nicht weiter uns wunderbar scheinen,
Dass so kleine Atome den mächtigen Körper zu drehen
Und die menschliche Last vollständig zu lenken imstand sind.
Treibt doch der Wind, des' Leib so zarte und feine Atome
Bilden, ein mächtiges Schiff mit gewaltigem Wehen nach vorwärts,
Das auch bei raschester Fahrt nur lenkt ein einziger Handgriff;
Und ein Steuer genügt es nach allen Seiten zu drehen.
Ähnlich bewegt und lüftet der Kran mit leichtester Mühe
Viele gewichtige Lasten vermittelst der Winden und Trommeln.

Theorie des Schlafes

Wie uns nun ferner der Schlaf in die Glieder die heilsame Ruhe
Träufelt und unsere Brust von den seelischen Sorgen erlöset,
Dies will ich jetzt dir in kurzen, doch lieblichen Worten verkünden;
Kurz ist der Schwanengesang, doch er klingt weit besser als jenes
Kranichgeschrei, das den Äther erfüllt, aus den Wolken des Südwinds.
Leih mir nur weiter ein feines Gehör und witternden Spürsinn,
Dass du nicht das für unmöglich erklärst, was ich sage, und rückwärts
Schreitest, indem du mit trotzigem Sinn dich der Wahrheit
verschließest,

Wenn du durch eigene Schuld dir selber die Augen verbindest.
Schlaf entstehet zum ersten, wenn die in den Gliedern zerstreute
Seelische Kraft sich zum Teil nach außen getrieben entfernte,
Teils auch zusammengedrückt sich mehr in das Innre zurückzog.
Dann erst lösen sich nämlich die Glieder und fallen in Schlaffheit.
Denn unzweifelhaft ist es der Seele allein zu verdanken,
Dass wir Empfindung besitzen. Und wenn nun der Schlaf wie
verhindert,
Dann ist die Seele in uns als verwirrt und nach außen vertrieben
Anzusehn, doch nicht ganz; sonst läge der menschliche Körper
Leblos da und auf ewig vom Froste des Todes umfangen.
Denn wenn im Körper versteckt nicht zum Teile die Seele verbliebe,
Wie sich noch glimmendes Feuer verbirgt in dem Haufen der Asche:
Woher könnte denn sonst die Empfindung plötzlich im Körper
Wiedererstehn, wie die Flamme aus heimlichen Gluten emporschlägt?
Aber wodurch dem Gefühl nun diese Erneuerung zuteil wird,

Wie der Seele Verwirrung entsteht und die Schlaffheit des Körpers,
Will ich erklären. Doch lass mir mein Wort nicht im Winde zerflattern!
Erstlich, da rings den Körper umspült ein beständiger Luftstrom,
Müssen wir ganz notwendig auch Stöße von außen empfangen
Und durch häufige Schläge der Luft Erschütterung leiden.
Drum ist zum Schutze der Körper fast aller Geschöpfe mit Leder
Oder mit Schalen und Schwarten gepanzert oder mit Rinde.
Auch die inneren Teile bestreicht beim Atmen der Luftstrom,
Zieht man ihn ein in die Brust und stößt man ihn wieder nach außen.
Da nun von beiden Seiten der Körper erleidet den Ansturm
Und da die Stöße so weit durch die winzigen Poren gelangen,
Dass sie den Grundstoff treffen und dessen Urelemente,
Tritt allmählich Zerfall fast überall auf in den Gliedern.
Denn es verwirrt sich die Lage der Urelemente im Körper
Wie in der Seele. So kommt's, dass diese zum Teil wird nach außen
Ausgestoßen, zum Teil sich versteckt und nach innen zurückweicht,
Während der übrige Teil, durch die Glieder zerstreut, nicht imstand ist,
Einig in sich mit anderem in Wechselwirkung zu treten.
Denn die Verbindungswege versperrt die Natur ihm im Schlafe.
Drum mit veränderter Richtung verzieht das Gefühl sich rasch
nach innen.
Weil es fast nichts mehr gibt, was unsre Gelenke noch stützet,
Wird auch der Körper nun schwach, es erschlaffen sämtliche Glieder,

Arme und Lider, sie sinken, ja häufig schon knicken die Knie
Trotz dem Liegen uns ein, da die Kraft der Bänder sich lockert.
Ferner erfolget der Schlaf auf die Mahlzeit; denn wie die Luft wirkt,
Wirkt auch die Speise, sobald sie in sämtliche Adern verteilt wird.
Und in der Tat bei weitem der aller festeste Schlaf ist,
Der uns satt und ermattet befällt. Denn groß ist die Arbeit,
Die dann Erschöpfung und Wirrung erzeugt bei den meisten Atomen.
Eben deshalb verzieht sich ein Teil der Seele ins Innre,
Reichlicher noch ist der Teil, der hinaus aus dem Körper
gedrängt wird,
Und was im Innern verbleibt, zerstreut sich noch mehr und
verteilt sich.

Theorie des Traums

Welchem Beruf nun ein jeder sich widmet und eifriger hingibt
Oder womit man auch sonst sich vorher lange beschäftigt
Oder auf welchem Geleise man mehr den Verstand hat getummelt,
Damit scheinen wir auch in dem Schlaf uns meist zu beschäftigen:
Rechtsanwälte verfassen Gesetze und führen Prozesse,
Feldherrn kämpfen im Traum und ziehen ins Schlachtengetümmel.
Schifferleben zur See im ewigen Kampf mit den Winden,
Mein Traum aber betrifft dies Werk: die Natur zu erforschen
Und, was ich fand, zu beschreiben in Dichtungen heimischer Sprache.
So nun scheinen im Schlaf auch die übrigen Studien und Künste
Meist das Gemüt der Menschen noch weiter täuschend zu fesseln:
Allen, die hintereinander an vielen Tagen die Spiele
Immer beharrlich verfolgen, verbleiben (wie oft schon zu sehn war),
Wenn auch der Anblick längst aus der Sphäre der Sinne geschwunden,
Doch noch offen gewisse noch übrige Gänge des Geistes,
Durch die immer noch strömen die nämlichen Bilder der Dinge.
Und so schweben noch lange alltäglich dieselben Gestalten
Ihnen vor Augen, so dass sie sogar im Wachen noch immer
Schauen die Tänzer, wie rasch und geschmeidig die Glieder sie regen,
Und in dem Ohr tönt lange noch nach hellklingend der Zither
Lied und die Sprache der Saiten; sie schauen noch immer denselben
Zuschauerraum und den glänzenden Schmuck der wechselnden
Bühne.
So sehr kommt's dabei an auf den Eifer und Willen des Menschen

Und womit man sich grade gewohnheitsmäßig beschäftigt.
Doch dies trifft nicht den Menschen allein, nein alle Geschöpfe.
Sieht man doch mutige Rosse, die abends die Glieder zur Ruhe
Legen, im Schlaf trotzdem stark schwitzen und immerfort keuchen,
Jegliche Muskel gespannt, als gelt' es die Palme des Sieges,
Oder als wollten sie starten, nachdem sich die Schranke geöffnet.
Häufig bewegt sich auch plötzlich im wohligsten Schlafe der Jagdhund
Heftig mit seinen Beinen; er fängt auf einmal zu bellen
An und er zieht durch die Nase mit häufigem Schnuppern die Luft ein,
Gleichsam als sei er nunmehr auf die Fährte des Wildes gestoßen.
Wenn er darüber erwacht, setzt oft er dem nichtigen Trugbild
Nach, als sah' er die Hirsche in eiligem Flüchten begriffen,
Bis er dann zu sich kommt, wenn der Irrtum endlich verscheucht ist, –
Während das trauliche Rudel, des Haushunds niedliche Jungen,
Sich zu schütteln beginnen und rasch vom Boden sich reissen,
Grade als ob sie Gestalt und Gesicht von Fremden erblickten.
Und je wilder geartet die Brut ist der einzelnen Tiere,
Um so wütender müssen sie auch sich im Schlafe gebärden.
Aber die Scharen der Vögel, sie flüchten sich plötzlich zur Nachtzeit,
Und ihr Fittig[27] versetzt die Haine der Götter in Aufruhr,
Wenn sie im Schlummer, der leise sie umfängt, den Habicht erblicken,
Wie er sie fliegend verfolgt, um Schlacht und Kampf zu entfachen.
Ferner, dem Geiste der Helden, die Großes nach großen Entschlüssen
Leisten, erscheint im Schlafe das nämliche Wirken und Handeln:
Könige sehn sich im Traum als Eroberer, als Lenker der Schlachten,
Auch als Gefangene, wobei sie Schrein, als ging's an die Kehle.
Viele auch kämpfen auf Leben und Tod. Sie stöhnen vor Schmerzen
Und erfüllen das ganze Gemach mit lautem Gebrülle,
Als ob grausiger Löwen und Panther Gebiss sie zerfleischte.
Viele plaudern wohl auch die wichtigsten Dinge im Traum aus,
Und gar mancher verriet, was er selber schon Böses getan hat.
Viele auch wähnenden Tod zu erleiden, und andre erschrecken
Plötzlich, als ob sie vom Gipfel des Bergs mit der Schwere
des Körpers
Auf den Boden hin schlügen: ihr Körper erglüht wie im Fieber
Und ihr Geist ist betäubt: mit Mühe nur kommen sie zu sich.
Leidet man Durst, so glaubt man an lieblicher Quelle zu sitzen

---

[27] *Fittig:* Flügel, Schwinge

Oder am Strom und das Wasser schier ganz mit dem Schlund
zu erschöpfen.
Kinder glauben bisweilen vom Schlafe befangen am Weiher
Oder am Töpfchen zu stehn und das Kleid in die Höhe zu heben:
Dann ergießt sich das Nass, das im Leibe sich hatte gesammelt,
Und überschwemmt die glänzende Pracht der persischen Decke.

Theorie der Pollution

Dann, wenn der Same zuerst in der Jugend Brandung sich einstellt
Und ihn das reifende Alter von selbst in den Gliedern erzeugt hat,
Treten von außen dem Jüngling die Bilder von allerlei Körpern
Nahe, die schönes Gesicht und blühende Farbe verraten.
Diese nun reizen die Adern, die reichlicher Samen geschwellt hat,
Dass wie beim Liebesgenuss sich oftmals starke Ergüsse
Stromweis manchen entladen und ihre Gewandung beflecken.
Wie ich gesagt, wird erweckt in unseren Körpern der Samen,
Erst wenn das reifende Alter die Glieder gehörig gekräftigt.
Denn die Dinge bewirken verschiedne Erregung und Reizung.

Über die Liebe

Doch nur ein menschliches Bild kann den Samen des Menschen
erregen.
Wird nun dieser vertrieben aus seinem Ursprungssitze,
Läuft er von überall her durch sämtliche Glieder des Leibes
In die bestimmten Gefäße der Samenstränge, von wo er
Allsobald auch erregt die Zeugungsglieder des Körpers,
Diese nun schwellen vom Samen gereizt, es entsteht das Verlangen,
Ihn dort auszuspritzen, wohin ein gewaltiger Trieb strebt,
Und der Leib ist sein Ziel, der die Herzenswunde geschlagen.
Denn wir fallen gewöhnlich auf unsre verwundete Stelle;
Dorthin schiesst uns das Blut, von wo wir die Hiebe empfangen;
Ist in der Nähe der Feind, trifft diesen der rötliche Blutstrahl.
Wem nun die Pfeile der Liebe die Herzenswunde geschossen,
Mag sie ein Knabe versenden, der weibliche Reize zur Schau stellt,
Oder ein Weib, das die Liebe aus allen Gliedern des Leibes
Ausstrahlt, der geht los auf den Schützen und sucht die Verbindung,
Sucht aus dem eigenen Leibe den Saft in den ändern zu schleudern;
Denn sein stilles Begehren verheißt ihm Wonne der Wollust.

Warnung vor der Liebesleidenschaft

Dies heißt Venus bei uns; daher hat Amor den Namen;
Daher ward uns zuerst der süßeste Tropfen der Liebe
Eingeträufelt ins Herz; dann kam die erkältende Sorge.
Denn ist dir fern, was du liebst, so sind doch die Bilder der Liebe
Immer dir nah und lieblich ans Ohr klingt immer ihr Name.
Aber man sollte die Bildet verbannen, man sollte der Liebe
Jegliche Nahrung entziehen, den Sinn auf anderes richten
Und den gesammelten Saft auf beliebige Leiber verschleudern,
Statt ihn aufzubewahren, um einer Liebe zu frönen
Und sich nur sichere Sorge und Schmerzen dadurch zu bereiten.
Nährt man ein solches Geschwür, so wird's nur schlimmer, je älter;
Ärger wird täglich dein Rasen und drückender lastet dein Kummer,
Wenn du nicht immer betäubst mit neueren Reizen den Wundschmerz
Oder ihn vorher gleich bei den Liebchen der Gasse kurierest
Oder die Triebe der Seele nach anderen Richtungen ablenkst.

Liebeswahn

Wer die Leidenschaft flieht, verzichtet darum nicht auf jeden
Liebesgenuss, nur sucht er vielmehr die straflosen Freuden.
Denn ein Gesunder erfreut sich doch offenbar reinerer Wollust
Als wer krank ist vor Liebe. Denn selbst bei dem Akt der Umarmung
Schwanket der Liebenden Brunst in taumelnder Irrnis. Sie wissen
Kaum, wo zuerst sich ersättigen soll der Blick und die Hände.
Was sie ergreifen, erdrücken sie fast; sie misshandeln den Körper
Schmerzhaft, ja sie zerbeissen sich oft mit den Zähnen die Lippen.
Pressen sie Küsse darauf. Sie leitet nicht reiner Genusstrieb,
Sondern ein heimlicher Stachel den Gegenstand selbst zu verletzen,
Wer es auch sei, der die rasende Wut in dem Herzen entfacht hat.
Freilich im Liebesgenuss weiß Venus die Qualen zu lindern,
Und die schmeichelnde Lust hemmt leicht die gefährlichen Bisse,
Denn es betört sie die Hoffnung, die brünstige Flamme zu löschen
Habe nur der Leib wirklich die Kraft, dem die Glut ist entglommen.
Doch dies wäre fürwahr der Natur vollkommen zuwider.
Das ist das einzige Ding, von welchem das glühende Herz will
Immer noch mehr sich gewinnen, je mehr wir davon schon besitzen,
Speise und Trank nimmt auf das Innere unseres Körpers

Und, da sie hierin erfüllen bestimmte Reviere, so kann man
Damit leicht das Verlangen nach Trank und Speise befriedigen.
Doch von dem schönen Gesicht und der blühenden Farbe
des Menschen
Bleibt dem Leib zum Genuss nichts übrig als zarteste Bilder.
Ach, ein schwächlicher Trost, den ein Windstoß oft noch davon führt!
Wie in dem Traum dem Dürstenden oft das Getränke versagt bleibt,
Das ihm die brennende Glut in den Gliedern zu löschen vermöchte,
Und statt dessen nur Bilder des Wassers ihn täuschend umgaukeln,
Dass er beim Trinken inmitten des reissenden Stromes verdurstet,
So äfft Venus die Liebenden oft mit den Bildern der Liebe,
Da sie sich selbst in der Nähe am Sehn nicht ersättigen können
Und kein Stück mit der Hand von dem Reize der Glieder erhaschen,
Wenn sie den Leib auch ganz im Liebestaumel durchirren.
Endlich wenn Glied sich dem Gliede geeint, um die Blüte der Jugend
Auszukosten, im ersten Gefühle der kommenden Wonne,
Wenn sich Venus bereitet das weibliche Feld zu besamen,
Pressen mit Gier sie die Brust an die Brust; es vermischt sich
des Mundes
Speichel, sie pressen den Zahn in die Lippen mit keuchendem Atem:
Doch umsonst, sie können ja nichts dem Körper entreissen
Oder mit ihrem Leib sich ganz in den ändern versenken,
Was sie wirklich bisweilen zu tun um die Wette bemüht sind;
So fest hängen sie beide in Venus' Banden zusammen,
Bis sich die Kraft der Wollust bricht und die Glieder sich lösen.
Hat sich nun so die gesammelte Lust aus den Adern entladen,
Tritt in der heftigen Brunst wohl ein Stillstand ein für ein Weilchen,
Dann kehrt wieder von neuem zurück die wütende Tollheit,
Wieder versuchen sie endlich zum Ziele der Wünsche zu kommen:
Doch da gibt es kein Mittel die Krankheit wirklich zu heilen.
Hilflos gehen sie so an der heimlichen Wunde zu Grunde.

Folgen der Liebesleidenschaft

Dazu kommt noch der Kräfteverfall und vernichtende Mühsal,
Kommt noch ferner die Knechtschaft hinzu im Banne des ändern,
Und die Versäumnis der Pflicht; das Ansehn wanket und kranket.
Unterdessen zerrinnt das Vermögen. Aus Persien kauft man

Decken, am Fuß muss ein niedlicher Schuh aus Sikyon[28] glänzen,
Große Smaragde, natürlich! mit grün durchscheinendem Lichte
Werden in Gold nun gefasst, der Purpur wird ständiges Hauskleid
Und der misshandelte Stoff saugt voll sich vom Schweiße der Liebe.
Was die Väter erwarben, verwandelt sich in Diademe
Oder in Mäntel und Kleider aus Chios oder Alinda.
Prächtige Decken und Speisen erscheinen bei Tafel und Würfel;
Becher wechseln und Salben und Blumengewinde und Kränze:
Alles umsonst. Denn mitten vom Strudel der Freuden erhebt sich
Plötzlich ein Wermutstropfen, der unter den Blumen ihn ängstet,
Sei es, dass etwa er selbst von Gewissensbissen getroffen
Sieht, wie er müßig die Tage verlebt und im Schmutze versinket,
Oder dass sie ein bedenkliches Wort ließ fallen, das rief sich
Ihm in sein liebendes Herz wie brennendes Feuer gefressen,
Oder er meint, sie werfe die Augen und äugle nach ändern
Allzuviel, und entdeckt noch Spuren des Lächelns im Antlitz.

Schwer ist die Flucht vor der Liebe

Das sind die Leiden, die selbst in der treuesten, glücklichsten Liebe
Stets sich finden: doch sind sie nun gar im Falle des Unglücks
Zahllos, dass man sogar bei geschlossenen Augen sie sehn muss.
Drum ist's besser vorher, wie ich lehrte, darüber zu wachen
Und sich beizeiten zu hüten, damit man dem Netze entgehe.
Denn es ist weniger schwer die Schlingen der Liebe zu meiden
Als, wenn man einmal gefangen im Netz, daraus zu entkommen
Und zu zerreissen die Knoten, die Venus so kräftig geknüpft hat.
Gleichwohl kannst du vielleicht, obgleich schon verstrickt und
gefesselt,
Doch noch dem Feinde entfliehn, wenn du dir nicht selber im Wege
Stehst und wofern du nicht Nachsicht übst bei Fehlern der Seele
Oder auch Fehlern des Leibes, die bei der Geliebten sich finden.
Denn so machen's die Leute zumeist, wenn die Liebe sie blind macht,
Dass sie den Lieblingen Reize, die gar nicht vorhanden sind, leihen.
Vielfach sehen wir so, dass verwachsene, hässliche Mädchen
Doch noch Gefallen erwecken und höchlichst werden gepriesen.

---

[28] *Sikyon* war ein antiker Stadtstaat auf dem nördlichen
Peloponnes zwischen Korinth und Achaia.

Da lacht einer des ändern, man rät, sie sollten der Venus
Zorn versöhnen, dieweil an so scheußlicher Liebe sie kranken.
Und doch sehen die Ärmsten oft nicht ihr schwereres Unglück!
Ist sie schwarz, dann heißt sie »brünett« und die schmutzige »einfach«,
Die grauäugige »Pallas«, »Gazelle« die knochige, trockne,
Ist sie von zaghaftem Wuchs, heißt »zierlich« sie, »eine der Grazien«,
Aber ein Riesenweib hat »majestätische Würde«,
Redet sie stammelnd, so »lispelt sie süß«, die Stumme ist »schüchtern«,
Ist sie heftig, gehässig und schwatzhaft, nennt man sie »feurig«,
»Zart ist das liebe Geschöpf«, das vor Magerkeit kaum mehr
kann leben,
»Schlank gewachsen« ist jene, die fast schon am Husten gestorben,
»Ceres, Iakchos nährend« ist eine von vollerem Busen,
»Satyra« heißt Stumpfnase, und »Küsschen«, die wulstigen Mund hat.
Wollt' ich noch mehr dergleichen erwähnen, es wäre unendlich.
Aber gesetzt auch, es gäbe die Maid mit dem herrlichsten Antlitz,
Deren sämtlichen Gliedern entströmte der göttlichste Liebreiz,
Neben ihr gibt's auch noch andre, nicht wahr? Wir lebten ja früher
Ohne sie und – wir wissen, sie macht, was die Hässliche auch tut:
Räuchert sich selbst, die Arme! den Schoß mit widrigen Düften,
Dass die Zofen sie fliehn und verstohlener Weise verlachen.
Doch der Liebende steht an verschlossener Türe oft weinend,
Schmückt sie mit Blumengewinden und sprengt all die Pfosten
der Spröden
Majoranöl und bedeckt die Pforte mit Küssen, der Arme!
Lässt sie ihn ein und trifft ihn ein einziges Lüftchen beim Eintritt,
Sucht er gewiss bald wieder zum Abschied schicklichen Vorwand.
Sein so langüberlegtes, dem Herzen entsprungenes Klaglied
Fällt nun ins Wasser. Er zeiht sich der Torheit, weil er nun einsieht,
Mehr ihr gehuldigt zu haben als sterblichen Menschen gebühret.
Das ist auch unseren Schönen bekannt. Drum suchen sie eifrig
Alles, was hinter der Szene geschieht, vor denen zu bergen,
Die sie länger noch wünschen in Liebesbanden zu halten.
Doch umsonst. Du vermagst ja gewiss mit den Augen des Geistes
Alles ans Licht zu ziehn und hinter die Schliche zu kommen,
Und, wenn sie sonst nur braven Gemüts und nicht zänkisch ist,
mag man
Wiederum Nachsicht üben und menschlicher Schwäche verzeihen.

Gemeinsamkeit der Liebesempfindung

Aber das Weib ist nicht immer nur Heuchlerin, wenn sie nach Liebe
Schmachtet und in der Umarmung des Manns den Leib an den Leib
presst,
Während sie saftige Küsse mit saugender Lippe ihm darreicht;
Denn oft tut sie's von Herzen so gern, und sie sucht im Genüsse
Wechselwirkung und reizt zum Ziele des Rennens zu kommen.
Ebenso können die Hühner, die Kühe, die Stuten und Schafe
Samt dem wilden Getier von den Männchen besprungen nicht
werden,
Wenn nicht auch ihre Natur von überschwellender Brunst glüht,
Dass sie mit Freuden erwidern die Liebeserregung der Gatten.
Siehst du nicht oft, wenn gemeinsame Lust die Gepaarten zusammen
Koppelt, wie beide die Qual des gemeinsamen Bandes erdulden?
Wenn auf den Plätzen so oft sich die Hunde zu trennen bemüht sind
Und mit aller Gewalt auseinander zu kommen; doch leider
Hängen sie innig verknüpft durch der Liebe gewaltige Bande.
Niemals täten sie dies, wenn sie nie die gemeinsame
Wollust Kennengelernt, die sie lockt und fest in den Banden zurückhält.
Drum wie ich sage, so ist's: die Lust ist beiden gemeinsam.

Vererbungsfragen

Wenn sich der Same nun mischt und das Weib durch die Stärke der
Inbrunst
Überwältigt die männliche Kraft und im Schoße sie aufnimmt,
Gleichen der Mutter sodann die Sprossen vom Samen der Mutter,
Wie sie dem Vater gleichen, wenn er siegt. Zeigen sich beider
Formen und Züge der Eltern vereint und vermischt in den Kindern,
Dann erwachsen sie so aus Vater- und Muttergeblüte,
Wenn sich vom Stachel der Liebe gereizt in den Gliedern ihr Samen
Trifft und zusammenschlagen die gegenseitigen Flammen,
Ohne dass einer von beiden hier Sieger sei oder Besiegter.
Auch kommt's häufiger vor, dass die Kinder den Eltern der Eltern
Gleichen und oft an die Ahnen in ihrer Gestaltung erinnern.
Dies kommt daher, dass häufig die Eltern im Körper verborgen
Mit sich führen so viele und vielfach gemischte Atome,
Welche vom Urstamm her die Väter den Vätern vererben.

Draus bringt Venus hervor gar mannigfach wechselnde Formen,
Und nun bildet sie neu Haar, Stimme und Züge der Ahnen.
Denn auch dies nicht minder als Antlitz, Körper und Glieder
Muss bei uns allen entstehn aus bestimmtem Samen der Sippe.
Und wie aus Vaters Samen ein weiblich Geschlecht sich entwickelt,
Also gehen auch Knaben hervor aus dem weiblichen Stoffe,
Denn aus dem doppelten Samen muss jede Geburt sich entwickeln.
Und wenn mit einem von beiden das Kind mehr Ähnlichkeit aufweist,
Dann hat es ungleich mehr von diesem, wie deutlich zu sehn ist,
Mag es nun männlichen Spross, mag weiblich Geschlecht es betreffen.

Unfruchtbarkeit

Aber durch göttliche Mächte wird niemand am Zeugen gehindert
So, dass ihm nie aus dem Munde von süßen Geschöpfen der Name
»Vater« entgegenscholl und der Erbe ihm dauernd versagt blieb.
Und doch glauben's die meisten und sprengen in ihrer Betrübnis
Auf den Altar viel Blut und bringen ihm rauchende Opfer,
Dass mit reichlichem Samen der Gattinnen Schoß er befruchte.
Doch sie bestürmen umsonst die Macht und Orakel der Götter.
Denn Unfruchtbarkeit gibt's nur dann, wenn der Same zu dick ist
Oder im Gegenteil zu flüssig und dünner als gut ist.
Wenn er zu dünn ist, so kann et im Mutterschoße nicht haften,
Denn er verflüssigt sich rasch und fließt dann ohne Erfolg ab;
Ist er bei ändern zu dick, weil in festerer Form er, als gut ist,
Abgeht, spritzt er entweder mit unzureichender Triebkraft
Oder er kann nicht so recht in das Innere dringen, und wenn es
Wirklich gelingt, so mischt er sich kaum mit dem weiblichen Samen.
Denn auch die Harmonie scheint sehr verschieden im Lieben.
Einer befruchtet wohl die, der andere jene Genossin;
Dies Weib wird auch leichter von diesem als anderen schwanger.
Mancher der Frauen erblühte in mehreren Ehen kein Sprössling,
Aber sie fand doch später den Mann, der Kinder ihr zeugte
Und mit süßen Geschöpfen ihr Dasein konnte bereichern.
Männer, die früher daheim bei den Gattinnen fruchtbaren Nachwuchs
Nicht erzielten, gelang's, nachdem sich ein passendes Wesen
Ihnen gesellt, ihr Alter mit liebenden Kindern zu schützen.
Drum hat's solche Bedeutung, dass Samen mit Samen sich mische,
Der zum Zwecke der Zeugung besonders geeignet erscheine,

Dass sich dem flüssigen dicker und flüssiger paare dem dicken.
Hierbei kommt's auf die Nahrung an, die das Leben ermöglicht;
Denn durch manche verdickt sich der Samen in unserem Innern,
Andre verdünnt ihn im Gegenteil und macht ihn zu flüssig.

Arten des Liebesgenusses

Auch ist dies recht wichtig, auf welcherlei Arten man übet
Kosenden Liebesgenuss, Die meisten vermeinen, die Frauen
Könnten bequem empfangen nach Art vierfüßiger Tiere,
Weil der Samen dann leichter die inneren Stellen erreiche,
Wenn sie die Brust auflegen und höher die Schenkel erheben,
Ferner nützen der Frau die geilen Bewegungen gar nichts,
Denn sie hindert nur so die Empfängnis und wirkt ihr entgegen,
Wenn sie mit Wiegen der Hüften die Liebe des Gatten erwidert
Und den gelenkigen Rumpf in wogenden Windungen wirbelt;
Wirft sie doch so aus der Bahn und der richtigen Furche die
Pflugschar
Und lenkt ab von dem Ziele die Richtung des männlichen Samens.
Solche Bewegungen üben die Dirnen zum eigenen Vorteil,
Um nicht zu oft zu empfangen und schwanger darnieder zu liegen,
Und zugleich, um den Männern die Liebe bequemer zu machen,
Was doch wohl überflüssig für unsere Gattinnen sein wird.

Lob der liebenswürdigen, wenn auch minder schönen Gattin

Auch wenn öfter ein Weibchen von minderer Schönheit uns fesselt,
Hat sie das Göttern wohl nicht, nicht den Pfeilen der Venus zu danken;
Denn oft wirkt ihr eigenes Tun, die gefällige Anmut
Ihrer Sitten, dazu ihr sauberes Äußere, dass man
Leicht daran sich gewöhnt das Leben mit ihr zu verbringen.
Übrigens wird auch die Liebe noch mehr durch Gewohnheit
gemodelt.
Denn was ein häufiger Stoß, und sei's ein gelinder, erschüttert,
Das wird besiegt und zum Wanken gebracht im Verlaufe der Zeiten.
Siehst du nicht auch, wie die Tropfen des Wassers, durch
stetiges Fallen
Auf das Gestein, im Verlaufe der Zeit auch den Felsen durchfressen?

Fünftes Buch: Kosmologie, Kulturgeschichte

Lob Epikurs

Wer vermöchte ein Lied so gewaltigen Tones zu singen,
Dass es des herrlichen Stoffs und unsrer Entdeckungen wert sei?
Wo ist der redegewaltige Mann, der würdig mit Worten
Feiern könnte den Meister, der soviel Gold aus dem Schachte
Seines Verstandes geschürft und der Forschung Lohn uns vererbt hat?
Keiner aus sterblichem Blut wird, dünkt mich, sich dessen vermessen.
Wenn sein erhabnes System uns die Wahrheit heißt zu bekennen,
War er ein Gott, ja ein Gott, erlauchtester Memmius, der uns
Jene Betrachtung des Lebens erfand als erster und einziger,
Welche wir jetzo gewöhnlich als Weltanschauung bezeichnen,
Der aus den Stürmen des Lebens in ruhiges Wasser uns führte
Und in das strahlende Licht aus den schrecklichen Finsternissen.
Nimm nur einmal zum Vergleich was die Götter vor alters erfanden!
Ceres ließ, wie es heißt, das Getreide den Menschen erwachsen,
Bacchus schenkte die Labe des rebengeborenen Saftes;
Trotzdem kann man doch leben auch ohne die beiden Genüsse,
Wie man von etlichen Völkern auch jetzt noch solches berichtet:
Doch ist der Geist nicht geläutert, vermag man nicht glücklich zu leben.
Um so mehr wird mit Recht als Gott uns jener erscheinen,
Dessen Lehre auch jetzt noch des Lebens heitere Tröstung
Weithin unter den Völkern Gemüt erquickend verbreitet.
Achtest du aber vielleicht des Herkules Taten für höher,
Wirst du dich nur noch weiter vom Wege der Wahrheit verirren.
Denn was sollte noch jetzt mit dem riesigen Rachen uns schaden
Jener nemeische Leu [29] und Arkadiens borstiger Eber?
Oder was kann uns der kretische Stier und der Drache von Lerna,
Jene mit giftigen Nattern umpanzerte Hydra, noch antun?

---

[29] Der *Nemeische Löwe* war ein unverwundbarer Löwe der griechischen Mythologie, der in den Wäldern der Argolis auf der Peloponnes zwischen Nemea und Kleonai auf Veranlassung von Hera sein Unwesen trieb, indem er Mensch und Tier anfiel.

Oder was kümmern uns jetzt des Geryones dreifache Leiber,
Oder wenn fern am bistonischen See und am Ismarosberge
Feuer den Nüstern entsprüht Diomeds wutschnaubenden Rossen,
Was soll uns das schaden? Nun erst die stymphalischen Vögel
Oder der schuppige Drachen mit stechendem Blicke, der Hüter
Golden erstrahlender Äpfel im Garten des Hesperiden,
Der mit riesigen Ringeln die Stämme des Baumes umwindet,
Wie soll der uns bedrohn an des grausigen Ozeans Küste,
Wo kein Römer verkehrt und selbst ein Barbar sich nicht hinwagt?
Und nun die übrige Schar der getöteten 'Wundergestalten,
Hätte sie jener verschont, was könnten sie lebend uns schaden?
Nichts, wie mich deucht. Denn es wimmelt von wildem Getier zur Genüge
Heute noch unsere Erde, das banges Entsetzen verbreitet,
Überall hoch in den Bergen, im Hain und im Dickicht des Waldes.
Aber es steht ja doch meistens bei uns die Orte zu meiden.
Doch ist der Geist nicht geläutert, was müssen wir dann für Gefahren,
Was für Kämpfe bestehn, auch wenn wir selbst es nicht wollen!
Was für fressende Sorgen zerfleischen die menschlichen Herzen,
Wenn die Begierde sie reizt, und ebenso quälende Ängste!
Wie kommt Hochmut zu Fall, wie Geiz und freches Gebahren,
Welcher Ruin entsteht durch üppiges Protzen und Nichtstun
Wer nun alle die Laster bezwungen und unsere Herzen
Nur mit dem Wort, nicht mit Waffengewalt von den Übeln befreit hat,
Ist nicht ein solcher Mensch in die Reihe der Götter zu stellen?
Da er zudem auch häufig so schön voll göttlichen Geistes
Von den unsterblichen Göttern in seinen Werken geredet
Und dort unserem Blicke die ganze Natur hat erschlossen.

Seiner erleuchtenden Spur nun folg' ich, indem ich die Gründe
Weiter verfolge und lehre, dass jedes nach jenem Gesetze,
Dem es Entstehung verdankt, auch weiter zu sein ist gezwungen
Und die gewaltigen Schranken der Zeit nicht zu brechen imstand ist.

Vergänglichkeit der Seele

Hierbei ward nun vor allem entdeckt das Wesen der Seele.
Erstlich besteht sie aus sterblichem Stoff. Da sie also geschaffen,
Kann sie nicht unverletzt durch längere Zeiten sich halten.
Wenn wir mithin im Traume Gestorbene glauben zu sehen,
Sind das gewöhnlich nur Bilder, die unsere Seele berücken.

Vergänglichkeit der Welt.
Inhalt des Buches

Weiter ergibt sich die Folge (so heischt es die Ordnung der Lehre),
Dass ich nun auch den Beweis muss liefern, die Welt sei geschaffen,
Und zugleich, sie bestehe aus einem vergänglichen Körper.
Ferner auf welcherlei Art die Vereinigung dieser Materie
Erd' und Himmel gegründet, das Meer, die Sonn' und die Sterne
Samt der Kugel des Mondes; was ferner hervor aus der Erde
Kroch von lebendigen Wesen, und welche es nie hat gegeben;
Auch wie das Menschengeschlecht durch Benennung der Dinge
die Sprache
Mannigfaltig geschaffen zum gegenseitigen Verkehr,
Und wie sich endlich die Furcht vor den Göttern ins menschliche
Herz schlich
Jene Furcht, die als Heiligtum schützt rings über die Erde,
Haine und Tempel und Seen, Altäre und Bilder der Götter.

Bewegung der Gestirne

Weiter erklär' ich die Bahnen der Sonne, den Wandel des Mondes,
Ferner die Kraft, mit der die Natur sie im Kreise herum lenkt.
Denn wir vermeinen doch nicht, dass diese Gestirne von sich aus
Frei und beständig sich drehen inmitten von Himmel und Erde,
Nur um gefällig die Früchte und lebenden Wesen zu fördern,
Oder dass irgendwie gar die Götter die Drehung besorgten.
Auch wer richtig gelernt, dass die Götter ein sorgloses Dasein
Führen, der wundert sich wohl, wie sich alles im einzelnen abspielt,
Namentlich auch bei jenen Erscheinungen, welche dem Blicke
Über unserem Haupte im Äthergefilde sich zeigen.
Dann fällt mancher wohl wieder zurück in den früheren Glauben
Und bekennt sich als Sklaven von grausamen Herren, an deren
Allmacht leider er glaubt. Er weiß nicht, der Arme, was sein kann
Und was nicht kann sein und wie jedwedem umzirkt ist
Seine wirkende Kraft und der grundtief ruhende Markstein.

Weltuntergang

Übrigens will ich nicht länger bei bloßen Versprechungen weilen.
Lenke zuerst nur den Blick auf das Meer, auf Himmel und Erde.
Dreifach erscheint ihr Wesen, o Memmius, dreifach ihr Urstoff,
Dreifach verschieden die Form und dreifach ihr inneres Wesen,
Und doch schlägt ein einziger Tag dies alles in Trümmer:
Hinstürzt, was Jahrtausende hielt, die Masse des Weltbaus.
Zwar ich verhehle mir nicht, wie neu, wie wundersam vorkommt
Unserm Verstand die Vernichtung, die Himmel und Erde bedrohe,
Und wie schwer es mir wird, den Beweis durch Worte zu führen:
Wie dies stets ja so ist, wenn nimmer Erhörtes man vorbringt,
Ohne dem Blicke des Auges zur Prüfung es geben zu können
Oder dem Drucke der Hand; denn das ist der nächste gebahnte
Weg, der zum menschlichen Herzen und Tempel des Geistes
hineinführt,
Trotzdem sprech' ich es aus. Vielleicht wird bald das Erlebnis
Selbst mein Wort noch bewähren, vielleicht wirst selbst du
noch sehen,
Wie durch ein Beben der Erde im Augenblick alles in Staub stürzt.
Möge jedoch Fortuna, die Lenkerin, uns es ersparen,
Möge uns mehr die Vernunft als das eigne Erlebnis belehren,
Dass auch die Welt zugrunde kann gehn in klirrendem Einsturz.

Unterschied des Lebenden und Leblosen

Eh' ich jedoch nun beginne, hierüber Orakel zu spenden,
Die viel sichrer begründet und heiliger sind als die Sprüche,
Welche die Pythia spricht von Apollos Dreifuß und Lorbeer,
Will ich dir menschlichen Trost aus dem Munde der Wissenschaft bieten,
Dass du nicht etwa geschreckt durch religiöse Bedenken
Wähnest, Himmel und Erde und Meer, Mond, Sonne und Sterne
Müssten als göttliche Körper deswegen in Ewigkeit dauern,
Und du nicht meinest, es müssten nun alle nach Art der Giganten
Schreckliche Strafen erleiden für unausdenkbaren Frevel,
Welche mit ihrer Vernunft die Weltenmauern zu stürzen
Und an dem Himmel versuchten die leuchtende Sonne zu löschen.
Sie, die mit sterblichem Munde Unsterbliches wagten zu schwärzen!

Sind doch Körper wie diese so ferne von göttlichem Wesen
Und verdienen so wenig zum Kreise der Götter zu zählen,
Dass sie vielmehr den Begriff von Stoffen uns können vermitteln,
Welche der Lebensregung und Sinnesempfindung entbehren.
Denn es ist ganz unmöglich zu glauben, dass geistiges Wesen
Oder Vernunft sich verbinde mit jedem beliebigen Stoffe:
Wie in dem Äther kein Baum, kein Gewölk in der salzigen Meeresflut
Sein kann, wie auf den Feldern kein Fisch sein Leben mag fristen,
Wie kein Blut aus dem Holz, kein Saft aus dem Steine kann fließen,
Sondern für jedes der Ort ist bestimmt, wo es wachsen und sein darf.

Verbindung von Leib und Seele

So kann nie sich allein und ohne den Körper die Seele
Ihrem Wesen nach bilden entfernt von dem Blut und den Nerven.
Könnte sie das, dann würde wohl eher die geistige Kraft sich
Sammeln im Haupte, den Schultern, sogar ganz unten im Fuße
Oder auch sonst an beliebigem Ort einwachsen, sie würde
Immer doch bleiben im selben Gefäß, das heißt, in dem Menschen.
Weil wir nun sehn, wie dieses Gesetz auch in unserem Körper
Feststeht, und auch der Ort für das Sein und Wachsen getrennt ist
Wie für den Geist so die Seele, so muss man noch schärfer es leugnen,
Dass sie als Ganzes entfernt von beseelten Gestalten und Körpern
Weiter zu leben vermöge in faulenden Schollen der Erde
Oder im Feuer der Sonne, im Äther oder im Wasser.
Also sind die Gestirne nicht teilhaft göttlichen Sinnes;
Denn sie können ja nicht mit lebendigem Odem begabt sein.

Wohnsitz der Götter

Irrwahn ist auch dies, die heiligen Sitze der Götter
Fänden sich irgendwo in unserem Weltengebäude.
Denn gar zart ist der Götter Natur; von unseren Sinnen
Ist sie gar weit entfernt: kaum sieht sie das Auge des Geistes.
Denn da sie flieht vor der Hände Berührung und rauerem Zugriff,
Darf sie auch nichts berühren, was wir zu berühren imstand sind.
Was nicht berührbar ist, kann auch nicht selber berühren.
Deshalb ist auch ihr Sitz nicht vergleichbar unserem Wohnsitz,
Sondern er muss entsprechen dem zarteren Körper der Götter.
Doch dies will ich dir noch ausführlicher später erweisen.

Die Welt kein Götterwerk

Ferner behaupten zu wollen, es sei nur den Menschen zu Liebe
Diese vortreffliche Welt von den Göttern einstens erschaffen;
Drum sei dies hochpreisliche Werk als göttlich zu rühmen,
Sei für ewig bestehend und unzerstörbar zu halten,
Sündhaft sei es daher, die Welt, die den Menschengeschlechtern
Nach uraltem Beschlüsse der Götter für ewig erbaut ward,
Irgendwann und – wo aus den Fundamenten zu reissen
Und sie mit Worten zu stürmen, das Oberste kehrend zu unterst, –
Und noch weitere Lügen nach gleicher Methode zu brauen:
Wahnsinn ist dies alles, mein Memmius. Welcherlei Vorteil
Könnte denn unsere Gunst den seligen Göttern verschaffen,
Dass sie um unsretwillen sich irgend betätigen sollten?
Welches Ereignis verlockte die vordem ruhigen Götter
Noch so spät zu dem Wunsche ihr früheres Leben zu ändern?
Denn mich dünket, nur dem kann ein Wechsel der Lage genehm sein,
Welchem die alte missfällt. Doch wer nichts Schlimmes erfahren
In der vergangenen Zeit, wo er glücklich sein Leben verbrachte,
Was nur konnte in dem das Gelüst der Neuerung wecken?
Oder war etwa vorher ihr Leben voll Dunkel und Trübsal,
Ehe die Schöpfungsstunde das Licht in der Welt hat entzündet?
Oder was brächte denn uns, nicht geschaffen zu werden, für Übel?
Freilich wer einmal geboren, der wird auch im Leben noch bleiben
Wollen, solang' er behält des Daseins wonnige Freude.
Doch wer nimmer gekostet des Lebens Freude, wer nie ward
Mitgezählt, was schadet es dem, wenn er nie ward geboren?

Die Welt ein Werk der Natur

Ferner woher stammt das Modell für die Schöpfung der Dinge
Und der Begriff von der Menschheit selbst in der Seele der Götter,
Dass sie erschauten und wussten im Geist, was sie wollten erschaffen?
Oder wie lernten sie nur die Kräfte der Urelemente
Kennen und was bei ihnen der Wechsel der Lage bedeute,
Wenn die Natur nicht selbst die Idee der Schöpfung gegeben?
Denn seit undenklicher Zeit schon haben die vielen Atome
Auf gar mancherlei Weise getrieben durch äußere Stöße
Und durch ihr eigen Gewicht durcheinander zu schwirren begonnen

Und sich auf allerlei Arten zu einigen, alles versuchend,
Was sie nur immer vermöchten durch ihre Verbindung zu schaffen.
So ist's doch kein Wunder, wenn diese Atome mitunter
In derartige Lagen und solche Bahnen geraten,
Durch die immer aufs neue die Welt sich bis heute in Gang hält.

Unvollkommenheit der Welt

Denn selbst wenn ich das Wesen der Urelemente nicht kennte,
Wagt' ich doch dies zu behaupten gerad' auf die Forschung
des Himmels
Und viel andere Gründe mich stützend: Mitnichten, so sag' ich,
Ist dies Wesen der Welt für uns von den Göttern erschaffen;
Allzusehr ist sie doch mit gewaltigen Mängeln behaftet.

Erstens soviel von der Erde des Himmels gewaltiger Umschwung
Deckt, ist der einzige Teil, der bewohnbar ist, teils von Gebirgen,
Teils auch von Wäldern mit Wild, von Felsen und weiten Morästen
Oder vom Meere besetzt, das die Säume der Länder getrennt hält.
Ferner entzieht beinah zwei Drittel den sterblichen Menschen
Hier die versengende Glut und dort der beständige Schneefall.
Was dann übrig verbleibt vom Ackerland, würde von selbst sich
Rasch wohl mit Disteln bedecken, wenn menschliche Kraft nicht
dagegen
Kämpfte. Sie hat sich bequemt um des Lebens willen zu stöhnen
Über dem wuchtigen Karst und das Land mit dem Pflug zu bestellen.
Was wir an Keimen zum Lichte befördern, indem mit der Pflugschar
Fruchtbare Schollen wir wenden und furchen den Boden der Erde,
Könnte sich nicht von selbst in die flüssigen Lüfte erheben.
Und doch, wenn nun auch alles, was mühsame Arbeit erstrebt hat,
Rings in den Landen ergrünet und herrlich erblühet, versengt oft
Übermäßige Hitze der feurigen Sonne die Saaten
Oder ein plötzlicher Regen verdirbt sie und eisiger Nachtfrost
Oder im Wirbelsturme zerstört sie das Wehen der Winde.
Ferner wozu nur nährt die Natur auf dem Land wie im Meere
Und vermehrt die entsetzliche Brut der gefährlichen Tiere,
Welche den Menschen bedrohn? Warum führt herbstliche Jahreszeit
Seuchen herbei? Und weshalb tritt oft vorzeitiger Tod ein?
Ferner das Kind! Wie der Schiffer, den wütende Wellen ans Ufer
Werfen, so liegt am Boden der Säugling, nackt und zum Leben

Jeglicher Hilfe entbehrend. Sobald die Natur aus der Mutter
Wehenerschüttertem Schoß ihn bringt in des Lichtes Gefilde,
Füllt er mit kläglichem Wimmernden Raum; das ist ja natürlich:
Hat er doch soviel Leids in dem Leben dereinst zu erwarten.
Anders hingegen das bunte Geschlecht der Schafe und Rinder
Und das wilde Getier. Sie wachsen und brauchen nicht Klappern
Noch auch der nährenden Amme gebrochenes Lallen und Kosen,
Brauchen kein Wechselgewand je nach der verschiedenen Jahreszeit.
Endlich der Waffen bedürfen sie nicht noch der ragenden Mauern,
Um den Besitz zu beschützen: denn allen erzeuget ja alles
Reichlich die Erde von selbst und der findige Trieb der Naturkraft.

Vergänglichkeit der Teile bedingt den Untergang des Ganzen
Erstlich behaupte ich nun: da der Erdstoff hier und das Wasser
Wie der bewegliche Odem der Luft und die feurigen Gluten,
Die dies ganze Gebäude der Welt, wie man sehen kann, bilden,
Alle bestehen aus Stoff, der entsteht und wieder vergehet,
Muss auch das Weltall ganz aus demselbigen Stoffe bestehen.
Denn das Ganze natürlich, da dessen Glieder und Teile
Aus erschaffenem Stoffe und sterblichen Formen bestehen,
Stellt in der Regel dem Blicke sich ebenso dar als erschaffen
Und zugleich als vergänglich. Drum wenn ich mit Augen erblicke,
Wie so gewaltige Teile der Welt der Vernichtung verfallen
Und aufs neue erstehen, dann weiß ich, dass Himmel und Erde
Einst ihren Anfang hatten und einmal ihr Ende erwarten.
Beweise für die Vergänglichkeit der vier Elemente
Glaube nur ja nicht, ich habe mir diese Behauptung erschlichen,
Wenn ich so Erde wie Feuer als sterbliche Wesen betrachte,
Und die Vergänglichkeit auch von Wasser und Luft nicht bezweifle,
Denen Wiedergeburt und Wiedervermehrung ich zusprach.

Erde

Erster Beweis! Ein beträchtlicher Teil von der Erde wird ständig
Unter den Gluten der Sonne und unter den Tritten der Menschen
Aufgewirbelt als Nebel von Staub und als fliegende Wolken,
Die weithin in die Lüfte gewaltige Winde zerstreuen.
Ein Teil löst sich auch auf, wenn der Regenguss in den Fluten
Führt die Schollen hinweg und die Flüsse die Ufer benagen.
Doch der Erde wird das, wodurch sie nähret und mehret,

Je nach Verhältnis ersetzt; und weil die gemeinsame Mutter
Zweifelsohne zugleich auch das allen gemeinsame Grab ist,
Mindert sie also sich hier, um dort durch Vermehrung zu wachsen.

Wasser

Übrigens füllt sich das Meer und die Ströme und Quellen durch
Zufluss
Frischen Wassers beständig, und dauernd rinnen die Bäche.
Was bedarf es der Worte? Beweis sind die Ströme, die talwärts
Überall fließen. Doch dampfen die obersten Schichten des Wassers
Wieder empor und das Nass läuft niemals über als Ganzes.
Denn teils fegen die Winde gewaltig die Flächen des Meeres;
Dadurch nehmen sie weg, was die himmlische Sonne dann aufsaugt,
Teils verläuft sich das Wasser auch weiterhin unter die Erde
Wie durch ein Sieb, und der Stoff der Feuchtigkeit fließet nun rückwärts
Wieder zur Quelle der Flüsse. Da kommt dann alles zusammen
Und ergießt sich von da im munteren Lauf, wo die Welle
Einmal ihr Bett sich geschnitten und flüchtigen Fußes hinab hüpft.

Luft

Nun zur Luft noch ein Wort! Sie ändert sich Stunde für Stunde
Wohl unzählige Male in ihrem gesamten Bestande.
Denn was den Dingen entströmt, das nimmt das gewaltige Luftmeer
Alles in seinen Besitz. Wenn dieses nun nicht zum Ersatze
Gäbe den Dingen die Stoffe zurück und ergänzte, was abfloss,
Hätte wohl alles schon längst sich zersetzt und in Luft sich verwandelt.
Unablässig erzeugt sich die Luft aus anderen Stoffen
Und fällt wieder in diese zurück: denn es fließt ja doch alles,

Feuer

Auch die ätherische Sonne, die unerschöpfliche Quelle
Flüssigen Lichtes, ergießt stets frischen Glanz in den Himmel
Und das verschwindende Licht ersetzt sie sofort durch das neue.
Denn wohin er auch trifft, geht immer die Spitze des Strahles
Ihr verloren; du kannst es aus folgendem Vorgang erkennen:
Kaum, dass Wolken beginnen sich unter die Sonne zu schieben
Und hierdurch die Strahlung des Lichts Unterbrechung erleidet,

Schwindet im Augenblick der untere Teil der Bestrahlung
Ganz und die Erde wird dunkel, wohin sich die Wolken auch wenden.
Hieraus lernst du, man braucht den immer erneuerten Lichtglanz
Und die Spitze des Strahls geht jedes Mal wieder verloren.
Nur wenn die Quelle des Lichts fortwährend Ersatz des Verlernen
Liefert, vermag man die Dinge zu sehn in der Sonnenbeleuchtung.

Ja, selbst hier auf der Erde sind unsere nächtlichen Lichter,
Hängende Lampen und reichlich mit Harz versehene Fackeln,
Die mit flackernder Flamme aus Dunst hell leuchtend erstrahlen,
Ähnlicherweise geschäftig mit Hilfe des Brandes uns immer
Neues Licht zu entsenden. Die Flammen erzittern beständig,
Ja sie erzittern beständig und nie unterbricht sich der Lichtstrom:
So sind sämtliche Feuer bestrebt die Vernichtung des Lichtes
Durch die geschwinde Erzeugung von neuer Lohe zu decken.
Ebenso muss man mithin auch bei Sonne und Mond und Gestirnen
Denken, sie finden ihr Licht in immer erneuertem Nachschub,
Da sie die Spitze der Flamme beständig verlieren. Drum glaube
Ja nicht, sie seien vielleicht dem Gesetz der Vernichtung entzogen.

Steine

Endlich bemerkst du nicht auch, dass die Zeit selbst Steine besieget?
Dass hochragende Türme zerfallen und Felsen verwittern,
Dass die Tempel und Bilder der Götter zermürben und bersten,
Dass nie göttlicher Spruch des Schicksals Grenzen erweitern,
Nie das verbriefte Gesetz der Natur vergewaltigen könne?
Sehen wir endlich nicht auch, wie Heroengräber zerfallen
Und uns fragen, ob einmal nicht doch ihr Altern gewiss sei?
Stürzen nicht Blöcke Granits von Bergesgipfeln herunter,
Statt dem allmächtigen Zahne der Zeit auf ewig zu trotten?
Denn sie rissen nicht plötzlich sich los von dem Gipfel und stürzten,
Wenn sie die Foltern des Alters seit unausmessbaren Zeiten
Alle schon hätten ertragen und niemals Schaden genommen.

Himmel

Schließlich erhebe nun auch zum Himmel den Blick, der den Erdkreis
Rings und von oben umschließt. Wenn er wirklich, was etliche sagen,
Alles, was lebt, aus sich selber erzeugt und das Tote zurücknimmt,

Dann besteht er ja ganz aus geschaffenem, vergänglichem Stoffe.
Alles, was je aus sich selber ein anderes nähret und mehret,
Muss sich ja mindern und diesen Verlust durch Fremdes ersetzen.

Jugend unsrer Welt

Nehmen wir weiter nun an, es gäbe für Himmel und Erde
Keinen Entstehungstag und sie wären schon immer und ewig:
Weshalb sangen denn nicht auch andere Dichter von andrem,
Was sich begab vor Trojas Fall und dem Kampfe vor Theben?
Wohin sanken die Toten von soviel Heldengeschlechtern?
Warum blühn sie nicht fort auf den Tafeln ewigen Ruhmes?
Aber, mich dünkt, die Welt ist noch jung und vor kurzem entstanden
Und ihr Ursprung reicht nicht hinauf in ältere Zeiten.
Darum verfeinern sich auch erst jetzt gar manche Gewerbe;
Jetzt erst mehren sie sich; jetzt erst ward vieles im Schiffbau
Neu, und der Orgelbau schuf jüngst die melodischen Töne.
Endlich ward unser System der Natur erst kürzlich erfunden,
Und ich selbst bin erst jetzt als allererster erstanden,
Der es in heimischen Lauten gewagt hat wiederzugeben.
Glaubst du jedoch, dies alles sei früher schon einmal gewesen,
Aber das Menschengeschlecht sei untergegangen im Feuer,
Oder es seien die Städte versunken durch mächtige Beben,
Oder es hätten infolge von unaufhörlichem Regen
Übergetretene Flüsse die Siedlungen weithin bedecket,
Musst du doch jedenfalls um so mehr als besiegt dich ergeben
Und auch für Himmel und Erde an künftigen Untergang glauben.
Wäre die Welt noch jetzt derartigen Leiden und Fährnis
Unterworfen, so würde beim Eintritt schlimmeren Unfalls
Rings sich Zusammensturz und Weltenzertrümmrung ereignen.
Ähnlich betrachten auch wir, im Vergleich, uns als sterbliche Wesen,
Weil an den nämlichen Leiden wir selber erkranken, wie jene,
Welche schon längst die Natur vor uns aus dem Leben gerufen.

Der Bau der Welt nicht dauerhaft

Ferner muss alles, was ewig besteht. Trotz bieten den Stößen,
Weil entweder sein Körper durchaus massiv und solid ist
Und nicht duldet, dass irgendein fremdes Wesen sich eindrängt,
Welches die enge Verbindung der Teile zu lockern vermöchte,

(Der Art sind, wie ich früher gezeigt, die Atome des Urstoffs),
Oder es kann auch etwas in alle Ewigkeit dauern,
Weil es kein Schlag je trifft (so steht's mit dem stofflosen Leeren,
Das kein Stoß je trifft, das unantastbar verharret),
Oder es gibt auch etwas, das ringsum ohne den Raum ist,
In den sonst sich der Dinge Bestand verflüchtigt und auflöst.
(So ist das ewige All; denn es dehnt sich dort weder nach außen
Zum Entweichen der Dinge ein Raum, noch gibt es da Körper,
Die es durch kräftigen Schlag beim Hineinfall könnten zertrümmern.)
Nun ist, wie ich gelehrt, das Gebäude der Welt nicht solide,
Weil in den Dingen das Leere den Grundelementen sich beimischt.
Aber sie ist auch dem Leeren nicht ähnlich, es fehlt nicht an Körpern,
Die aus unendlichem Räume zu uns durch Zufall verschlagen
Dies Weltganze vermöchten in rasendem Wirbel zu stürzen
Oder auf andere Art in Gefahr der Vernichtung zu bringen.
Ferner gebricht's nicht an weiterem Raum und unendlichen Tiefen,
Welche die Mauern der Welt beim Zerfallen zu fassen vermöchten;
Oder sie gehen zugrund durch beliebige sonstige Kräfte.
So ist weder dem Himmel die Pforte des Todes verschlossen
Noch der Sonne, der Erde, den tiefen Gewässern des Meeres,
Sondern sie lauert darauf mit gewaltig geöffnetem Rachen.
Danach musst du gestehn, dass all dies nicht nur vergänglich,
Sondern erschaffen auch ist. Denn alles, was sterblichen Stoff hat,
Wäre nicht schon von Ewigkeit her imstande gewesen
Jenem gewaltigen Zahne der Zeit auf die Dauer zu trotzen.

Wettkampf von Feuer und Wasser

Endlich, wenn wechselseitig die mächtigsten Glieder des Weltalls
Heftig sich also bekämpfen in hässlichem Bruderzerwürfnis,
Kannst du doch wohl ein Ende des ewigen Streites für möglich
Halten.
So könnte vielleicht die Sonne und sämtlicher Wärmstoff
Alles Gewässer verzehren und so als Sieger hervor gehn.
Freilich erstreben sie dies, doch gelang bis jetzt der Versuch nicht;
Soviel spenden die Flüsse Ersatz, ja sie drohen sogar noch
Tief aus dem Schlunde des Meers zu bewirken die
Weltüberschwemmung.
Aber umsonst. Denn es fegen die Winde die Fläche des Meeres:

Dadurch nehmen sie weg, was die himmlische Sonne dann aufsaugt.
Ja sie vermessen sich eher noch alles verdunsten zu können,
Als das Gewässer ans Ziel mit seinem Beginnen gelange.
Und so schnauben sie Krieg. Gleich steht noch das Zünglein der Waage,
Während sie untereinander um wichtige Dinge noch kämpfen.

Phaethons[30] Sturz

Einmal jedoch hat das Feuer bereits als Sieger geschaltet,
Einmal auch herrschte das Wasser (so fabelt man) über die Lande.
Damals siegte das Feuer und um sich greifend verbrannt' es
Weites Gefild', als das Sonnengespann im rasenden Irrlauf
Phaethon über den Himmel und alle Länder hin schleifte.
Doch der allmächtige Vater, entflammt in loderndem Zorne,
Schleuderte rasch von dem Wagen herab mit dem flammenden Blitz-
strahl
Jenen Verwegnen zur Erde. Da brachte dem fallenden Sohne
Helios Hilfe und nahm ihm die ewige Fackel der Welt ab,
Jochte die schweifenden Rosse, die zitternden, wieder zusammen
Und dann stellt' er als Lenker der Fahrt auch die Ordnung der Welt her.
Freilich so lautet die Sage der alten hellenischen Dichter,
Doch sie ist weit entfernt von dem richtigen Wege zur Wahrheit.
Denn nur dann wird das Feuer zur Herrschaft gelangen, sobald sich
Aus dem unendlichen Raum mehr Feueratome erheben,
Doch dann sinkt ihm die Kraft, weil andere Kraft ihm den Sieg raubt,
Oder die Welt geht unter, verbrannt durch sengende Dünste.

Sintflut

Einstmals stieg auch das Wasser empor, wie die Sage vermeldet,
Und es begrub in den Fluten unzählige Städte der Menschen.
Dann als durch Gegengewalt des Gewässers Ungetüm ebbte,
Das aus unendlichem Räume sich irgendwie hatte erhoben,
Stockte der Regenerguss und der Ströme Gewalt ward gebrochen.

---

[30] *Phaethon* (auch Phaeton oder Phaëthon) ist in der griechischen Mythologie bei Hesiod der Sohn des Kephalos und der Göttin Eos, der Schwester des Sonnengottes Helios. Seit Euripides gilt Phaethon als der Sohn des Helios und der Klymene, also ein Neffe der Eos.

Weltentstehung

Doch nun will ich erklären der Reihe nach, wie die Materie
Durch ihr Zusammengeraten den Himmel, die Erde begründet,
Weiter die Tiefen des Meers und die Bahnen des Monds und
der Sonne.
Denn ganz sicherlich haben nicht alle die Urelemente
Planvoll spürsamen Sinns an den passenden Ort sich begeben
Oder sich untereinander vereinbart ihre Bewegung.
Nein, seit undenklicher Zeit schon haben die vielen Atome
Auf gar mancherlei Weise, getrieben durch äußere Stöße
Und durch ihr eigen Gewicht, durcheinander zu schwirren begonnen,
Um sich auf allerlei Art zu vereinigen, alles versuchend,
Was sie nur immer vermöchten durch ihre Verbindung zu schaffen.
So kommt's, dass sie sich weit in den langen Äonen verbreitend
Jede nur mögliche Art der Bewegung und Bindung versuchen
Und so endlich die plötzlich geeinigten Teilchen verschmelzen,
Was dann oftmals wurde zum Anfang großer Gebilde,
Wie von der Erde, dem Meere, dem Himmel, den lebenden Wesen.

Atomenwirbel

Damals sah man noch nicht der Sonne leuchtenden Radkranz
Hoch in den Lüften sich drehn noch die Sterne im weiteren Weltraum,
Weder das Meer noch der Himmel, noch Erde und Luft war zu schauen,
Noch was irgend entfernt nur unsern Erscheinungen gleiche,
Sondern es hob sich empor ein neuer und massiger Ansturm
Jeglicher Art aus der Welt der Atome. Ihr haderndes Streiten,
Das aus der bunten Gestalt und der Formverschiedenheit folgte,
Wirrte in ständigem Kampf durcheinander der Stoffe Verflechtung,
Ihre Bewegung und Stoß, ihr Gewicht und Prall und die Lücken,
Weil nicht alles vermochte in seiner Verbindung zu bleiben
Noch auch sich untereinander in passender Art zu bewegen.
Drauf nun begann die Zerstreuung der einzelnen Teile. Es schloss sich
Gleiches an Gleiches jetzt an, und es schied sich die Welt voneinander.
Glieder sondern sich ab, und es bilden sich Hauptelemente;
Nämlich es trennt in der Höhe der Himmel sich ab von der Erde,
Hiervon trennt sich das Meer und breitet gesondert sein Nass aus,
Ebenso leuchten gesondert die lauteren Feuer des Äthers.

Bildung der vier Elemente

Klärlich verbanden zuerst sich die erdigen Einzelatome,
Weil sie verflechtbar waren und schwer. Sie strebten zur Mitte,
Und so nahmen sie sämtlich die unterste Stelle der Welt ein.
Aber je fester verfilzt sie sich einigten, desto entschiedner
Pressten die Stoffe sie aus, die Meer, Mond, Sonne und Sterne
Bildeten und an dem Rande die Mauern des mächtigen Weltalls.
Denn dies alles bilden Atome, die glätter und runder
Sind und an Größe beträchtlich geringer als Erdelemente.
Deshalb hob auch zuerst aus vereinzelten Löchern der Erde
Hier und da sich der Äther empor als der Bringer des Feuers,
Der, weil er leicht ist, zugleich viel feurigen Stoff mit hinauf riss.
Dies vollzog sich nicht anders als wir es noch öfter erleben,
Wenn sich im Frührot golden im perlenbetauten Grase
Widerspiegelt der Strahl der rötlich erglommenen Sonne,
Nebel den Seen entsteigt und den ständig strömenden Flüssen
Und wie die Erde sogar uns manchmal scheinet zu rauchen.
Wenn sich nun alle die Dünste zur Höhe gewandt und gesammelt,
Ballen sie dicht sich zusammen und säumen als Wolken den Himmel.
So hat sich einst umgeben der leichte, zerfließende Äther
Mit der von überallher zusammengeballten Materie
Und dann überallhin von da sich ins Weite ergießend
Alles übrige brünstig in seine Arme geschlossen.

Bildung von Sonne und Mond

Ihm nun folgte sodann die Bildung des Monds und der Sonne,
Deren Sphären sich drehn in dem Zwischenbereiche der Lüfte,
Ohne der Erde verpflichtet zu sein noch dem mächtigen Äther,
Da sie so schwer nicht waren, um gänzlich zu Boden zu sinken,
Noch so leicht, um die Bahn an dem äußersten Rande zu nehmen.
Und so rollen sie nun in der Mitte als eigene Körper
Und als gewichtige Glieder des ganzen Weltengebäudes,
Grade so wie auch an unserem Leib sich manche der Glieder
Dürfen der Ruhe erfreun, indessen sich andre bewegen.

Bildung des Meeres

Als nun diese Atome der Erde sich hatten entzogen,
Senkte sie plötzlich sich dort, wo jetzt sich die bläuliche Fläche
Weithin dehnt und mit salzigem Gischt die Höhlungen ausfüllt.
Und je stärker von Tag zu Tag des umschließenden Äthers
Glut und die Strahlen der Sonne die Erde noch mehr in die Enge
Rundum drängten mit Übergewalt bis zur äußersten Grenze,
Dass sie noch dichter zusammen zum Mittelpunkt sich zurückzog,
Um so gewaltiger floss der salzige Schweiß, der erquollen
Ihrem Körper, und mehrte das Meer und die schwimmenden Ebnen,
Um so mehr auch entflohen noch viele Atome des Feuers
Und der Luft, die nach außen entwichen und fern von der Erde
Mehr noch halfen verdichten die schimmernden Tempel des Himmels.
Ebenen senkten sich hier, dort stiegen die hohen Gebirge
Steil in die Höhe; die Felsen, sie konnten ja tiefer nicht sacken
Und nicht alles zugleich in dem gleichen Maße sich betten.

Ordnung der vier Elemente

Also hat sich der Erde Gewicht aus verdichtetem Stoffe
Endlich gesetzt, und es floss hier gleichsam der sämtliche
Weltschlamm
Wegen der Schwere zusammen und sank zu Boden wie Hefe.
So vermochten das Meer und der feuertragende Äther
Samt der Luft sich als reine und flüssige Stoffe zu halten.
Eins ist wohl leichter als andres. Der Äther als flüssigstes Wesen
Und als leichtestes fließt noch über dem Hauche der Luft hin,
Und sein flüssiger Stoff mischt nie sich mit Wirren des Luftraums;
Hier in der Luft mag alles in stürmischen Wirbeln sich drehen,
Mag auch die Wut austoben in regellosen Orkanen:
Er führt ruhig sein feuriges Heer die gemessenen Bahnen.
Denn dass der Äther geregelten Gang gleichbleibend im Antrieb
Halten könne, beweist uns des Pontus stetige Strömung,
Der fortwährend bewahrt im ruhigen Fließen die Richtung.

Gestirnbewegung

Jetzo besinge mein Lied, weshalb sich die Sterne bewegen!
Erstens, sobald sie sich dreht, die mächtige Sphäre des Himmels,
Drückt (so darf man behaupten) die Luft auf den Nord- und
den Südpol,
Um sie von außen zu halten und beiderseits zu begrenzen.
Dann strömt drüber ein andrer genauso gerichteter Luftstrom
Wie die funkelnden Sterne am ewigen Himmel sich drehen.
Oder ein anderer Strom treibt unterschlächtig die Sphäre,
Wie wir ja sehn, dass die Flüsse die Schöpfmaschinen betreiben.
Immerhin ist es auch möglich, das ganze Gewölbe des Himmels
Ruhend zu denken, dagegen die leuchtenden Sterne sich drehend,
Sei es, dass reissende Wellen des eingeschlossenen Äthers
Ausgang suchend sich drehn und dessen feurige Lichter
Mit sich wälzen im Kreis durch die endlosen Räume des Himmels,
Oder dass irgendwoher von außen ein anderer Luftstrom
Jene Gestirne beschwingt. Vielleicht auch können sie selber
Dahin wandeln, wohin sie die Nahrung lockt auf dem Wege,
Um auf der himmlischen Weide die flammenden Leiber zu letzen.
Freilich es ist recht schwer in der Welterklärung das Sichre
Auszumachen; nur das, was möglich im All ist und vorkommt
Bei den verschiedenen Welten und ihrer verschiednen Entstehung,
Lehr' ich, und will in der Folge auch mehrere Ursachen nennen,
Die mir als möglich erscheinen für Sternenbewegung im Weltall.
Freilich muss eine auch hier die Ursache sein, die in Wahrheit
Jene Bewegung erregt, doch welche nun unter den vielen,
Dies zu entscheiden verschmäht, wer Schritt für Schritt will
vorangehn.

Schweben der Erde

Wenn nun die Erde soll ruhn im Mittelpunkte des Weltalls,
Muss sie an ihrem Gewicht allmählich verlieren und schwinden,
Ferner bedarf sie noch anderen Stoffs als Stütze von unten,
Der ihr gesellt ist von Jugend auf und zur Einheit verbunden
Mit den Luftelementen der Welt, in die sie gepflanzt ward.
Drum ist sie ihm nicht zur Last und drückt nicht zu Boden den Luftstoff.
Sind doch auch keinem der Menschen zur Last die eigenen Glieder

Wie auch das Haupt nicht dem Nacken zur Last, und wir fühlen
auch niemals,
Dass doch des Körpers ganzes Gewicht nur ruht auf den Füßen;
Aber ein jedes Gewicht, das man später von außen uns auflegt,
Wird, obwohl es oft kleiner denn jenes, als lästig empfunden.
So sehr kommt's drauf an, was möglich im einzelnen Fall ist.
So kam also die Erde nicht plötzlich daher aus der Fremde
Und begegnete hier nicht der Luft, die aus fremdem Gebiet kam,
Sondern sie ward zugleich mit der Weltentstehung geschaffen
Und ist ein Teil von der Welt, wie von uns die Glieder ein Teil sind.
Ferner sobald sie erschüttert ein plötzliches starkes Gewitter,
Trifft die Erschütterung alles, was über der Erde ist, gleichfalls;
Doch dies könnte die Erde in keinerlei Weise bewirken,
Wäre sie nicht mit der Luft und dem Himmel aufs engste verbunden:
Denn von Jugend auf sind sie durch ihre gemeinsamen Wurzeln
Eng miteinander verflochten und fest zur Einheit verwachsen.
Siehst du nicht auch, wie die Seele, obwohl sie den zartesten Stoff hat,
Kraft hat den Körper zu tragen mit seinem so schweren Gewichte
Deshalb, weil sie mit ihm so eng ist zur Einheit verbunden?
Endlich was gibt denn dem Körper den Schwung zum
hurtigen Sprunge,
Wenn nicht die seelische Kraft, die unsere Glieder regieret?
Siehst du nun ein, was die schwache Natur zu bewirken imstand ist,
Wenn sie vereint mit der Schwere des Körpers ist, wie sich
verbindet Luft mit der Erde Gewicht und die seelische Kraft
mit dem Körper?

Größe der Sonne

Weder erheblich viel größer, als unserem Sinn es erscheinet,
Noch viel kleiner kann sein das Rad der erglühenden Sonne.
Denn wie groß die Entfernung auch sei, aus der uns ihr Feuer
Licht zuschickt und die wärmende Glut auf die Glieder uns hauchet,
Geht doch nichts von dem flammenden Leib durch diese Entfernung
Ihr verloren, ihr Feuer erscheint nicht im mindesten schwächer.
Wie sich nun also das Licht und die Wärme der Sonne verbreitet,
Unsere Sinne erreicht und die Länder der Erde bestrahlet,
Ebenso muss man von hier auch die Form und die Größe der Sonne,
Wie sie wirklich ist, sehn; man kann nichts streichen noch zutun,

Größe des Mondes

Also schwebt auch der Mond, sei's dass er den Ländern der Erde
Leuchtet mit eigenem Licht, sei's dass er es borgt von der Sonne,
Wie dem immer auch sei, nicht größer am Himmel der Form nach
Als uns diese erscheint, wenn mit unserem Blick wir sie schauen.
Denn wir erblicken ja alles, was sonst durch die Dicke der Luftschicht
Uns wird ferne gerückt, weit mehr in verschwommenem Umriss
Als in verkleinertem Maß. Drum muss auch die Scheibe des Mondes,
Da sie ein deutliches Bild und scharfumgrenzte Gestalt zeigt,
So wie ihr äußerster Rand sich darstellt unserem Blicke
So groß, wie sie nun ist, auch von uns aus am Himmel zu sehn sein.

Größe der Sterne

Endlich die Feuer im Äther, die wir von der Erde aus sehen,
Können natürlich doch auch nur ein weniges kleiner an Umfang
Oder ein Strichelchen größer in Wirklichkeit sein als sie scheinen:
Denn auch die Feuer auf Erden, so viele wir hier auch erblicken,
Scheinen sich, wenn nur ihr zitterndes Glühn recht deutlich zu
sehn ist,
Um ein geringes zuweilen in ihrer Größe zu ändern:
Bald sind sie größer, bald kleiner, zumal wenn sie weiter entfernt sind.

Ursprung von Licht und Wärme

Dies auch soll dich nicht wundern, wie soviel Licht uns die Sonne
Auszusenden vermag, die selbst doch so winzig und klein ist.
Füllt sie doch alle die Lande, das Meer und den Himmel mit Lichtflut
Und durchströmet die Welt mit ihrer erwärmenden Hitze.
Denn hier kann sich allein aus dem Weltall sammelnder Lichtstoff
Und als ergiebige Quelle dann offen sprudelnd ergießen,
Weil aus der ganzen Welt sich die Urelemente der Wärme
Überallher so treffen und solche Verbindungen eingehn,
Dass sich die Sonnenglut aus gemeinsamem Haupte ergießet.
Siehst du nicht auch, wie ein spärlicher Born bisweilen die Wiesen
Weithin mit Wasser berieselt und Felder weit überflutet?
So kommt's öfter auch vor, dass bei mäßiger Sonnenbestrahlung
Dennoch die Hitze erfasst mit sengenden Gluten das Luftreich,
Wenn sich gerade die Luft in der passenden Lage befindet,

Dass sie bereits durch schwächere Glut entzündet kann werden.
Derart sehn wir, wie selbst ein einziger Funke zuweilen
Weithin auf Saaten und Stoppeln gewaltige Brände verursacht.
Möglich ist auch, dass die Sonne, die oben mit rosiger Fackel
Leuchtet, im Umkreis Feuer in reichlicher Menge bereit hat,
Das uns nicht sichtbar wird, da es nicht durch Leuchten sich kundgibt,
Sondern nur gluterzeugend die Wirkung der Strahlen vergrößert.

Sonnenwende. Mondbahn

Auch hierüber vermisst man die einfache, wahre Erklärung,
Weshalb im Winter die Sonne, sobald sie die Sommerbezirke
Hinter sich lässt, zu der Wende des Steinbocks geht und von da aus
Wieder zum Ruhepunkt kehrt, zu der Sonnenwende des Krebses,
Und warum denn der Mond durch die nämlichen Strecken im Monat
Läuft, zu welcher die Sonne in ihrer Bewegung ein Jahr braucht.
Hierfür, sag' ich, vermisst man ein einfaches Wort der Erklärung.
Möglich ist zwar vor allen den ändern die alte Erklärung,
Die Demokrit einst gab, ein Mann von geheiligtem Ansehn.
Nämlich er sagt: Je näher Gestirne der Erde sich hielten,
Desto weniger könne der himmlische Wirbel sie fassen,
Dessen Schnelle nach unten zu schwinden beginne und dessen
Kräftige Wirkung sich mindre. Drum komme allmählich die Sonne
Gegen die letzten Gestirne der Tierkreisbahn in den Rückstand,
Da sie viel niedriger läuft als die heißen Gestirne der Höhe.

Aber der Mond noch mehr; je tiefer sein Lauf sich hinab senkt
Fern von dem Himmelsgewölbe und weiter der Erde sich nähert,
Um so weniger kann er die Sterne erreichen im Wettlaut.
Ferner je matter die Kraft, mit der er die eigene Kreisbahn
Unter der Sonne verfolgt, um so schneller erreichen ihn ringsum
Sämtliche Tierkreiszeichen und eilen am Monde vorüber.
Deshalb gewinnt es den Schein, als ob er zu diesen Gestirnen
Rascher zurück sich bewege, weil diese ihn wieder erreichen.
Möglich ist auch die Erklärung, es wechsle ein doppelter Luftstrom
Ab in geregelter Zeit aus entgegengesetzten Bezirken,
Welcher die Sonne vermag aus den Tierkreiszeichen des Sommers
Bis zu der Winterwende und eisigen Kälte zu treiben
Und sie dann wieder zurück von dem eisigen Schatten des Frostes
Bis zu dem Sommerbezirk und den heißen Gestirnen zu führen.

Ähnlich darf man sich denken, der Mond und jene Planeten,
Die in längeren Jahren die längeren Bahnen vollenden,
Könnten im Wechselstrome der Luft vollenden den Kreislauf.
Siehst du nicht schon bei den Wolken die oberen Schichten den untern
Oft mit verschiedenem Wind entgegengesetzt sich bewegen?
Wie vermöchten nicht auch in des Äthers gewaltigen Bahnen
Jene Gestirne zu ziehen von Wechselströmen getrieben?

Nacht

Aber die Nacht hüllt ein in gewaltiges Dunkel den Erdball,
Wenn entweder die Sonne nach längerem Laufe des Himmels
Äußerste Grenze erreicht und ermattet das Feuer verhauchet,
Das von der Reise geschwächt, von der Masse der Luft schon verbraucht ist,
Oder auch, weil sie die nämliche Kraft, die sie über der Erde
Hieß den Kreis zu beschreiben, nun unter die Erde hinab zwang.

Sonnenaufgang

Ähnlich streut zu gegebener Zeit durch des Äthers Gefilde
Frührot rosiges Licht und verbreitet den leuchtenden Schimmer,
Sei's dass dieselbige Sonne, die unter der Erde zurückkehrt,
Strahlen im vorausschickt, die den Himmel sollen entzünden,
Oder weil in der gegebenen Zeit viel Feuer sich sammelt
Und viel Glutelemente sich jetzt zu vereinen gewöhnt sind,
Um stets wieder aufs neue das Sonnenlicht zu erzeugen.
Also heißt es, man könne vom Gipfel des Idagebirges
Bei dem erstehenden Licht noch die einzelnen Bündel des Feuers
Unterscheiden, die dann sich zusammenrunden zur Kugel.
Hierbei darf es durchaus nicht wundernehmen, dass diese
Feueratome sich grade zu solcher gegebenen Stunde
Können vereinen, um so zu erneuern das Feuer der Sonne.
Denn wir sehen ja vieles bei allen nur möglichen Dingen
An die gegebenen Zeiten gebunden. So blühen die Bäume
Zu der gegebenen Zeit und ebenso fallen die Blüten;
In der gegebenen Zeit (so will es das Alter) verschwinden
Kindern die Erstlingszähne, den Mannbaren kleidet der weiche
Flaum und ebenso wallt von der Wange des Mannes der Vollbart.

Endlich der Blitz und der Schnee, Platzregen und Wolken und Winde
Sind an ziemlich bestimmte Gezeiten des Jahres gebunden.
Denn wenn die Grundelemente der Ursachen so sind geschaffen
Und von dem ersten Beginne die Dinge sich also gestalten,
Kehren sie folglich auch jetzt nach festen Bestimmungen wieder.

Wechsel der Tageslängen

Ebenso können die Tage beim Schwinden der Nächte sich längen,
Wie sich das Licht muss mindern, sobald sich die Nächte verlängern,
Weil die Sonne, dieselbe, die unter und über der Erde
Wandelt, das Äthergefild durch Bogen verschiedener Größe
Teilet und ungleichmäßig halbiert die himmlische Kreisbahn.
Was sie entzieht auf der einen, das legt sie, wenn sie zurückkehrt.
Dann wieder zu auf der ändern entgegenstehenden Seite,
Bis sie zu jenen Gestirnen des Himmels gelangt, wo des Jahres
Knoten die Schatten der Nacht und des Tages Helligkeit ausgleicht.
Denn auf der Mitte der Bahn, wo der Nordwind bläst und der
Südwind,
Hält in gleicher Entfernung der Himmel die Wenden geschieden
Wegen der Lage des ganzen im Tierkreis liegenden Weges,
Den zu durchmessen die Sonne in langsamem Wandel ein Jahr
braucht,
Erde und Himmel erleuchtend mit schräg auffallendem Lichte,
Wie es die Rechnung erweist Sternkundiger, welche des Himmels
Örter durch Bilder bestimmt und alle verzeichnet uns haben.
Oder die dickere Luft an gewissen Stellen mag schuld sein,
Dass das zitternde Feuer des Sonnenstrahls unter der Erde
Länger verweilt und nicht leicht durch- und zum Aufgang
emporkommt.
Deshalb dauern zur Winterszeit die Nächte so lange,
Bis dann endlich erscheint die strahlende Krone des Tages.
Oder auch, weil in dem Wechsel der Jahreszeiten das Feuer
Später und früher sich pflegt aus den Urelementen zu sammeln;
Deshalb scheinen mir auch mehr jene die Wahrheit zu treffen,
Welche die Sonne sich lassen von einzelnen Stellen erheben,
[Wo sie für jeglichen Tag stets neue Strahlen hervorbringt.]

Lichtwechsel des Mondes

Woher leuchtet der Mond? Getroffen vom Strahle der Sonne
Kann er uns bieten sein Licht zum Anschaun, während es täglich
Größer und größer erscheint, je mehr et der Sonne entfliehet,
Bis er dann ihr gegenüber im herrlichsten Vollmondsglanze
Strahlt und versinken sie sieht, wenn er selbst sich erhebend
emporsteigt;
Ebenso muss er jedoch allmählich wieder sein Licht uns
Rückwärts wandelnd verbergen, je mehr er dem Feuer der Sonne
Nun von der anderen Seite des himmlischen Kreises sich nähert.
So erklären es manche, die kugelförmig den Mond sich
Denken und unter der Sonne die Bahn ihn lassen durchwandeln.
Aber es lässt sich auch denken, warum er mit eigenem Lichte
Strahlend sich dehnt und doch so verschiedene Formen des Lichts zeigt.
Denn da könnte ja auch noch ein anderer Körper im Spiel sein,
Der sich zugleich mit ihm dreht und auf mancherlei Art in
den Weg läuft,
Aber nicht sichtbar ist, weil er lichtlos gleitet im Dunkeln.
Möglich ist auch die Drehung als Kugel. Man nehme zum Beispiel
Einen Ball, der zur Hälfte mit leuchtendem Glänze gefärbt ist;
Und nun dreht sich die Kugel und zeigt verschiedene Formen,
Bis sie unserem Blick und offenen Auge sich darbeut[31]
Von derjenigen Seite, die ganz von dem Feuer erfüllt ist.
Dann dreht langsam der Ball sich wieder zurück und entzieht uns
Jene glänzende Seite des rollenden Kugelgebildes.
So erklärt das System der Chaldäerin Babylon, welche
Widerlegend die Kunst sternkundiger Männer verwarfen,
Gleich als wäre nicht möglich, was jeder von beiden verteidigt,
Oder als dürfe mit Grund man das eine dem anderen vorziehn.
Endlich warum nicht der Mond stets neu zu entstehen vermöchte,
Während bestimmte Gestalten und Phasen des Lichtes sich bilden,
Ferner warum nicht ein Mond alltäglich sollte verschwinden,
Während an seiner Stelle ein anderer wiedererstände,
Das ist mit Worten zu zeigen nicht leicht und mit Grund
zu behaupten.
Kann sich ja doch so vieles nach fester Ordnung entwickeln.

---

[31] *darbeut*: darbietet

Die vier Jahreszeiten

Lenz und Venus erscheint und ihr Bote, der Knabe mit Flügeln,
Schreitet vorauf, auch Flora, die Mutter, die neben dem Zephyr
Wandelnd die Wege vorher mit den Blüten des Lenzes bestreuet,
Alles mit herrlichen Farben und Wohlgerüchen erfüllend.
Dann folgt trockene Glut und zugleich als Begleiterin Ceres,
Die sich in Staub einhüllt, und die wehenden Nordpassate.
Hierauf naht auch der Herbst und der »Euhoi!« jauchzende Bacchus.
Ihnen folgen im Zuge die anderen Wetter und Winde:
Erst Südost mit dem Donner, dann Blitze versendend der Südwind.
Schnee bringt endlich das Ende des Jahrs und erstarrende Kälte
Bringt es uns wieder, ihm folgt der zähneklappernde Winter.
Kann sich nun soviel ereignen in fest umrissenen Zeiten,
Wird's dich noch weniger wundern, wenn auch in umrissenen Fristen
Unser Mond wird geboren und ebenso wieder vernichtet.

Sonnen- und Mondfinsternisse

Auch das Verstecken des Monds und der Sonne Verfinsterung lässt sich
Dir aus mehreren Gründen als sehr wohl möglich erweisen.
Denn wenn der Mond es vermag die Erde vom Lichte der Sonne
Abzusperren, mit seinem erhabenen Haupt sie verdeckend,
Und als dunkele Scheibe den glühenden Strahlen sich vorlegt,
Weshalb könnte zur selbigen Frist nicht ein anderer Körper,
Der stets lichtlos wandert, dieselbe Erscheinung bewirken?
Könnte die Sonne nicht auch erschöpft ihr Feuer verlieren
In den gegebenen Fristen und später es wieder ersetzen?
Wenn sie in Räume gerät, wo die Luft sich den Flammen als feindlich
Ausweist, könnte ihr Feuer nicht plötzlich verlöschen und ausgehn?
Und auf der anderen Seite, warum soll die Erde dem Monde
Sein Licht nehmen und selber dazu noch die Sonne verdecken,
Wenn sich der Neumond stellt in den starrenden Schatten des Kegels?
Kann nicht zur selbigen Zeit ein anderer Körper dazwischen
Sei es unter dem Monde sei's über die Sonne hin ziehen,
Der das strömende Licht und das Strahlen der Sonne verhindert?
Und doch, strahlet der Mond auch selber in eigenem Glänze,
Könnte er dann nicht irgendwo in der Welt sich erschöpfen,
Während er Räume durchläuft, die feindlich dem eigenen Licht sind?

Abschluss der Kosmologie

Nunmehr hab' ich die Fragen gelöst, wie alles am Himmel
In dem geräumigen Blau sich möglicherweise ereignet,
Wie wir den Wandel des Monds und der Sonne verschiedene Bahnen
Aus den bewegenden Kräften und Ursachen können begreifen,
Wie bei gesperrtem Licht sie vorübergehend verschwinden
Und nichts ahnende Länder urplötzlich in Finsternis hüllen.
Ist's doch, als nickten sie ein und öffneten wieder die Lider,
Um mit erleuchtendem Lichte zu nahen den erglänzenden Landen.
Jetzt nun kehr' ich zurück zu der Jugend der Welt und ich schildre.
Welche Geburten zuerst die noch weichen Gefilde der Erde
Wollten ins Licht neu heben und spielenden Winden vertrauen.

Entstehung der Pflanzen- und Tierwelt

Anfangs wirkte die Erde den Schimmer grünender Gräser
Rings um alle die Hügel; die blumigen Auen erglänzten
Überall über die Felder gebreitet in grünlicher Färbung.
Dann hob an für der Bäume Geschlecht ein gewaltiger Wettlauf;
Um in die Lüfte zu schießen, ward ihnen der Zügel gelockert.
Gleichwie Federn und Haare einmal und Borsten sich bilden
Beim Vierfüßergeschlecht und am Leib der befiederten Vögel,
So ließ damals zuerst die jugendlich fruchtbare Erde
Gras und Gesträuche zunächst, dann lebende Wesen erstehen,
Die in vielerlei Arten sich zahlreich und mannigfach regten.
Denn es konnten vom Himmel die lebenden Wesen nicht fallen,
Noch auch Bewohner des Landes aus salzigem Meere erstehen.
So bleibt übrig: die Erde erwarb mit Recht sich den Namen
Einer Mutter. Denn alles, was lebt, hat die Erde geschaffen.
Und wenn jetzt noch der Erde unzählige Tiere entschlüpfen,
Welche der Regen erzeugt und der Sonne erwärmende Dünste,
Wundert's uns auch nicht weiter, wenn damals mehr noch und größere
Tiere entstanden vom Äther genährt und der jüngeren Erde.
Erst kroch jetzt das geflügelte Volk und das bunte Gevögel
Aus den Eiern heraus, die bebrütet waren zur Lenzzeit,
So wie im Sommer Zikaden von selbst aus den rundlichen Larven
Schlüpfen, um Nahrung zu suchen und Lebensfristung zu finden.
So entstanden zuerst auch damals Tiere und Menschen.

Denn viel Wärme und Nässe war noch auf den Fluren vorhanden,
Und so wuchsen denn da, wo der Ort die Gelegenheit darbot,
Schläuche hervor, die zur Erde hinab die Wurzeln versenkten.
Wo nun das Lebensalter der reifenden Jungen die Schläuche
Sprengte, indem sie der Nässe entflohn nach den Lüften sich reckend,
Dahin lenkte von selbst die Natur die Kanäle der Erde
Und ließ dort milchähnlichen Saft aus der Öffnung der Adern
Fließen, so wie ja auch jetzt bei allen entbundenen Frauen
Süßliche Milch in die Brust sich ergießt, weil hierin der ganze
Sonstige Nahrungsstrom aus dem weiblichen Körper gelenkt wird.
So gab Speise den Kleinen die Erde und Kleidung die Wärme;
Lagerstätte gewährte des Rasens schwellendes Polster.
Aber die Jugend der Welt verhinderte Strenge des Frostes
Wie unmäßige Hitze und übergewaltige Stürme.
Denn gleichmäßig erwächst und erstarkt dies alles zusammen.
Darum (ich sag es noch einmal) erhielt die Erde den Namen
Mutter und trägt ihn mit Recht. Denn sie hat den Menschen
geschaffen.
Sie auch alles Getier in fast regelmäßiger Wurfzeit,
Was da überall springt und tobt in den hohen Gebirgen,
Wie auch die bunten Gestalten der flüchtigen Segler der Lüfte.
Doch nun hörte sie auf, wie ein Weib, das vom Alter erschöpft ist,
Da auch bei ihr das Gebären sich einmal endigen musste.
Denn das Alter verändert die ganze Natur in dem Weltall,
Da notwendig sich stets ein Zustand reiht an den ändern.
Nichts bleibt immer sich gleich: es wechselt und wandelt sich alles;
Alles verändert und zwingt die Natur zu steter Verwandlung.
Denn wenn das eine verfault und vor Altersschwäche dahinsiecht,
Wächst gleich andres empor und entsteigt dem verachteten Dunkel.
Also verändert das Alter die ganze Natur in dem Weltall,
Und auch die Erde, wo stets ein Zustand folgte dem ändern,
Schafft, was sie konnte, nicht mehr und erschafft, was sie früher
nicht konnte.

Anfängliche Missgeburten

Einstmals schuf auch die Erde noch zahlreiche Wundergestalten
Wie zum Versuch, an Gestalt wie an Gliedern seltsam gebildet:
Hermaphroditen mit Doppelgeschlecht, doch zu keinem gehörig,
Manche der Füße ermangelnd und andere wieder der Hände,

Einige mundlos stumm, blind andere ohne die Augen,
Andere steif, da jegliches Glied mit dem Leib war verwachsen.
Deshalb konnte ein solches Geschöpf nichts tun noch wohin gehen
Noch der Gefahr sich entziehn noch das, was es brauchte, beschaffen.
Dieses und derart mehr, Missbildungen, scheußliche Wunder,
Schuf sie umsonst; die Natur verweigerte ihnen den Nachwuchs;
Denn zur ersehnten Blüte vermochten sie nicht zu gelangen
Noch sich die Nahrung zu schaffen, noch gar sich in Liebe zu paaren.
Denn gar vielerlei muss, wie wir sehen, zusammen sich finden,
Soll sich ein sterblich Geschlecht fortpflanzen und weiter vermehren:
Erstens bedarf es der Nahrung und weiter des zeugenden Samens
In Gefäßen, durch die er sich löst aus den Gliedern und ausfließt.
Endlich bedarf es der Glieder, durch die sich die beiden Geschlechter
Können vereinen und tauschen die wechselseitigen Wonnen.

Überleben der stärkeren und nützlicheren Tiere

Damals mussten wohl viele der lebenden Gattungen ausgehn,
Da sie imstand nicht waren für Nachwuchs weiter zu sorgen.
Denn die Geschöpfe, die jetzt sich erfreun des belebenden Odems,
Können von Jugend auf nur so das Geschlecht sich erhalten,
Dass sie durch Kraft sich und List und endlich durch Schnelligkeit
schützen.
Viele sind auch uns Menschen durch ihren Nutzen empfohlen,
Und so bleiben sie leben, da wir sie hegen und pflegen.
Erstlich das wilde Geschlecht und die grausamen Scharen der Löwen
Hielten durch Kraft sich, der Fuchs durch List und der Hirsch durch
die Schnelle.
Aber der wachsame Hund mit dem Herzen von goldener Treue
Und das gesamte Geschlecht, das stammt aus dem Samen des
Lastviehs,
Ferner die wolligen Schafe und hörnergeschmückten Geschlechter
Sind in dem menschlichen Schutze, mein Memmius, alle verblieben.
Denn sie flohen mit Hast vor dem wilden Getiere und suchten
Frieden und reichliche Nahrung, um die sie sich selbst nicht bemühen;
Denn wir geben sie ihnen als Lohn für nützliche Dienste.
Aber die Tiere, die nichts von solcher natürlichen Mitgift
Mitbekamen, die weder sich selbst zu ernähren vermochten

Noch uns Dienste zu leisten, wofür wir In unserem Schutze
Ihnen zu leben gestatten und ihre Vermehrung zu sichern,
Diese nun freilich verfielen dem Raub und der Beute der ändern,
Da sie alle so lange des Schicksals Fessel umstrickte,
Bis die Natur solch schwaches Geschlecht zum Untergang führte.

Es gab niemals Centauren
und dergleichen

Aber Centauren hat's nie und nirgend gegeben. Denn niemals
Können aus Doppelnaturen und doppeltem Körper sich Wesen
Bilden, zumal wenn sie Gliedern von fremder Gattung entstammen,
Deren Kräfte doch ungleich sind bei dem zwiefachen Ursprung.
Selbst ein stumpfer Verstand kann dies nach dem Folgenden einsehn.
Erstlich ein rüstiges Pferd wird, wenn drei Jahre vergangen,
Fertig: nicht also das Kind; denn oftmals wird es auch dann noch
Schlafend die Mutterbrust, die Milch ihm spenden soll, suchen.
Dann, wenn mit nahendem Alter dem Rosse versaget die Vollkraft
Und, wo sein Leben sich neigt, ihm längst schon die Glieder
erschlafft sind,
Da erst beginnt der Knabe die blühende Jugend des Lebens,
Und mit wolligem Flaum umkleidet sich männlich die Wange.
Glaube drum nicht, es könnten aus tierischem Samen von Pferden
Und aus Menschen Centauren entstehen und weiter so leben.
Oder Geschöpfe wie Scylla mit ihrem von rasenden Hunden
Rings umgürteten Leib und dem Fischschwanz, oder auch andre
Wesen, bei denen die Glieder so ungleichartig erscheinen,
Die nicht erblühen zur selbigen Zeit, nicht die Kräfte der Körper
Alle zugleich sich gewinnen, zugleich auch im Alter verlieren,
Die auch nicht ähnliche Liebe entflammt, noch die gleiche
Gewohnheit
Zueinander gesellt, noch die selbigen Speisen erfreuen.
Kann man doch öfter bemerken, dass bärtige Böcke sich mästen,
Wenn sie Schierling fressen, der Menschen ein tödliches Gift ist.
Da doch ferner die Flamme die goldenen Leiber der Löwen
Ebenso dörrt und brennt wie alles, was sonst noch auf Erden
Körper besitzt von Fleisch und Blut, wie war es denn möglich,
Dass die Chimäre sich setzt aus dreifachem Leibe zusammen,
Vorne als Leu, als Drache am Schwanz, in der Mitte als Ziege,

Und bei solcher Gestalt aus dem Mund schnob flammendes Feuer?
Drum wer meint, in der rüstigen Jugend von Himmel und Erde
Könnten wohl auch derart wahnschaffne Gebilde entstehen,
Und sich lediglich stützt auf das nichtige Wörtchen der Jugend,
Der kann ebenso gut viel anderes Ähnliches faseln.
Damals, so mag er behaupten, da strömten noch goldene Flüsse
Über das Land und den Bäumen entsprossten da Blüten von Diamant,
Oder es gab noch Menschen mit derart wuchtigen Gliedern,
Dass sie die Tiefen des Meers mit Riesenschritten durchmaßen
Und mit den Händen den Himmel im Kreise zu drehen vermochten.
Gab's nun zwar in der Erde zur Zeit, als sie lebende Wesen
Brachte zuerst ans Licht, viel Keime, so fehlt uns doch jedes
Zeichen, dass je Mischformen entstehen konnten von Tieren
Und ein lebendig Geschlecht aus zusammengestoppelten Gliedern.
Mögen auch jetzt noch der Erde in reichlicher Fülle entsprießen
Allerlei Arten von Kräutern und Frucht und die labenden Bäume:
Nimmer können sie doch sich gegenseitig verbinden,
Sondern jegliche Gattung entsteht auf die eigene Weise,
Und das Gesetz der Natur hält alle genau auseinander.

Entwicklung des Menschengeschlechtes

Aber das Menschengeschlecht, das damals noch auf den Feldern
Lebte, war rauer natürlich als Sprössling der raueren Erde;
Größre und stärkere Knochen befestigten innen den Körper;
Kräftige Sehnen im Fleisch verbanden die einzelnen Glieder;
Hitze und Kälte ergriff sie nicht leicht und die neue Ernährung
Schadete nichts; frei blieben sie auch von jeder Erkrankung;
Während unzähliger Jahre, die unsere Sonne an Himmel
Kreiste, verbrachten sie so wie die Tiere ein schweifendes Leben.
Niemand lenkte mit kräftiger Hand das gebogene Pflugholz,
Niemand kannte die Kunst mit der Hacke das Feld zu bestellen,
Noch auch neues Gesträuch in die Erde zu senken, noch endlich
Altes Geäst mit der Hippe aus hohen Bäumen zu schneiden.
Nur was Regen und Sonne verlieh, was die Erde von selbst gab,
Ward als Geschenk von den Menschen zufriedenen Herzens
empfangen.
Meistens ernährten sie sich in den eicheltragenden Wäldern.
Auch ließ damals die Erde von Erdbeerbäumen die Früchte

Größer noch werden als jetzt, wo zur Winterszeit du die Beeren
Sehn kannst, wie in der Reife sie purpurartig erstrahlen.
Noch viel andres erzeugte die blühende Jugend der Erde,
Gröbliche Kost, doch es war der elenden Sterblichen Reichtum.
Aber zur Löschung des Dursts lud Quell und Bach sie zu Gaste,
Wie noch jetzt in den Bergen ein niederrauschender Sturzbach
Dürstende Scharen von Wild weither zur Tränke herbeiruft.
Schließlich weilten sie gern in Grotten der Nymphen im Walde,
Die sie beim Schweifen entdeckt. Sie wussten, dass hieraus entspringe
Reichlicher Quellenerguss, der die schlüpfrigen, triefenden Felsen
Jetzt, ja triefende Felsen, sodann durch das moosige Grün tropft,
Während anderes Nass aus den Ebenen sprudelnd empor springt.
Sie verstanden noch nicht den Gebrauch des Feuers, noch deckten
Felle, die etwa dem Wild sie geraubt, die Blöße des Körpers,
Sondern sie lebten im Wald und im Hain und in Höhlen der Berge.
Und wenn die Not sie zur Flucht vor dem peitschenden Regen
und Winde
Zwang, so verbargen sie wohl die schmutzigen Körper im Dickicht.
Noch vermochten sie nicht dem gemeinsamen Wohl sich zu ordnen,
Keine gemeinsame Sitte verband sie oder Gesetze.
Was ihm der Zufall bot, trug jeder als Beute nach Hause.
Jeder nach eigenem Triebe bedacht auf Leben und Wohlsein.
Und in den Wäldern vereinte die Körper der Liebenden Venus,
Sei's dass das Weib sich verband aus wechselseitiger Neigung,
Oder dass trotzige Kraft und rasende Wollust des Mannes
Oder ein Kaufpreis zwang, wie Eicheln und Beeren und Birnen.
Auf die erstaunliche Kraft der Faust und der Füße vertrauend
Stellten sie nach in dem Wald den Geschlechtern des Wildes. Als Waffe
Dienten geschleuderte Steine und Keulen von großem Gewichte.
Viele erlegten sie so, vor manchen verbarg ein Versteck sie.
Gleich wie die borstigen Schweine, so legten sie nackt sich im Walde
Auf den Boden der Erde, sobald sie die Nacht überraschte,
Und umgaben sich dort mit der Hülle von Blättern und Laubwerk.
Nicht mit lautem Geheul durchirrten sie ängstlich die Fluren,
Um in dem Schatten der Nacht nach dem Tag und der Sonne
zu suchen,
Sondern sie warteten still und in ruhigen Schlummer versunken,
Bis die Sonne dem Himmel mit rosiger Fackel das Licht gab.
Denn sie waren gewohnt von Kindesbeinen an ständig

Dunkel und Helle des Lichts gleichmäßig wechseln zu sehen.
So war gar kein Grund, sich jemals darüber zu wundern
Oder zu fürchten, es möchte das Licht sich der Sonne verlieren,
Und dann ewige Nacht die Lande für immer bedecken.
Nein, viel eher besorgten sie Angriff reißender Tiere,
Welche den Armen so oft die nächtliche Ruhe verstörten.
Wenn ein schäumender Eber, ein mächtiger Löwe sich nahte,
Ließen ihr Heim sie im Stich und flohn aus dem Grottengesteine.
Tief in der Nacht überließen entsetzt sie ihr ärmliches Lager,
Das sie aus Laub sich im Innern gehäuft, den grausamen Gästen.

Todesarten einst und jetzt

Damals schieden jedoch aus des Lebens wonnigem Lichte
Jammernd gewiss nicht mehr aus dem Menschengeschlechte als heute.
Freilich der einzelne ward vordem viel leichter ergriffen
Und ward lebend zum Fräße dem Raubtier, das ihn verschluckte.
Da erfüllt' er den Hain und den Wald und die Berge mit Jammern,
Sah er lebendigen Leibs sich im lebenden Sarge begraben;
Und wer etwa durch Flucht den zerrissenen Körper gerettet,
Hielt dann zitternd die Hand auf die grässlichen Wunden und flehte
Unter entsetzlichem Wehegeschrei den erlösenden Tod an.
Endlich ließ er sein Leben infolge der schrecklichen Qualen
Hilflos und ohne zu wissen, wie Wunden behandelt sein wollen,
Aber es stürzte noch nicht ein Tag viel Tausende Männer,
Welche den Fahnen gefolgt, in den Tod, noch warfen des Meeres
Stürmische Wogen die Schiffe mitsamt der Besatzung auf Klippen.
So war die Wut umsonst, mit welcher die stürmische Meeresflut
Anschwoll; leicht auch legte sich ihre vergebliche Drohung.
Lockte doch damals noch keinen die trügende Stille des Meeres,
Niemanden zog ins Verderben das gleissende Lächeln der Wellen.
Schamloser Reedergewinn verführte noch niemand zur Seefahrt.
Damals bracht' es den Tod den verschmachtenden Gliedern, wenn Nahrung
Fehlte, doch heute erdrückt sie die Überfülle der Speisen.
Jene gössen sich selbst oft Gift ein, ohn' es zu ahnen,
Jetzt ist man freilich geschickter; man reicht es nun selber [den Schwiegern].

Gründung der Familie

Dann erbauten sie Hütten, verschafften sich Felle und Feuer,
Und da schloss nun der Mann mit dem einen Weibe den Ehebund.
[So ward das heilige Recht des ersten Herdes begründet]
Und der Familie, im Kreis der dem Bunde entsprossenen Kinder.
Jetzt erst wandte das Menschengeschlecht sich zu milderen Sitten.
Denn ihr fröstelnder Körper ward nun durch das Feuer verzärtelt;
Unter des Himmels Dach vertrugen sie länger den Frost nicht
So wie sonst. Und die Liebe erweichte die Kraft. Auch die Kinder
Brachen mit Schmeicheln gar leicht unbeugsamen Sinn bei den Eltern.

Gründung der Stammgenossenschaften

Jetzt begannen auch Nachbarn sich in Freundschaft zu einen
Wünschend, sich beiderseits nicht zu schaden noch Schaden zu leiden.
Auch empfahl man dem Schutze die Kinder und Weiber, indem man
Stammelnd durch Wort und Gebärde andeutete, wie es doch billig
Wäre und recht, wenn alle der Schwachen sich hilfreich erbarmten.
Freilich gelang es noch nicht vollkommen die Eintracht zu schaffen,
Aber ein guter, beträchtlicher Teil hielt treu zu dem Bündnis.
Denn sonst wäre schon damals die Menschheit gänzlich erloschen
Und es hätte bis jetzt ihr Geschlecht sich schwerlich erhalten.

Ursprung der Sprache

Wenn nun der Zwang der Natur verschiedene Laute der Sprache
Bildete und das Bedürfnis die Namen der Dinge hervorrief,
Ging dies geradeso zu, wie wenn sich auch unsere
Kleinen Stummer Gebärden bedienen aus Unvermögen der Sprache
Und mit dem Finger auf das, was sie sehen, zu deuten gewöhnt sind.
Denn ein jedes Geschöpf fühlt wohl, wie weit ihm die Kraft reicht.
Ehe dem Kalbe die Hörner noch sind aus der Stirne erwachsen,
Greift es mit ihnen im Zorn schon an und stößt nach dem Gegner,
Während dagegen die Jungen von Panthern oder von Löwen
Mit den Tatzen und Krallen und Bissen schon heftig sich wehren,
Wenn die Krallen und Zähne noch kaum sich zu bilden begonnen.
Ferner das Vogelgeschlecht baut ganz, wie man sieht, auf die Flügel
Und sucht Rettung allein in der Fittiche flatterndem Schlage.

Spracherfinder gibt es nicht

Wahnsinn ist es daher an einen Erfinder zu glauben,
Der einst Namen den Dingen verliehen und den Menschen die ersten
Wörter gelehrt. Weshalb hat denn dieser allein es verstanden,
Alles mit Worten zu nennen und Laute verschieden zu bilden,
Während zur selbigen Zeit dies keiner der ändern vermochte?
Wenn zudem nicht auch andre sich untereinander der Sprache
Hätten bedient, wie kam man dazu den Nutzen der Sprache
Einzusehn, und woher ward diesem zuerst das Vermögen,
Was er gedachte zu tun, im Geiste voraus zu ermessen?
Ebenso war es unmöglich als einer die vielen zu zwingen,
Dass sie willig sich fügten, die Namen der Dinge zu lernen,
Noch war es irgend leicht, vor tauben Ohren zu lehren
Und ihr Tun zu beraten. Sie würden auch nimmer es dulden
Und durchaus nicht ertragen, wenn einer noch weiter vergeblich
Ihnen das Ohr voll stopfte mit nimmer vernommenen Lauten.
Endlich was ist denn dabei so sehr zu verwundern, wenn wirklich
Unser Menschengeschlecht, des' Stimme und Zunge gesund war,
Nach den verschiednen Gefühlen den Dingen verschiedenen Laut gab.
Lässt doch auch stummes Vieh, ja selbst die Sippen des Wildes
Ganz verschiedene Töne und mancherlei Laute vernehmen,
Wenn bald Furcht, bald Schmerz, bald schwellende Lust sie beweget.
Denn dies lässt sich ja doch aus bekannten Erscheinungen lernen.
Wenn die gewaltige Dogge molossischer Rasse[32] gereizt wird
Und aus dem fleischigen Rachen mit bleckenden Zähnen
hervor knurrt,
Klingt ihr Drohen bei verhaltener Wut ganz anders, als wenn sie
Los bellt und schier alles mit ihrem Gebrülle erfüllet.
Oder auch wenn sie die Brut mit der Zunge so zärtlich belecket
Oder sie rollt mit den Pfoten und harmlos beissend sie anfällt
Oder mit achtsamem Zahne die Nestlinge droht zu verschlingen,
Dann ist ihr sanftes Gekläffe doch sehr von dem Belfern verschieden,
Das sie allein vollführt, wenn ihr Herr sie zu Hause gelassen

---

[32] Die *Molosser* waren, neben den Chaoniern und den Thesprotern, der
dritte große Stamm, aus denen sich in antiker Zeit die Bevölkerung
von Epirus zusammensetzte.

Oder wenn winselnd dem Schlag sie entflieht mit gekniffenem Leibe.
Scheint nicht ferner das Ross in verschiedenem Tone zu wiehern,
Wenn es als Hengst in der Jugend Kraft rast unter den Stuten,
Mächtig getroffen vom Sporn des geflügelten Gottes der Liebe,
Oder zur Schlacht galoppiert und aus offenen Nüstern voran
schnaubt,
Oder beim Todesröcheln mit schulternden Gliedern noch wiehert?
Endlich das fliegende Volk und die bunt gefiederten Vögel, Habichte,
Adler und Taucher, die über den Wogen des Meeres
Schweben und Nahrung und Leben aus salzigen Fluten gewinnen,
Geben verschiednes Geschrei von sich zu verschiedenen Zeiten,
Und wenn sie streiten um's Pressen und um das Erbeutete kämpfen.
Teilweise ändern sie auch je nach dem verschiedenen Wetter
Ihr rauklingend Gekrächz. Als Beispiel nenn' ich das alte
Krähen- und Rabengeschlecht. Man sagt, sie schreien nach Wasser
Und nach Regen und rufen bisweilen auch Winde und Stürme,
Wenn demnach schon die Tiere verschiedne Empfindungen zwingen,
Ob sie auch sprachlos sind, verschiedene Stimmen zu äußern,
Wieviel mehr war der Mensch natürlich damals imstande
Mit verschiedenen Lauten bald dies zu bezeichnen, bald jenes.

Einlage: Feuerentdeckung

Dass nicht etwa im stillen dich etwas beängstige, höre:
Feuer brachte den Menschen zuerst auf die Erde der Blitzstrahl,
Und von da verbreiten sich rasch die Gluten der Flammen.
Sehen wir doch, wie so vieles von himmlischer Lohe entzündet
Aufflammt, wenn ein Gewitterschlag die Entzündung bewirkt hat.
Auch ein verästelter Baum, der im Sturm bewegt hin und
her schwankt
Fängt, wenn er stößt auf die Äste des Nachbarbaumes, zu glühn an,
Und durch der Reibung Kraft wird oft auch die Lohe entbunden.
Manchmal blitzet auch schon ein glühender Büschel von Flammen
Auf, wenn Äste und Stamm im Wind aneinander sich reiben.
Beide Wege vermochten den Sterblichen Feuer zu schaffen;
Speise damit zu bereiten und sie in dem Dampf zu erweichen
Lehrte die Sonne. Man sah ja, wie viele der Früchte des Feldes
Durch der Sonne Bestrahlung und Glut die Milde erlangten.

Städtegründung und Königsherrschaft

Täglich zeigten sie so, wie durch Feuer und neue Erfindung
Ihr bisheriges Leben zu bessern sei. So begannen
Männer, die mehr als die ändern durch Geist und Verstand sich
bewährten,
Städte zu gründen und dort als Könige Burgen zu bauen,
Die sie als Zufluchtsort und als Schutz für sich selber bestimmten;
Und sie verteilten das Vieh und die Äcker und gaben sie jedem,
Wie nach Gestalt und Kraft des Körpers und Geistes ihm zukam.
Denn viel galt noch die äußre Gestalt, und die Stärke regierte.
Später erst kam der eigne Besitz, und das Gold ward gefunden,
Gold, das die Starken und Schönen der früheren Ehre beraubte.
Denn in des reicheren Mannes Gefolgschaft reiht in der Regel
Auch der noch so Starke sich ein und der äußerlich Schöne.
Doch wenn der Mensch nach der Wahrheit wüsste ein Leben zu leiten,
Wäre des Reichtums Gipfel: bescheidenes Leben mit Gleichmut;
Denn der bescheidene Mensch kennt niemals wirkliche Armut.
Aber die Leute erstrebten berühmt und mächtig zu werden,
Um auf gesichertem Grund ihr Lebensschicksal zu bauen
Und als reiche Besitzer behaglich ihr Dasein zu führen.
Freilich umsonst! Denn im Wettkampf sucht auf den Gipfel
der Ehren
Jeder zu kommen und macht sich den Weg dorthin nur gefahrvoll.
Und doch, haben sie's endlich erreicht, so stürzt sie bisweilen
Aus der Höhe der Neid wie ein Blitz in des Tartarus Grauen.
Denn gewöhnlich versengt so der Neid wie der Blitz das Erhabne
Und was irgendwie höher sich über das andre emporhebt.
Wieviel besser ist's doch zu gehorchen in Ruhe und Frieden,
Als der gebietende Lenker des Staats und sein König zu werden!
Lass sie daher nur umsonst blutschwitzend weiter sich abmühn
Und sich den engen Weg erkämpfen im Ringen der Ehrsucht.
Denn sie richten sich nur nach der anderen Urteil und stecken
Mehr nach der Leute Geschwätz sich das Ziel als der eignen
Empfindung,
Und so ist's, wie es immer schon war und auch künftig noch sein wird,

Sturz des Königtums. Volksherrschaft

Also die Könige fielen! Gestürzt lag ihrer erhabnen
Throne vergangene Pracht und ihr stolzes Szepter am Boden;
Blutig vom Herrscherhaupt ward gerissen die strahlende Krone,
Die zu den Füßen des Pöbels die einstige Ehre betrauert.
Was man so sehr einst gefürchtet, nun tritt man es eifrig mit Füßen.
So kam also der Staat in die Hände der Hefe des Volkes,
Wo ein jeder für sich die Gewalt und Herrschaft erstrebte.
Doch jetzt lehrten auch manche, Beamte zu wählen und Rechte
Festzustellen, damit den Gesetzen man willig gehorche.
Denn das Menschengeschlecht war müde sein Leben gewaltsam
Und in beständiger Fehde zu führen. So beugt' es von selber
Willig sich unter das Joch der Gesetze und strengeren Rechtszwangs.
Denn weil jeder im Zorn erbitterter fröhnte der Rachsucht
Als ein billig Gesetz es zur Zeit dem einzelnen einräumt,
Ward man es überdrüssig sein Leben gewaltsam zu führen.
Furcht vor Strafe befleckt seitdem die Freude am Dasein.
Denn die verübte Gewalt und das Unrecht fängt in dem Netze
Jeden und kehret gewöhnlich zurück auf das Haupt des Verbrechers.
Wer durch Verbrechen verletzt die gemeinsamen Friedensverträge,
Dem wird's schwierig zu führen ein ruhiges, friedliches Leben.
Denn ob zunächst er auch täuscht der Götter und Menschen
Geschlechter,
Kann er doch nicht wohl hoffen, sein Tun bleib' ewig verborgen.
Haben nicht viele schon häufig im Schlafe sich übel verplaudert,
Oder auch, wie man erzählt, in der Krankheit irre geredet
Und so ihre geheimen [Verbrechen] und Sünden verraten?

Ursprung der Gottesverehrung

Nunmehr scheint es nicht schwer, den Grund der Götterverehrung
Aufzudecken, wodurch sie sich über gewaltige Völker
Habe erstreckt und die Städte mit Götteraltären erfüllet,
Wie sie die jährliche Ordnung der heiligen Feste geregelt,
Die noch jetzt sind im Schwang in den größten Staaten und Städten,
Ferner woher in den Menschen der heilige Schauer gepflanzt ward,
Der jetzt überall noch auf dem Erdkreis Tempel auf Tempel
Göttern errichtet und zwingt, sie an festlichen Tagen zu feiern.

Nämlich, es waren natürlich schon damals dem menschlichen Geiste
Herrliche Göttergestalten von wundersam riesigem Wüchse
Teils im Wachen erschienen, jedoch noch öfter im Traume.
Diesen Gestalten nun lieh man Gefühl. Denn sie regten die Glieder,
Wie es wenigstens schien, und sprachen erhabene Worte,
Welche der hehren Gestalt und den riesigen Kräften entsprachen.
Ewiges Leben verliehen sie ihnen, weil ständig die Götter
Unter der nämlichen Form und Gestalt den Menschen erschienen.
Und vor allem jedoch, weil solche gewaltigen Wesen
Schwerlich besiegbar erschienen durch irgend andere Kräfte.
Drum schien ihnen ihr Leben vor ändern besonders begnadet,
Weil auch nicht einen von ihnen die Furcht vor dem Tode bekümmre.
Sahen sie doch in den Träumen, wie Götter so zahlreiche Wunder
Wirkten, wobei sie doch selbst nicht die mindeste Mühe verrieten.
Dazu gewahrten sie auch die geregelte Ordnung des Himmels,
Und wie die Jahreszeiten in ständigem Wechsel sich drehten,
Ohne dass ihnen der Grund für diese Erscheinungen klar ward.
Und so flüchteten sie zu den Göttern, vertrauten sich ihnen,
Deren Geheiss und Wink, wie sie glaubten, die Welten regiere.
In den Himmel verlegten sie Tempel der Götter und Wohnsitz,
Weil auch Sonne und Mond durch den Himmel schienen zu wandeln,
Mond und Tag und Nacht und der Nacht tiefernste Gestirne,
Und die nächtlichen Fackeln des Himmels und fliegenden Flammen,
Wolken und Tau und Regen und Schnee, Wind, Hagel und Blitze,
Rasend heulender Sturm und gewaltig drohender Donner.

O unseliges Menschengeschlecht, das solches den Göttern
Zuschrieb, ja ihnen gar der Zornwut Bitterkeit beigab!
Wieviel Seufzer erschuf es sich selbst, wie grässliche Wunden
Schlug es auch uns, was kommt noch an Tränen auf unsere Kinder!
Frömmigkeit ist es mitnichten, verhüllten Hauptes ein Steinbild
Zu umwandeln und opfernd an alle Altäre zu treten
Oder zur Erde zu fallen der Länge nach oder die Hände
Zu den Tempeln der Götter zu heben und reichliches Tierblut
Ihren Altären zu weihn und Gelübd' an Gelübde zu reihen,
Sondern mit ruhigem Geiste auf alles schauen zu können.
Blicken wir nämlich empor zu den Himmelsräumen des Weltalls
Und zu den funkelnden Sternen im Äther, der drüber sich wölbet.
Und wir erwägen im Geiste die Bahnen des Monds und der Sonne,

Dann reckt gegen die Brust, wo sie schlief von den anderen Leiden
Niedergehalten, ihr Haupt, das wiedererwachte, die Sorge,
Ob es nicht doch vielleicht der Götter unendliche Macht sei,
Welche in wechselnden Bahnen die hellen Gestirne herumführt.
Denn es verwirrt den zweifelnden Geist das Vertagen der Einsicht,
Ob wohl irgendeinmal die Schöpfungsstunde der Welt schlug,
Ob auch ein Ende es gäbe, solange die Mauern des Weltalls
Und der Gestirne geräuschloser Lauf sich der Mühe nicht weigern.
Oder ob göttliche Huld sie mit ewigem Leben beschenkt hat,
Dass sie, da stets in der Ewigkeit Schwung sie sich drehen, deswegen
Könnten der Übergewalt der unendlichen Ewigkeit trotzen.

Und: wem krampft sich das Herz nicht aus Angst vor den
Göttern zusammen,
Wem fährt nicht ein entsetzlicher Schreck in die Glieder,
wenn plötzlich
Furchtbarer Blitzeinschlag die vertrocknete Erde erschüttert,
Während des Himmels Gewölbe durchrollt der grollende Donner?
Zittern nicht ganze Völker alsdann? Erfasst nicht der Schrecken
Stolzer Könige Glieder, so dass sie in Angst vor den Göttern
Fürchten, es nahe die Stunde, in der sie für scheusslichen Frevel
Oder tyrannischen Spruch die Bestrafung müssten erwarten?
Auch, wenn der Winde Gewalt wildwütend über das Meer fährt,
Und den Gebieter der Flotte mit seinen gewaltigen Legionen
Und Elefanten zumal hin über die Flächen des Meers fegt,
Fleht er die Götter um Gnade nicht an mit Gelübden und bittet
Zitternd und zagend die Winde um Frieden und günstige Brise?
Ach, umsonst! Mit wilder Gewalt erfasst ihn der Wirbel,
Dass er trotz aller Gebete versinkt in den Fluten des Todes.
So tritt eine geheime Gewalt das Menschentum nieder,
Wirft in den schmutzigen Kot die stattlichen Bündel und Beile
Und treibt Spott, wie es scheint, mit den Zeichen
grausamer Herrschaft.
Endlich, wenn unter den Füßen die ganze Erde uns schwanket,
Wenn durch die Stöße die Städte teils stürzen, teils drohen mit Ein-
sturz,
Ist es dann wunderbar, dass die Menschheit selbst sich gering schätzt,
Aber die Götter sich denkt mit der Fülle gewaltiger Stärke
Und mit Wunderkräften, die alles hinieden regieren?

Entdeckung der Metalle

Schließlich nun wurde das Kupfer entdeckt und das Gold und das Eisen
Und zugleich auch des Silbers Gewicht und die Wirkung des Bleies.
Dies fand statt, als ein Feuer auf hohem Gebirge den Urwald
Hatte verbrannt, sei's dass dort ein Blitz aus dem Himmel gezündet,
Oder dass Menschen das Feuer im Waldkrieg, den miteinander
Sie dort führten, entfacht, um hierdurch die Feinde zu schrecken,
Oder dass andre verlockt durch die Güte des Bodens mit Feuer
Boden und fruchtbaren Acker und Weideland wollten gewinnen
Oder auch Wild erjagen und sich mit der Beute bereichern;
Denn das Jagen mit Feuer und Gruben ward früher erfunden
Als das Umstellen des Forstes mit Netzen und Hetzen mit Hunden,
Was nun auch immer der Grund zur Entstehung des Brandes gewesen,
Der mit schaurigem Prasseln den Wald bis zur untersten Wurzel
Hatte verzehrt und den Boden verbrannt durch die Gluten des Feuers:
Aus den siedenden Adern verfloss in die Mulden der Erde
Ein sich sammelnder Bach von Gold und Silber und Kupfer,
Ebenso auch von Blei. Als später man sah, wie die Massen,
Die sich verhärteten, glänzten mit blitzendem Schein aus dem Boden,
Hob man sie auf durch die Glätte gelockt und das glänzende Aussehn.
Da bemerkte man nun, sie seien entsprechend gestaltet,
Wie die Höhlung, die jedes gefüllt, nun grade geformt war.
Da kam jetzt der Gedanke, es ließen sich diese Metalle,
Die man durch Hitze verflüssigt, in alle beliebigen Formen
Gießen und dann noch weiter durch Hämmern also verfeinern,
Dass man daraus selbst feinste und schärfste Schneiden gewinne,
Um sich Waffen zu schaffen, um Waldungen roden zu können,
Stämme zum Bau zu bebauen und glatt die Bretter zu hobeln
Und mit verschiedenen Bohrern im Holz die Löcher zu bohren.
All dies tat man nicht bloß mit der Kraft des härteren Erzes,
Sondern versuchte zuerst dasselbe mit Gold und mit Silber;
Doch vergeblich; zu weich war bei diesen Metallen die Masse
Und nicht ähnlich geeignet die härtere Arbeit zu leisten.
Da stand höher im Preise das Erz, und das Gold war als unnütz
Wenig geachtet, da leicht die Schärfe der Schneide sich abstumpft.
Jetzt wird das Erz nicht beachtet, das Gold steht oben im Preise,

So verändert der Wechsel der Zeit auch die Lage der Dinge.
Was vordem ward geschätzt, wird schließlich des Wertes entkleidet;
Dafür steigt dann ein andres empor aus verachtetem Dunkel;
Täglich erstrebt man es mehr, man begrüßt die Entdeckung mit Jubel,
Und die Menschen erweisen ihm unbegreifliche Ehre.

Erz und Eisen

Danach kannst du nun leicht, mein Memmius, selber die Kenntnis
Über die Art dir verschaffen, wie einstens das Eisen entdeckt ward.
Hände und Nägel und Zähne, das waren die ältesten Waffen,
Ebenso Steine, auch Aste, die jeder vom Baume sich abbrach,
Endlich Flamme und Feuer, nachdem dies einmal entdeckt war.
Später erst wurde erkannt des Eisens und Erzes Bedeutung.
Und zwar lernte man eher das Erz als das Eisen verwenden,
Da von Natur es geschmeidiger ist und sich häufiger findet.
Erz durchpflügte den Boden, mit Erz erregte man Wogen
Brandenden Schlachtengewühls, Erz säte grässliche Wunden,
Erz nahm Herden und Acker hinweg. Denn den ehernen Waffen
Musste ja alles, was nackt und wehrlos war, sich ergeben.
Dann erst Schritt für Schritt drang weiter das eiserne Schwert vor,
Und man verhöhnte sogar die Erscheinung der ehernen Sichel.
Nun erst begann man mit Eisen den Boden der Erde zu furchen,
Gleiche Bewaffnung führte den Kampf im schwankenden Kriege.

Kriegswerkzeuge

Erst bestieg man bewaffnet die Rippen des Rosses und lenkte
Dies mit der Linken am Zügel, die Rechte war rüstig zum Kampfe.
Dann versuchte man erst mit dem Doppelgespanne das Kriegsglück.
Und zweispännig zu fahren ward eher beliebt als mit vieren
Und als bewaffnet zu steigen auf sichelbewaffnete Wagen.
Dann erst lehrten die Punier[33] die eklen Lucanischen Ochsen,
Mit dem Turm auf dem Rücken und Schlangenrüsseln, des Krieges
Wunden verachten und Massen des feindlichen Heeres durchbrochen.

---

[33] Als *Punier* (lateinisch Poeni) wurden von den Römern die semitischen
Phönizier Nordafrikas bezeichnet. Die Bezeichnungen ›Punier‹,
›Phönizier‹ und ›Karthager‹ finden weitgehend synonym Verwendung.

So trieb eins aus dem ändern hervor die traurige Zwietracht,
Um dem Menschengeschlecht als schaurige Waffe zu dienen,
Und tagtäglich vermehrten sich so die Schrecken des Krieges.
Auch versuchte man Stiere im Dienste des Kriegs zu verwenden
Und wildwütende Eber den Feinden entgegen zu schicken.
Ja man sandte dem Heere voraus gar grimmige Löwen,
Welche bewaffnete Wärter und grausame Bändiger führten,
Um sie lenken zu können und fest an der Kette zu halten.
Doch vergeblich! Erhitzt vom beiderseitigen Blutbad
Brachten sie wütend die Reihen von Freund und Feind in Verwirrung,
Hier und da die Mähnen des Haupts die schrecklichen schüttelnd.
Vor dem Gebrüll nun scheuten die Rosse, die Reiter vermochten
Nimmer die Tiere zu halten noch gegen die Feinde zu lenken.
Wütend warfen die Löwinnen sich mit gewaltigen Sätzen
In das Gewühl und packten von vorn die begegnenden Krieger.
Andere gar. Nichtsahnende, rissen von hinten sie nieder.
Wo ihr starkes Gebiss und die krallige Tatze sich einschlug,
Hielten die blutigen Leiber sie festumklammert am Boden.
Und in die Lüfte warfen die Stiere die eigenen Leute
Und zertrampelten sie und rissen den Rossen den Bauch auf
Mit dem Gehörn und zerwühlten in drohender Weise den Boden,
Ähnlich die Eber. Sie schlugen mit ihren Hauern die Freunde,
Netzten in Wut den zerbrochenen Speer mit dem eigenen Blute,
Den im eigenen Leibe zerbrochenen Speer mit dem Blute,
Und so brachten gemeinsamen Tod sie dem Reiter- und Fußvolk.
Denn die Pferde entzogen dem Schlage der Hauer sich seitwärts
Oder sie bäumten sich auf und suchten die Luft mit den Füßen.
Aber vergeblich! Man sah, wie sie stracks mit durchschnittenen
Sehnen Niederstürzten, den Boden mit wuchtigem Falle bedeckend.
Hielt man nun auch wohl die Tiere daheim für genügend gebändigt,
Hier in der Schlacht brach sichtbar hervor die frühere Wildheit
Durch Verwundung, Geschrei, Flucht, Schrecken und
Kampfesverwirrung.
Nicht ein einziges Stück der Bestien brachte man wieder,
Denn es verliefen sich alle an Art doch verschiedenen Tiere,
Wie die Kriegselefanten auch jetzt bei verkehrtem Vorantrieb
Fliehen, nachdem in der Wut sie die ihrigen mächtig geschädigt.
[So erkannten die Ärmsten zu spät den Schaden des Tierkampfs,]

Wenn sie ihn wirklich erkannten. Doch glaub ich, man könnt' es schon vorher
Sich wohl denken im Geiste und wohl als möglich voraussehn,
Wie hieraus erwüchse gemeinsames, schrecklichen Unheil.
Eher wohl kannst du behaupten, es wäre geschehen im Weltall
Auf verschiedenen Welten von ganz verschiedner Entstehung
Als auf einem bestimmten, beliebig gegriffenen Erdkreis.
Aber sie wollten es tun nicht so sehr in der Hoffnung zu siegen
Als selbst unterzugehn, doch im Tod noch dem Feinde zu schaden,
Da ihr Heer zu gering an Zahl und von Waffen entblößt war.

Webekunst

Kleider wurden geflochten, bevor es gewebtes Gewand gab.
Weben entstand nach dem Eisen, da Eisen zum Weben gebraucht ward.
Anders konnte man nicht so glattes Geräte gewinnen;
Spindel und Spule und Schiff und die sausenden Bäume des Web-stuhls.
Wolle zu spinnen hat Männer zuerst gelehrt der Naturtrieb,
Dann erst das Weibergeschlecht; denn weit überlegen im Handwerk
Ist überhaupt das Männergeschlecht und um vieles geschickter;
Doch die Bauern, die streng das Geschäft für schimpflich erklärten,
Wollten aus diesem Gründe in weiblichen Händen es wissen,
Um selbst härteres Werk mit Arm und mit Bein zu verrichten.

Baumzucht

Aber der Welt Urschöpferin selbst, die Natur, ist es letztlich,
Die uns das Vorbild gab für das Säen und Pfropfen der Bäume.
Denn wo die Beeren und Eicheln herab von den Bäumen gefallen,
Sprosste darunter zur Zeit der Schößlinge Schwärm in die Hohe.
Dann entschloss man sich auch Pfropfreiser in Äste zu senken
Und auf dem Feld in den Boden die jungen Sprossen zu pflanzen.
Auf der geliebten Scholle versuchte nun jeder den Anbau
Mannigfaltiger Saat. Man sah, wie der Boden veredle
Wildes Gewächse, sobald man mit Fleiß und mit Liebe ihn pflege.
So ward mehr ins Gebirge gedrängt allmählich die Waldung,
Und in der Niederung trat an die Stelle des Waldes der Fruchtbau.
Wiesen, Teiche, Kanäle und Kornfeld, labenden Wingert

Legten auf Hügeln und Feldern sie an, und der bläuliche Ölbaum
Zog sich zwischen den Feldern entlang als scheidender Grenzrain,
Der die Hügel hinauf- und in Täler und Felder hinabstieg.
Und so siehst du nun jetzt mit dem buntesten Reize geschmückt
Alles Gelände, und köstliches Obst wächst mitten dazwischen,
Während sich rings fruchttragend Gesträuch als Hecke herumzieht.

Erfindung der Musik

Lange schon ahmte der Mensch mit dem Munde das Vogelgezwitscher
Nach, bevor er es lernte ergötzliche Lieder zu singen
Und durch ihre Verkündung das lauschende Ohr zu entzücken.
Zephyrs Säuseln im Rohr war die erste Belehrung des Landmanns.
Als er zu blasen begann auf dem hohlen Stengel des Schierlings.
Dann erlernte man mählich die süßen Töne der Klage,
Die der Flöte entströmt, wenn des Spielers Finger sie meistert,
Der die Weise gefunden in göttlich begeisterter Musse,
Während er einsam schweifte durch Triften der Hirten und Wälder.
Solche Musik bezauberte jetzt und ergötzte die Menschen,
Wenn sie den Hunger gestillt; dann freut uns ja allerlei Kurzweil.
Und so lagerten sie miteinander auf schwellendem Rasen
Oft an des Bächleins Rand in dem Schatten ragender Bäume,
Und sie labten vergnügt sich mit ihren bescheidenen Mitteln,
Wenn sie zumal auch das Wetter begünstigte und wenn der Frühling
Grünende Wiesengefilde mit farbigen Blumen bestickte.
Da gab's scherzhaft Gespräch und heitres Gekicher, wie üblich;
Denn die ländliche Muse war jetzt in der blühenden Vollkraft.
Ausgelassene Lust hieß jetzt sie das Haupt und die Schultern
Mit geflochtenen Kränzen aus Blumen und Blättern umwinden,
Trieb sie dazu, nun die Glieder im taktlosen Tanze zu schwingen
Und mit polterndem Fuße die Mutter Erde zu stampfen.
Dies erweckte nun wieder Gelächter und heitres Gekicher,
Weil dies damals noch neu und darum wunderbar wirkte.
Musste man wachen, so war's ein Ersatz für den fehlenden
Schlummer,
Mancherlei Töne zu bilden und Melodien zu singen
Und mit gebogener Lippe die Hirtenflöte zu spielen.
Drum hat sich dies bei den Wächtern noch jetzt im Gebrauche
gehalten.

Jetzt erlernte man auch auf die Einheit des Taktes zu achten;
Jene Urwaldrasse der erdentsprossenen Menschheit
Schöpfte gewiss hieraus nicht mindres Vergnügen als wir jetzt.
Denn was grade im Schwang, das gefällt und wirkt ja besonders,
Wenn man nicht vorher schon Schöneres hatte gesehen.
Wird dann später das Bessere entdeckt, so vernichtet es alles,
Was man früher geliebt: der Geschmack verändert sich eben.
So ward ihnen die Eichel verhasst, so verließ man die alten
Lagerstätten, die Gräser und Laubwerk hatten gepolstert.
Ebenso fiel in Verachtung die frühere Kleidung aus Tierfell.
Einstmals musste den Neid, wie mich dünkt, die Erfindung des
Fellkleids
Wecken, so dass sein Träger von Meuchelmördern bedroht war.
Und doch musst' es verschwinden und konnte nicht
fürdermehr dienen,
Weil es im Hader des Streits zerrissen und blutüberströmt ward.
Damals war es das Fell, jetzt bringt das Gold und der Purpur
Sorgen dem Leben der Menschen und stiftet bei ihnen den Krieg an.
Doch kommt größere Schuld, wie mich dünkt, auf unsere Rechnung.
Jene Söhne der Erde, die nackt und noch ohne die Felle
Waren, litten vom Prost; doch was schadet es uns, wenn dem Kleide
Fehlet der Purpur, verbrämt mit Gold und mit riesigem Zierrat?
Könnte doch auch ein plebejisch Gewand vor der Kälte uns schützen!
So müht also das Menschengeschlecht sich umsonst und vergebens
Immerfort ab und verzehrt in den nichtigsten Sorgen sein Leben.
Leider versteht es ja nicht, der Besitzgier Schranken zu setzen
Und die Grenze, wieweit sich das wahre Vergnügen noch steigert.
Dies ist's, was mit der Zeit das Leben ins offene Meer trieb
Und von Grund aus erregte die mächtigen Wogen des Krieges.

Zeitrechnung

Aber die Wächter der Welt, die den großen, sich drehenden Tempel
Rings als Leuchten umwandeln, die Sonn' und der Mond, sie belehrten
Unser Menschengeschlecht, wie die Zeiten des Jahres sich drehen,
Und ein bestimmtes Gesetz und geregelte Ordnung die Welt lenkt.

Letzte Stufe der Kultur

Nunmehr lebte man sicher von mächtigen Türmen umschirmt
Und man bebaute die Erde, die einzeln verteilt und begrenzt ward.
Jetzt erblühte das Meer weithin von den Segeln der Schiffe,
Und durch Verträge gewann man die Hilfe der Bundesgenossen.
Jetzt auch begannen die Dichter die Heldentaten in Liedern
Uns zu verkünden; die Schrift war nicht lange vorher schon erfunden.
Deshalb kann man in unserer Zeit, was noch früher geschehn ist,
Nur erforschen, soweit uns der Schluss des Verstandes die Spur zeigt,
Schifffahrt, Ackerbebauung, Errichtung von Mauern, Gesetze,
Waffen, Straßen, Bekleidung und alles ähnliche Gute,
Ehren, und alles, was irgend zur Lebensverfeinerung beitrug,
Lieder und Bilder und alle die sonstigen bildenden Künste,
Lehrte Erfahrung und Übung den mählich von Stufe zu Stufe
Vorwärts schreitenden Geist, der unverdrossen sich mühte.
So bringt Schritt für Schritt die Zeit jedwedes zum Vorschein,
Und der Verstand hebt alles empor zum Reiche des Lichtes.
Denn man ersah mit dem Geiste, wie eins aus dem ändern sich
aufhellt,
Bis man in jeglicher Kunst zu dem höchsten Gipfel gelangt ist.

Sechstes Buch: Naturerscheinungen

Lob der Philosophie Epikurs

Weizenerzeugende Saat verteilte der leidenden Menschheit
Einst als erstes Athen, die Stadt mit leuchtendem Namen,
Die uns das Leben von neuem geschenkt, die Gesetze gegeben,
Die auch wieder zuerst dem Leben den süßesten Trost gab,
Als sie den Mann uns gebar, des' Geist sich so mächtig erwiesen,
Dass sein Wahrheitsmund die ganze Natur uns enthüllte.
Ob er auch selbst nicht mehr lebt, sein Ruhm ist längst bei den Völkern
Wegen des göttlichen Werks, das er schuf, bis zum Himmel gedrungen.
Denn als er sah, dass an dem, was die sterblichen Menschen an Nahrung
Brauchen, fast alles schon längst zu unsrer Verfügung bereit steht,
Dass mithin auch das Leben, soweit dies möglich, gesichert
Dasteht, ja dass die Großen in Reichtum, Ehre und Ansehn
Schwimmen und Glanz durch den trefflichen Ruf der Söhne gewinnen,
Und trotzdem kein einziger Mensch die Angst in dem Herzen
Los wird, welche die Seele auch wider Willen beständig
Quält und feindlich bedroht und zu wütenden Klagen veranlasst:
Da erkannte er wohl, dass der Fehler nur am Gefäß liegt,
Und dass alles durch dessen Schuld verderbt wird im Innern,
Was man auch nur an Genuss von außen her sammelt und eingießt.
Denn teils sah er es gänzlich leck und durchlöchert, so dass man
Nimmer durch irgendein Mittel es wirklich zu füllen vermöchte
Teilweise aber im Innern von eklem Geschmacke durchzogen,
Dass es dadurch auch alles verstänkerte, was man hineingoss.
Also begann er das Herz durch Wahrheitsworte zu läutern,
Wies die Begierde sowohl wie die Furcht in die richtigen Schranken,
Lehrte uns kennen, worinnen das höchste der Güter bestehe,
Das wir alle erstreben, und zeigte den Weg uns zum Heile,
Jenen Saumpfad, der uns zum Ziel im geradesten Lauf führt,

Zeigt' auch der Übel Geschmeiss, das in allen menschlichen Dingen
Uns gar mannigfaltig umschwirrt aus natürlichen Gründen,
Bald durch Zufall, bald durch Gewalt, so wie die Natur will,
Wies uns dann endlich die Tore, aus denen man gegen sie ausfällt,
Und so legte er dar, wie das Menschengeschlecht in dem Herzen
Unbegründet zumeist das Gewoge der Sorgen herumwälzt.
Denn wie in dunkler Nacht die Kindlein zittern und beben
Und vor allem sich graulen, so ängstigen wir uns bisweilen
Selbst am Tage vor Dingen, die wahrlich nicht mehr sind zu fürchten,
Als was im Dunkel die Kinder befürchten und künftig erwarten.
Jene Gemütsangst nun und die lastende Geistesverfinstrung
Kann nicht der Sonnenstrahl und des Tages leuchtende Helle
Scheuchen, sondern allein der Natur grundtiefe Betrachtung.
Lasst uns darum das begonnene Werk zu Ende nun weben!

Inhalt des vorigen Buches

Und da ich früher gelehrt, dass die Weltenräume vergänglich
Seien, der Himmel sogar aus erschaffenem Stoffe bestehe,
Da ich das meiste geklärt, was dort entsteht und entstehn muss:
So vernimm denn auch weiter, was jetzt noch bleibt zu erörtern,
(Da ich ja doch nun einmal den erhabenen Wagen der [Musen]
Mich zu besteigen [gerüstet), wie Blitz und Donner] entstehen,
[Wenn sich in rasender Wut] die Winde [und Wolken bekämpfen],
Und wie wieder aufs neue sich alles friedlich versöhnt
[Und], was [eben noch wild am ganzen Himmel] getobt hat,
Nunmehr wieder zur Ruhe sich kehrt, wenn die Wut sich gemäßigt.

Wirkung der Naturerscheinungen auf das menschliche Gemüt

Auch wenn sonstige Schrecken den zagenden Herzen der Menschen
Öfter am Himmel sowohl wie hienieden auf Erden erscheinen,
Da erfasst in der Tat ihr Gemüt die Angst vor den Göttern,
Die sie zu Boden drückt. Denn leider gebricht es an Einsicht
In die verborgenen Gründe. So sind sie gezwungen, den Göttern
Herrschaft über die Welt und Königsmacht zu verleihen.
Denn in diesem Geschehen die Gründe zu fassen, ist ihnen
Rein unmöglich. So schreiben sie alles der göttlichen Macht zu.

Entstehung des Götterwahns

Selbst wer richtig gelernt, dass die Götter ein sorgloses Dasein
Führen, bestaunt doch wohl, wie alles im einzeln sich abspielt,
Namentlich auch bei jenen Erscheinungen, welche den Blicken
Über unserem Haupte im Äthergefilde sich zeigen:
Dann fällt mancher wohl wieder zurück in den früheren Glauben
Und bekennt sich als Sklaven von grausamen Herren, an deren
Allmacht leider er glaubt. Er weiß nicht, der Arme, was sein kann
Und was nicht kann sein und wie weit jedwedem umzirkt ist
Seine wirkende Kraft und der grundtief ruhende Markstein.
Blind ist seine Vernunft; drum schweift er noch mehr in die Irre.
Wenn du nicht jene Gedanken mit Abscheu bannst aus dem Herzen
die heiligen Mächte der Götter verkümmern und oftmals
Kehren wider dich selbst; nicht als ob die göttliche Allmacht
Kränkung erlitte und zornig die strenge Bestrafung verlange,
Sondern vielmehr weil du selber die Götter, die friedlicher Ruhe
Pflegen, erregt dir denkst von den Wogen erschrecklichen Zornes.
So wirst nie du mit ruhigem Geist in die Tempel der Götter
Treten können und nimmer die Bilder göttlichen Leibes,
Wenn in den menschlichen Geist sie als Boten der göttlichen
Schönheit Eintritt fordern, empfangen in ruhigem,
friedlichem Herzen.
Daraus ergibt sich von selbst, welch' Leben dich künftig erwartet.

Inhalt des letzten Buches

Vielfach hab' ich gesagt, wie solch ein erbärmliches Leben
Weit wir weisen zurück mit den lautersten Wahrheitsgründen;
Aber es bleibt noch viel, was in sauberen Versen mir obliegt
Auszuführen: ich muss System und Erscheinung des Himmels
Fassen, ich muss die Gewitter und flammenden Blitze besingen,
Ihre Gewalt und die Gründe des jedes Maligen Ausbruchs,
Dass du nicht fragst, wahnsinnig vor Angst, nach dem
Himmelsbezirke,
Welchem der fliegende Strahl entsprang, und wohin er sich wandte,
Rechtswärts oder nach links, wie ferner er konnte durch Mauern
Dringen, dort schalten nach Lust und wieder von da sich erheben.
Freilich von diesem Geschehen den Grund zu erfassen, ist jenen

Rein unmöglich; drum schreiben sie alles der göttlichen Macht zu.
Wenn ich den Wettlauf jetzt nach dem letzten glänzenden Ziele
Richte, so weise den Weg, Kalliope[34], kundige Muse,
Mühsalstillender Trost für die Menschheit, Wonne der Götter,
Leite mich, dass ich erringe die herrliche Krone des Ruhmes!

Gewitter

Erstens, der Donner erschüttert die heitere Bläue des Himmels,
Weil hochfliegende Wolken im Äther einander sich stoßen,
Wenn in der Mitte sie stehn von entgegen gerichteten Winden.
Nie dröhnt Donnergebrüll von der heiteren Seite des Himmels,
Sondern von dort, wo die Wolken in dichterem Zuge sich drängen,
Hört man gewöhnlich den lautesten Schall mit gewaltigem Grollen.
Ferner, es können die Wolken nicht so wie Steine und Holz sein
Aus verdichtetem Stoffe, noch andererseits aus so feinem,
Wie uns die Nebel ihn zeigen und fliegende Wolken des Rauches:
Denn sonst stürzten wie Steine mit plumpem Gewicht sie zu Boden,
Oder sie könnten wie Rauch sich zusammen nicht halten, noch in sich
Starrende Massen von Eis und Hagelschauer verbergen.
Auch hört oft man ein klatschend Geräusch durch die Weiten des
Weltalls,
Wie mitunter ein Segel, das über die großen Theater
Von dem Gebälk zu den Masten sich spannt, vom Winde gebläht
wird;
Manchmal rast es wie toll, wenn frech es zerrissen ein Windstoß,
Und gibt knatternden [Ton], als ob man Papiere zerfetze,
(Denn auch solches Geräusch vernimmt man im Rollen des Donners),
Oder als ob die Winde ein aufgehängtes Gewandstück
Oder ein flatternd Papier in den Lüften wirbeln und peitschen.
Manchmal kommt es auch vor, dass die Wolken einander begegnen
Nicht mit der Stirne voran, vielmehr mit der Flanke vorbei sich
Schieben, indem sie entgegengesetzt aneinander sich reiben:
Dann trifft unser Gehör der bekannte langhin gezogne,

---

[34] *Kalliope*, ›die Schönstimmige‹, (lat. Calliopa) ist eine der neun Töchter
des Zeus und der Mnemosyne. Sie ist die Muse der epischen Dichtung,
der Wissenschaft, der Philosophie und des Saitenspiels sowie die Muse
des Epos und der Elegie.

Knatternde Ton, bis sie endlich heraus aus der Enge sich winden.
Auch auf folgende Art sieht's oft bei schwerem Gewitter
Aus, als ob alles erbebe und plötzlich die mächtigen Mauern
Unseres Weltenbaus auseinandergerissen zerklafften:
Wenn ein gewaltiger Sturm sich mit plötzlich gesammelten Kräften
Einbohrt in das Gewölk und sich drinnen verschlossen im Wirbel
Dreht und hierdurch allmählich ringsum die Wolken veranlasst,
Eine verdichtete Schicht um die innere Höhlung zu bilden,
Wenn dann seine Gewalt und sein heftiges Ungestüm nachlässt,
Platzt urplötzlich die Wolke mit ohrenbetäubendem Krachen.
Und kein Wunder! So platzt ja doch auch im kleinen die Blase,
Die man mit Luft voll füllt, gar oft mit gewaltigem Knalle.
Bläst der Wind durch die Wolken, so kann auch aus anderen Gründen
Dann ein Geräusch entstehn. Wir sehn ja, wie oft das Gewölke
Mannigfaltig verästelt und zackig zerrissen daher schwebt.
Deshalb rauscht es natürlich, wie wenn durch ein waldiges Dickicht
Stürme des Nordwinds sausen und Äste und Zweige erkrachen.
Manchmal kommt es auch vor, dass des Windes gewaltige Stoßkraft
Grad auf die Wolke sich lenkt, sie durchbricht und mitten
entzwei reißt.
Denn was sein Wehen vermag, das lehrt uns ja klar die Erfahrung
Hier auf Erden, wo linder er weht; doch reisst er im Wirbel
Ragende Bäume heraus mit der Wurzel aus tiefster Tiefe.
Auch gibts Wogen im Wolkenmeer, die gegeneinander
Schlagend ein dumpfes Gebrause bewirken, wie wenn sich die
Brandung
An dem Gestade des Weltmeers bricht und der mächtigen Ströme.

Blitzerscheinungen

Solch ein Getöse entsteht, wenn ein Blitz von Wolke zu Wolke
Überspringt; wenn das Feuer gerade auf reichliches Wasser
Auftrifft, tötet das Nass ihn sofort mit lautem Geprassel,
Wie wenn glühendes Eisen aus lodernder Esse genommen
Aufzischt, wenn man sofort es in eisiges Wasser hinein taucht.
Springt dagegen das Feuer auf trocknere Wolke hinüber,
Lodert sie plötzlich empor und verbrennt mit gewaltigem Prasseln,
Wie wenn die Lorbeerhänge der Berge verwüstet ein Waldbrand,
Der von wirbelnden Winden genährt mit Heftigkeit wütet.

Denn nichts brennt auf der Welt mit so entsetzlichem Prasseln
Als die Flamme des Baums, der dem delphischen Phöbus[35]
geweiht ist.
Oft macht schließlich das Eis, wenn es kracht, und das Fallen des Hagels
In den größeren Wolken ein lautes Gelärm in der Höhe.
Denn wenn der Wind in der Enge zusammen sie drängt, dann zerbrechen
Jene Wolkengebirge aus Eis, das mit Hagel gemischt ist.
Ebenso blitzt's, wenn die Wolken bei ihrer Begegnung in Menge
Feueratome entladen, wie wenn man den Stein mit dem Stahl schlägt
Oder auch Stein auf Stein; auch dann springt plötzlich ein Lichtblitz
Aus ihm heraus und das Feuer verstreut hellsprühende Funken.
Dass man den Donner jedoch meist später vernimmt mit dem Ohre
Als man den Blitz mit dem Auge erschaut, kommt daher, dass alles
Langsamer trifft auf das Ohr als das Auge die Reizung empfindet.
Dies ersieht man auch hieraus: so oft aus der Ferne du zuschaust,
Wie man ragende Bäume mit doppelschneidiger Axt fällt,
Wirst du den Axthieb früher gewahr, als der Schlag dir zu Ohren
Kommt. So sehen wir auch den Blitzstrahl früher mit Augen,
Als wir den Donner vernehmen, obwohl er zugleich mit dem Feuer
Und aus ähnlichem Grund beim Zusammenstoße erzeugt wird.
Auch auf folgende Art erleuchten mit fliegendem Lichtglanz
Wetterwolken die Räume und zuckendes Wettergeleuchte.
Hat sich der Wind in die Wolken gebohrt und ein sich genistet,
Dass er, wie früher gelehrt, die Wolkenhöhlung verdichtet,
Dann macht diese Bewegung ihn glühend, wie alles Bewegte
Sich durchhitzt und erglüht, wie du siehst. Ja die bleierne Kugel
Schmilzt sogar bei längerem Flug infolge der Drehung.
So zerreisst der entzündete Wind die dunkele Wolke
Und streut die durch den plötzlichen Druck entladnen Atome
Glühenden Feuers hinaus; sie entflammen die nickenden Blitze;
Dann erst hört man den Donner, der später an unser Gehör schlägt,

---

[35] *Phöbus*: Hier eine Figur aus den *Delphischen Hymnen*, die zu den ganz wenigen erhaltenen Beispielen antiker griechischer Musik gehören. Die beiden Hymnen an Apollo sind am Schatzhaus der Athener in Delphi in Stein gemeißelt. Sie stammen wahrscheinlich aus den Jahren 138 und 128 vor Christus.

Als was von dorten gelangt in unserer Augen Gesichtsfeld.
Freilich erfolgt dies nur, wenn die Wolken sich dichter geschichtet
Und mit erstaunlicher Wucht aufeinander sich haben geschoben.
Lass dich dabei nicht beirren, dass wir von hier unten erblicken
Mehr, wie sie ziehn in die Breite als wie sie nach oben sich türmen.
Schau dir nur an, wenn die Wolken wie mächtige Berge gestaltet
Quer durch die Luft hin jagen von stürmischen Winden getrieben,
Oder wie Wolkenmassen um hochaufragende Berge
Übereinander sich häufen und dort in Ruhe gelagert
Schwer von oben her drücken, wenn ringsum schlafen die Winde:
Dann erst kannst du ermessen, wie hoch sich die Massen erheben,
Kannst auch die Höhlen erblicken, die gleichsam von hängenden Felsen
Werden gebildet und die, wenn ein Sturm sich erhebt, von den Winden
Werden gefüllt; und diese nun rings von den Wolken umschlossen
Grollen mit lautem Geheul wie die wilden Tiere im Käfig,
Lassen bald hier bald dort durch die Wolken ihr Brüllen erschallen,
Wälzen sich hin und her, um die Ausgangspforte zu finden,
Wirbeln dadurch im Gewölk viel Feueratome zusammen,
Und so drehn sie die Flammen herum in der Höhlung des Ofens,
Bis das Gewölke zerplatzt und der Blitzstrahl zuckend herausfährt.
Auch aus folgendem Grunde mag jener golden gefärbte,
Helle, bewegliche Strahl zur Erde hinunter sich schwingen,
Weil notwendigerweise die Wolken schon selber mit Feuer
Stark geladen sein müssen. Denn wenn sich in ihnen kein Nass mehr
Findet, dann sind sie zumeist von glänzend feuriger Farbe.
Nämlich vom Lichte der Sonne erhalten sie reichlichen Abglanz,
Dass sie mit Grund rot glänzen und feurige Strahlen entsenden.
Treibt nun ein Windstoß diese an einem Ort aufeinander
Und zwängt hier sie zusammen, dann pressen sie Feueratome
Aus und diese bewirken das feuerfarbene Blitzlicht.
Auch wenn dünn das Gewölk nur ist, blitzt's öfter am Himmel.
Denn wenn der Wind nur leise den Zug der Wolken zerschneidet
Und voneinander löst, dann fallen von selbst die Atome,
Welche das Blitzen erzeugen, heraus. Dann gibt es ein stilles
Wetterleuchten und ohne den widrigen Schrecken und Aufruhr.

Wesen und Wirkung des Blitzes

Übrigens zeigen die Blitze ihr wahres Wesen und Wirken
Erst durch den Einschlag an und das Brandmal, das sie erzeugen
Und durch die Spuren von Schwefel und seinem erstickenden Dunste;
Denn das sind Zeichen von Feuer und nicht von Wind noch von
Regen.
Oft entzündet zudem noch der Blitz die Dächer der Häuser
Und in den Wohnungen schaltet die reissende Flamme als Herrscher.
Unter den Feuern der Welt ist das Feuer des Blitzes das feinste,
Denn ihm gab die Natur die beweglichsten, kleinsten Atome,
Denen sich nichts auf der Welt zu widersetzen vermöchte.
Denn der gewaltige Blitz durchbricht das Gemäuer der Häuser,
Wie das Geschrei und die Stimme; er dringt durch Fels und Metalle
Und verflüssigt in einem Moment das Gold und das Kupfer,
Ja er verflüchtigt den Wein im Augenblick, ohne die Krüge
Irgendwie zu verletzen, weil nämlich sein nahender Gluthauch
Alles rings um den Wein auflockert, die Wände des Kruges
Leicht durchlässig gestaltet und dann in das Innre behände
Schlüpfend rasch die Atome des Weins zerlegt und zerstreuet, –
Was wohl die Gluten der Sonne in Menschenaltern nicht leisten
Könnten, so sehr sie auch sonst durch ihr zuckendes Feuer
Gewalt hat:
So übertrifft sie die Herrschernatur des beweglichen Blitzes.

Wie entsteht der Blitz?

Nunmehr will ich erklären, um dich mit Versprechen nicht länger
Hinzuhalten, wie Blitze entstehn und so ungestüm wirken,
Dass ihr feuriger Strahl imstande ist Türme zu spalten,
Wohnungen niederzuwerfen, Gebälk und Sparren zu stürzen,
Grabdenkmäler der Helden zu schädigen und zu erschüttern,
Menschen zu töten und Vieh bald hier bald da zu vernichten:
Worin besteht nur die Kraft, die all dergleichen kann leisten?
Blitze entstehen allein aus dichtem und hoch aufeinander
Aufgetürmtem Gewölk. So darf man wohl glauben; denn niemals
Blitzt es aus heiterem Himmel und leichter geschichteten Wolken.
Ganz unzweifelhaft lehrt uns doch dies die Erfahrung der Sinne,
Denn wenn das Wetter beginnt den Blitz in Bewegung zu setzen,

Ballen die Wolken im ganzen Bereiche der Luft sich zusammen
Also dicht, dass man meint, aus dem Schlund des Acheron steige
Alle Finsternis auf und fülle das Himmelsgewölbe:
So schlimm droht uns von oben ein schwärzliches Schreckensgesichte,
Wenn sich das Regengewölk mit abscheulicher Nacht hat erhoben.
Oft auch senkt sich herab ein schwarzes Gewölk auf des Meeres
Wogen (als wenn aus dem Himmel ein Pechstrom fließe hernieder),
Das, vom Dunkel geschwollen, von weither nahet und mit sich
Finstres, von Blitzen und Stürmen geschwängertes Wetter
heranschleppt,
Während es selbst bis zum Rande mit Winden und Feuern gefüllt ist.
Selbst am Lande erschaudert der Mensch und sucht sich ein Obdach.
Darum darf man wohl glauben, dass über unseren Häuptern
Weit in die Höhe das Wetter sich hebt. Denn es würde die Erde
Nicht so völlig beschatten, wenn schichtweise übereinander
Sich das Gewölk nicht türmte die Sonnenbestrahlung versperrend,
Nie auch würden Gewitter beim Nahen die Erde mit Regen
So beschütten, dass Ströme und Felder in Seen sich wandeln,
Wäre der Äther nicht voll von hoch sich türmenden Wolken.
Hier ist demnach alles ganz voll von Winden und Feuern.
Drum entlädt sich der Blitz bald hier bald dort, wie der Donner;
Denn, wie ich oben gelehrt, enthält die Höhlung der Wolken
Viele Atome des Feuers, und viele auch müssen sie ferner
Von der Bestrahlung der Sonne und ihrer Hitze empfangen.
Wenn nun der nämliche Wind, der an einem beliebigen Orte
Stößt die Wolken zusammen, auch reichliche Feueratome
Ihnen entpresst und zugleich sich mit diesem Feuer verbündet,
Schlüpft er ins Innre behänd und dreht sich als Wirbel im Engen,
Wo er den Donnerkeil in der glühenden Esse verfertigt.
Denn auf doppelte Weise entzündet der Wind sich: indem er
Durch die eigene Bewegung erglüht, und durch Feuers Berührung.
Ist er nun völlig erglüht und kommt noch der wuchtige Ansturm
Weiteren Feuers hinzu, dann reift so gleichsam die Blitzsaat,
Sprengt urplötzlich die Wolke und fährt als beflügelter Glutstrahl
Aus ihr heraus rings alles mit zuckenden Lichtern erleuchtend.
Dann folgt dumpfes Getöse, als ob das Gewölbe des Himmels
Krachend berste und alles von obenher plötzlich erschlüge.
Dann erschüttert die Erde ein heftiges Beben, und oben
Rollt des Donners Gebrüll durch den Himmel; denn jetzt ist das ganze

Wetter erregt durch des Donners Gedröhn und in zuckendem
Aufruhr.
Ihm folgt dann ein wuchtiger Guss von reichlichem Regen,
Wie wenn der Himmel nun gänzlich in Regen sich wollte verwandeln
Und sich jählings stürzen in eine erneuerte Sintflut;
Soviel Wasser ergießt sich infolge der Wolkenzerspaltung
Und des Orkans, sobald nur der Blitz mit dem Donner hervorbricht.
Auch kommt's vor, dass von außen ein Windstoß stürmend
hineindringt
In ein gewaltiges Gewölk, des' Spitze schon reif ist zum Platzen.
Reisst er nun dieses entzwei, dann springt ein feuriger Wirbel
Plötzlich heraus: Blitz heißt er in vaterländischer Zunge.
Ebenso ist's, wenn der Windstoß kommt von beliebiger Seite.
Auch kommt's vor, dass bisweilen ein Windstoß feuerlos anhebt,
Aber im Raum und im weiteren Lauf sich selber entzündet.
Fallen nun während des Laufes vereinzelte größre Atome
Ab, die nicht wie der übrige Stoff die Lüfte durchdringen,
Während er andre gewinnt aus der Luft selbst kleineren Umfangs,
Die sich mit ihm vermischen, so fängt beim Fliegen er Feuer.
Nicht viel anders wie öfter die bleierne Kugel der Schleuder
Während des Laufes ins Glühen gerät, da sie Kälteatome
Zahlreich verliert und Feuer dafür aus der Luft in sich aufnimmt.
Öfters genügt schon des Stoßes Gewalt, um das Feuer zu wecken,
Selbst wenn den Antrieb gibt nur ein feuerlos frostiges Blasen.
Denn wenn irgendwohin mit heftigem Schlage der Wind trifft,
Können natürlich sowohl die eigenen Wärmeatome
Als auch jene sich sammeln, die in dem getroffenen Stoff sind,
So springt Feuer heraus, wie wenn man den Stein mit dem
Stahl schlägt.
Ist auch der Stahl gleich kalt von Natur, so sammeln sich gleichwohl
Auch bei ihm auf den Schlag die Atome des sprühenden Funkens.
Also muss sich am Blitz auch der Stoff entzünden, sobald nur
Dieser gerade geeignet und passend erscheint zur Entflammung.
Auch kann doch unmöglich ein Windstoß wirklich so kalt sein,
Der sich mit solcher Gewalt aus den Höhen des Äthers herabstürzt,
Dass er, selbst wenn er im Lauf nicht vom Feuer ergriffen wird,
dennoch Wenigstens etwas erwärmt durch Wärmeberührungen
anlangt.

Schnelligkeit des Blitzes

Leicht ist der Blitz wohl beweglich, doch schwer trifft dennoch sein
Einschlag,
Und in eiligem Gleiten durchschneiden die Blitze den Luftraum,
Weil ja ihre Gewalt, die vorher schon heftig erregt war,
Dann in den Wolken gesammelt zum Losbruch völlig bereitsteht;
Wenn sie dann wächst und die Wolken ihr Ungestüm nimmer kann
hemmen,
Dann entfährt ihr der Blitz und saust mit erstaunlicher Triebkraft,
Wie sie Geschosse entwickeln, die schweren Geschützen entfliegen.
Dazu kommt, dass den Blitz nur kleine und glatte Atome
Bilden, und solchen Stoff kann nicht leicht ein Hindernis hemmen.
Denn er drängt sich und schlüpfet behänd durch die Lücken der Flugbahn,
Bleibt daher auch nicht häufig an Hindernissen verweilend
Hängen; er fliegt deswegen und gleitet mit eilender Triebkraft.
Ferner die Schwerkraft treibt von Natur schon alles nach unten;
Kommt nun vollends ein Stoß noch hinzu, dann verdoppelt beim Blitze
Sich die Beweglichkeit noch und wuchtiger waltet die Triebkraft;
Um so heftiger und schneller zerschmettert der Schlag, was nur irgend
Ihm entgegen sich stellt, und verfolgt dann wieder die Flugbahn.
Schließlich, da lange die Triebkraft vorhält, muss sie allmählich
Immer beweglicher werden; die Schnelligkeit wächst noch im Fliegen
Stets und vermehrt die gewaltige Wucht und verstärkt noch
die Schlagkraft.
Denn sie bewirkt, dass alle nur irgend vorhandenen Keime
Graden Wegs sich vereinigt nach einem Punkte bewegen,
Und reisst alle im Wirbel hinein in die nämliche Flugbahn.
Möglich ist auch, dass der Blitz aus der Luft selbst einige Stoffe
An sich zieht, die mit ihrem Schlag noch die Schnelligkeit steigern.
Dass er durch vielerlei Dinge hindurchsaust, ohne zu schaden,
Zeigt, dass sein Feuer die Poren durchrast mit fliegender Eile.
Vieles zerschmettert er auch, wenn just die Blitzelemente
Stoßen auf Stoffelemente, wo diese zusammengewebt sind.
Ferner schmelzt er das Erz und verflüssigt das Gold im Momente,
Da ja die Stärke des Blitzes beruht auf feinster Verteilung
Winziger Urelemente und glattester Feueratome,
Welche sich leicht eindrängen und wenn sie erst drin sind, sofort auch
Alle Verknotungen lösen und alle Verschlingungen lockern.

Herbst- und Frühlingsgewitter

Häufiger lässt im Herbst ein Gewitter den Himmel erbeben,
Der mit funkelnden Sternen sich schmückt, und die Weiten der Erde;
Ebenso wenn die lenzende[36] Zeit sich mit Blumen eröffnet.
Denn in der Kälte gebricht's an dem Feuer, im Sommer an Winden
Und die Wolken bestehen dann auch aus dünnerem Stoffe.
Doch wenn sich zwischen den beiden die Jahreszeiten befinden,
Dann trifft alles vereint zur Entstehung des Blitzes zusammen.
Denn an der »Brandung« des Jahres, da mischt sich Hitze und Kälte,
Deren die Wolke doch beider bedarf zur Erzeugung des Blitzes,
Um zu entzünden den Zwist in der Welt und den furchtbaren Aufruhr,
Wenn von dem wütenden Kampf des Feuers und Windes die Luft bebt.
Denn der Hitze Beginn ist das letzte Ende des Frostes:
Das ist die Frühlingszeit. Drum muss notwendig ein Kampf sein
Zwischen den Gegensätzen, und Wirrnis, wenn sie sich mischen.
Ebenso, wenn sich das Ende der Glut mit dem Anfang der Kälte
Mischt, dann nahet die Zeit, die in üblicher Weise man Herbst nennt:
Hier auch führet der Winter erbitterten Krieg mit dem Sommer.
Darum nenne man denn die Zeiten die »[Brandung]« des Jahres,
Und man wird sich nicht wundern, wenn grade am meisten In der Zeit
Blitze sich bilden und Wetter am Himmel stürmisch herauf ziehn,
Da sie ja beiderseits von wechselndem Kriege durchtobt wird,
Hier von der Flamme und dort von Regen und Wind in
Gemeinschaft.

Abwehr religiösen Irrwahns

Hier gilt's also das Wesen des feuerschleudernden Blitzes
Selbst zu verstehn und die Kraft, mit der er ein jegliches ausführt,
Nicht etruskische Sprüche vergeblich zu wälzen, um hieraus
Zeichen verborgener Pläne der Gottheit uns zu entnehmen:
Etwa woher es geblitzt, ob das fliegende Feuer nach rechtshin
Oder nach links sich gewandt und wie es durch Mauern ins Haus
schlug
Und dann wieder, nachdem es darinnen geschaltet, hinausfuhr,
Oder was sonst noch ein Blitzeinschlag vom Himmel kann schaden.

---

[36] *lenzend*: von Lenz, Frühling

Wenn aber Jupiter selbst und die anderen Götter des Himmels
Strahlende Räume erschüttern mit Schrecken erregendem Donner
Und, wie es jedem der Götter beliebt, versendenden Blitzstrahl,
Weshalb lassen sie dann, wenn einer abscheulichen Frevel
Straflos hatte begangen, nicht gleich die Flammen des Blitzes
Schlagen aus seiner zerschmetterten Brust zur Warnung
der Menschen?
Weshalb wälzt sich dafür unschuldig ein Armer, der keiner
Schande sich jemals wurde bewusst, in den Flammen und wird so
Plötzlich erfasst und verstrickt in den Wirbel des himmlischen Feuers?
Weshalb suchen sie nutzlos heim die verödeten Plätze?
Tun sie es etwa zur Übung des Arms und zur Stärkung der Muskeln?
Weshalb lassen sie Jupiters Keil in der Erde verrosten?
Weshalb duldet er's selbst und spart ihn nicht auf für die Feinde?
Endlich warum wirft Jupiter nie bei heiterem Himmel
Seinen Blitz auf die Erde und füllt die Lüfte mit Donner?
Steigt er vielleicht erst dann, wenn die Wolke sich unten gesammelt,
Selbst auf diese herab, um das Ziel aus der Nähe zu treffen?
Ferner wozu denn schießt er ins Meer? Was hat er zu klagen
Über die Wogen, das flüssige Nass und die schwimmenden Flächen?
Weiter: wollt' er bewirken, dass wir vor dem Blitze uns hüten,
Weshalb scheut er sich dann den Blitzstrahl sichtbar zu senden?
Will er dagegen uns ahnungslos mit dem Blitz überfallen,
Weshalb donnert er droben, entsendet Dunkel und Brausen
Und droht grollend voraus, so dass man zu fliehen imstand ist?
Und wie kannst du nur glauben, er sende nach mehreren Seiten
Seine Waffe zugleich? Wagst etwa du dies mir zu leugnen,
Dass gleichzeitig sich öfter ereignete mehrfacher Blitzschlag?
Nein, gar häufig geschah es und muss notwendig geschehen,
Dass zur nämlichen Zeit sich mehrere Blitze entladen,
Just wie der Regen auch fällt zugleich an verschiedenen Orten.
Endlich warum zerschmettert der Gott mit dem feindlichen
Blitzstrahl Heilige Tempel der Götter, ja selbst die eigenen Sitze,
Und zerstört manch herrlich geformtes Bildnis der Götter,
Schändet sogar sein eigenes Bild mit grausamer Wunde?
Weshalb zielt er zumeist auf die Höhen und weshalb erblickt man
Grad auf den Gipfeln der Berge die häufigsten Spuren des Blitzes?

Erklärung der Windhose

Übrigens ist es ein leichtes danach die Erscheinung zu deuten,
Die Windhose bei uns und Prester griechisch benannt wird,
Wie sie von oben herab in das Meer bisweilen sich senket.
Nämlich sie steigt oft herab wie eine vom Himmel zur Erde
Nieder sich senkende Säule und ringsum siedet der Gischt auf,
Während ein schwerer Orkan die Wogen des Meeres empor peitscht.
Alle die Schiffe, die grade von diesem gewaltigen Aufruhr
Werden ergriffen, geraten in höchste Gefahr und Bedrängnis.
Dies ereignet sich dann, wenn des Windes Gewalt, die erregt wird,
Nicht vollständig die Wolke zerbrechen kann, sondern hinab drückt,
Dass sie in Säulengestalt vom Himmel zur Erde hinab hängt,
Aber nur nach und nach, wie wenn man mit Armen und Fäusten
Etwas von oben her stößt und über die Wogen hin breitet.
Wenn sich die Wolke nun teilt, so stürzt sich der Wind mit Gewalt los
Auf das Gewoge und bringt es zu wundersamem Gebrodel.
Denn wenn der kreisende Wirbel sich senkt, so zieht er die Wolke,
Die mit elastischem Körper ihm folgt, mit sich selber hinunter.
Hat er sie dann, die vom Nass ist beschwert, auf die Fläche des Meeres
Niedergedrückt, so stürzt er im Nu sich ganz auf das Wasser
Und bringt alles darin mit gewaltigem Brausen zum Sieden.
Auch kommt's vor, dass der Wirbel sich selbst in die Wolken verwickelt,
Wenn aus der Luft er noch weiteren Stoff des Gewölkes heranholt:
Dann wird er gleich der vom Himmel herab sich ergießenden Trombe.
Hat er sich nun auf die Erde gesenkt und ist dort geborsten,
Speit er im Wirbelsturme die unermessliche Kraft aus.
Doch er erscheint im ganzen nur selten bei uns auf dem Lande,
Wo ihn hemmt das Gebirg. Viel häufiger zeigt er im Meer sich,
Wo sich der Ausblick weitet und frei der Himmel sich ausdehnt.

Entstehung der Wolken

Wolken entstehn, wenn im Fluge sich rauere Urelemente
Zahlreich plötzlich vereinen im oberen Himmelsbezirke,
Die zwar nur mit kleinen, sie hemmenden Haken versehen,
Aber dadurch doch imstand sind sich gegenseitig zu fassen.
Diese bewirken zuerst die Entstehung winziger Wölkchen,

Die sie dann wieder erfassen und untereinander verbinden.
Durch die Verbindung wachsen sie aus und treiben im Winde,
Bis sich daraus urplötzlich entlädt ein grausiges Wetter.
Auch kommt's vor, dass die Berge, je mehr die Gipfel dem Himmel
Nahe benachbart sind, um so mehr von dichtestem Brodem
Gelblich dunklen Gewölkes beständig umlagert sich zeigen.
Denn da die Wolken zuerst, bevor noch das Auge sie wahrnimmt,
Nur aus dünnem Gewebe bestehn, so trägt sie der Wind fort
Und verdichtet sie dann um die höchsten Gipfel der Berge.
Hier erst, wenn sich von ihnen ein größerer Haufen geballt hat,
Können sie durch die Verdichtung uns sichtbar werden. Zugleich auch
Scheinen sie grad von dem Gipfel des Bergs in den Äther zu steigen.
Denn der Wind beherrscht ja die Höhen. Dies lehrt uns die Sache
Selbst und unser Gefühl beim Besteigen der hohen Gebirge.
Übrigens hebt die Natur auch gewaltige Mengen des Stoffes
Rings aus dem Meere empor, wie ein aufgehängtes Gewandstück
An dem Strande beweist, das die salzige Feuchtigkeit anzieht.
Um so mehr muss der Dunst, der aus der Bewegung der Salzflut
Reichlich empor sich hebt, die Vermehrung der Wolken bewirken.
Sind ja doch sämtliche Arten von Feuchtigkeit innig verschwistert.
Ferner bemerken wir oft, wie aus sämtlichen Flüssen, ja grade
Auch aus der Erde heraus sich Nebel und Schwaden emporhebt,
Der wie ein Odem aus ihnen erpresst und nach oben geführt wird.
Hier umzieht er den Himmel mit seiner Verfinsterung und liefert
So dem Gewölke Ersatz, sobald sich die Dünste vereinigt.
Auch von oben her drücken die Gluten der Tierkreis-Sphäre
Und umziehendes Himmels Blau mit verdichteten Wolken.
Auch kommt's vor, dass von außen in unseren Himmel geraten
Jene Atome, die Wolken und fliegende Schwaden erzeugen.
Solche sind zahllos, wie ich gelehrt, und das All in der Tiefe
Dehnt ohn' Ende sich aus. Ich zeigte die riesige Schnelle,
Die sie im Fliegen entwickeln, und wie sie daher es gewohnt sind,
Unaussprechbare Räume in einem Moment zu durcheilen.
Wunderbar ist's drum nicht, wenn oft in der kürzesten Zeit sich
Finsteres Wetter erhebt aus hochaufragenden Wolken
Und von oben her drohend die Länder bedeckt und die Meere.
Ist doch den Urelementen durch alle Kanäle des Äthers,
Wie durch Atemorgane des großen Weltengeschöpfes,
Offen nach allen Seiten der Eingang sowohl wie der Ausgang.

Erklärung des Regens

Lass mich jetzt auch erklären, wie droben in Wolken des Regens
Nässe sich sammelt und dann sich als Guss auf die Erde hernieder
Senkt. Und zuerst will ich zeigen, dass Wasseratome in Mengen
Mit dem Gewölke zugleich aus sämtlichen Dingen sich heben,
Und dass beide sich dort gleichmäßig vermehren, die Wolken
Eben sowohl wie das Wasser, das in dem Gewölk ist enthalten:
Gradeso wie auch bei uns mit dem Blute zugleich sich der Körper
Mehrt und der Schweiß und alle verschiedenen Säfte der Glieder.
Auch aus dem Meer entnehmen sie oft viel Feuchtigkeit, wie es
Auch bei den wollenen Vliesen[37] geschieht, die am Strande man aufhängt,
Wenn die Winde die Wolken hin über den Ozean jagen.
Ähnlich erhebt sich die Feuchtigkeit auch aus sämtlichen Flüssen
Bis zum Gewölke empor. Sobald sich die Wasseratome
Viel und vielfach vereinen, von überallher sich vermehrend,
Dann entladen die Wolken, die voll sind von Wasser, den Regen
Um die Wette aus doppeltem Grund: teils presst sie der Winddruck,
Teils drückt eigene Fülle der Wolken, sobald sich die Massen
Stärker geballt, auch von oben und bringt so den Regen zum Ausfluss.
Übrigens, selbst wenn der Wind die Wolken zerflattert und auflöst
Und auch die Sonne von oben die glühenden Strahlen versendet,
Rieselt aus ihnen noch Regen herab und tröpfelt, wie wenn man
Wachs auf glühendem Ofen zerschmelzt und die Masse herab tropft.
Aber ein heftiger Regen entsteht, wenn mit Heftigkeit beide
Kräfte vereint Druck üben, der Wind und die Pressung der Wolken.
Langandauernder Regen entsteht nur dann für gewöhnlich,
Wenn sich die Wasseratome in reichlicher Menge versammeln,
Wenn sich Gewölk auf Gewölk noch mit triefendem Nebel vereinigt
Und von jeglicher Seite dies allenthalben herannaht,
Wenn zudem auch die Erde die Feuchtigkeit ringsum empor dampft.

---

[37] *Vlies* (von lat. vellus, Wolle, Schaffell) bezeichnet im ursprünglichen
Sinn das Haarkleid des Hausschafes, insbesondere die in einem flachen
Stück zusammenhängende Wolle nach der Schur. Im weiteren Sinn alle
Stoffe aus zusammenhaftenden Fasern.

Regenbogen

Wenn nun der Sonnenstrahl hier während des dunklen Gewitters
Grade entgegen erglänzt dem tropfenden Nebelgeriesel,
Dann entsteht in dem schwarzen Gewölk ein farbiger Bogen.

Wind, Schnee, Hagel, Reif, Frost

Alles, was sonst noch droben erwächst und droben erzeugt wird
Und was in Wolken zusammen sich schließt, kurz alles und alles:
Schnee, Wind, Hagel, der eisige Reif und des grimmigen Frostes
Übergewalt, die Erstarrung bringt den strömenden Wassern
Und zum Hemmschuh wird den weiterstrebenden Flüssen,
Wie dies alles nun wird und wodurch es entsteht, ist nicht schwierig
Aufzuspüren und geistig sich nahe zu bringen, sofern man
Nur die Bedeutung erfasst, die den Urelementen verliehn ist.

Erdbeben

Nunmehr hör' auch den Grund, warum Erdbeben entstehen!
Stelle dir vor zum ersten, dass unten die Erde, wie oben,
Überall ist mit Höhlen durchsetzt, die von Winden durchweht sind,
Dass sie sodann auch Seen und zahlreiche Wasserbehälter
Heget in ihrem Schoße und Felsen und schroffes Geklippe;
Dass auch viele verborgene Ströme die Fluten und Steine
Unter dem Rücken der Erde mit Macht fortwälzen, ist glaublich.
Denn es versteht sich von selbst, dass die Erde sich überall
gleich bleibt.
Legen wir also einmal dies, was man vermutet, zugrunde:
Dann bebt oben die Erde, sobald sie Erschütterung leidet
Durch der gewaltigen Höhlen vor Alter erfolgenden Einbruch.
Stürzen doch ganze Gebirge da ein, und der mächtige Einsturz
Pflanzt im Moment dann fort die Wellen des Bebens ins Weite.
So erklärt man mit Recht. Erbeben doch ganze Gebäude,
Wenn selbst leichtere Wagen die Straße erschütternd befahren.
Ja, sie hüpfen empor, wenn irgendein Block auf dem Fahrdamm
Hüben wie drüben erschüttert den eisenbeschlagenen Radkranz.
Ebenso kommt's auch vor, dass ein riesiger Klump von der Erde
Nieder sich wälzt vor Alter in große und weite Gewässer

Und durch des Wassers Schwall auch die Erde in Schwanken
versetzt wird
Wie ein gedrehtes Gefäß nicht feststeht, ehe das Nass drin
Aufhört hin und her sich in schaukelnder Flut zu bewegen.
Wenn sich zudem noch der Wind in den unterirdischen Höhlen
Sammelt und dort andrängend an einer der Seiten herausbricht,
Wo er mit aller Gewalt sich gegen die Wölbungen anstemmt,
Neigt sich die Erde dahin, wo des Windes Ungestüm hindrückt:
Und die Gebäude, die dorten erbaut sind über der Erde,
Neigen des Haltes beraubt sich auch nach der nämlichen Seite
Um so mehr, je höher hinauf sie himmelwärts streben,
Und ihr verzerrtes Gebälk hängt über und droht mit dem Einsturz.
Und da scheut man sich noch, an den Einsturz unseres Weltalls
Und sein einstiges Ende zu glauben, obwohl man doch sehn kann,
Wie in den Boden versinken so riesige Massen von Erde!
Legten die Winde sich nicht, dann könnte durch keine Gewalt sich
Unsere sinkende Welt vor dem drohenden Untergang retten;
Aber da wechselweise der Wind sich verstärkt und vermindert,
Bald gesammelt zum Vormarsch kommt, bald geschlagen
zurückweicht,
So droht öfter die Erde aus diesem Grunde mit Einsturz,
Als dies wirklich geschieht. Sie neigt sich wohl, aber sie schnellt dann
Wieder zurück und bekommt den früheren Sitz durch die Schwerkraft.
Darum schwanken die Häuser auch alle, die höchsten am meisten,
Mittlere weniger, doch am allergeringsten die niedren.
Auch noch ein anderer Grund liegt vor beim heftigen Beben:
Nämlich ein Windstoß kann urplötzlich sich oder ein Luftzug
Werfen mit äußerster Kraft auf die Höhlungen unter der Erde,
Sei es dass er entstanden von außen her oder vom Innern
Unserer Erde. Da tobt er nun erst in den räumigen Höhlen
Lärmend und wirbelnd umher; sodann, wenn die Kraft sich erhitzt hat
Und sich in Lauf setzt, bricht er nach außen und spaltet zugleich auch
Bis in die Tiefe die Erde, so dass ein gewaltiger Riss klafft.
Solches begab sich dereinst im Syrerlande zu Sidon,
Auch in dem Peloponnes zu Aegium. Was für gewaltige
Städte zerstörte der Luftausbruch und der folgende Erdstoß!
Und so fiel auch sonst noch so manches Gemäuer auf Erden
Nieder bei mächtigen Beben, und zahlreiche Städte am Meere
Sanken mitsamt den Bewohnern hinab in die dunkele Tiefe.

Bricht nun die Luft nicht heraus, so verteilt sich doch innen des Windes
Stoß und wilde Gewalt durch die zahlreichen Löcher der Erde;
Schauder und Zittern verbreitet er dann weit über die Fläche;
Gleichwie der Frost bis ins Mark uns dringt und die Glieder durchströmet,
Sie durchschüttelt und zwingt auch wider Willen zum Beben.
Also erfüllt die doppelte Angst die Bewohner der Städte:
Drohet von oben her Hauseinsturz, so befürchten sie, unten
Möchten urplötzlich die Höhlen der Erde von selber sich öffnen
Und die gespaltene Erde den Schlund aufsperren, um diesen
Bei dem gemeinsamen Sturz mit den eigenen Trümmern zu füllen.
Mag man soviel, wie man will, an die Unzerstörbarkeit glauben,
Die für Erde und Himmel auf ewige Zeit sei gesichert,
Dennoch drückt die Gefahr, die leibhaft ihre Gewalt zeigt,
Irgendwoher uns bisweilen den Stachel der Angst in 'die Seele,
Plötzlich könne die Erde uns unter den Füßen verschwinden
Und in den Abgrund stürzen, dann folge ihr hilflos das All nach,
Und so werde die Welt zum verworrenen Trümmergefilde.

Warum läuft das Meer nicht über?

Erstlich wundert man sich, dass eine Vergrößerung des Meeres
Nie die Natur zulässt, wohin doch gewaltige Mengen
Wassers strömen und überallher sich die Flüsse ergießen.
Nimm noch den Regen, der drüber hin zieht, und die fliegenden Wetter,
Welche das Land und das Meer ringsum berieseln und sprengen;
Nimm seine Quellen hinzu: dies alles gibt doch zusammen
Kaum ein einziges Tröpfchen Vermehrung der Größe des Meeres.
Wunderbar ist's drum nicht, dass das Meer sich niemals vergrößert.
Weiter entzieht ihm die Sonnenglut ein erhebliches Bruchteil.
Denn wir sehen ja doch, wie die Sonne mit glühenden Strahlen
Kleider, die triefen von Nässe, geschwind auftrocknet. Wir sehn auch,
Wie sich die zahlreichen Meere breit unter der Sonne erstrecken.
Mag demnach auch die Sonne an jeder einzigen Stelle
Nur ein einziges Teilchen vom Meeresspiegel entnehmen,
Raubt sie auf weitem Raum doch ein reichliches Teil den Gewässern.
Weiter können sodann auch die Winde ein tüchtiges Bruchteil

Wassers entnehmen, indem sie die Flächen durchfegen. Wir sehen,
Wie nicht selten die Winde die Straßen trocknen in einer
Einzigen Nacht und der kotige Schlamm zur Kruste erstarret.
Weiterhin hab' ich gelehrt, dass viel von der Feuchtigkeit aufwärts
Steigt, was die Wolken entnehmen dem Riesenspiegel des Meeres
Und was diese sodann rings über den Erdkreis spritzen,
Wenn in den Ländern es gießt und Winde die Wolken begleiten.
Endlich ist ja die Erde ein ganz durchlöcherter Körper,
Der mit dem Meer in Verbindung steht und mit Küsten es kränzet,
So muss, wie aus dem Lande heraus das Wasser ins Meer läuft,
Dieses auch wieder zurück aus der Salzflut fließen zum Lande;
Denn so seiht sich das Nass durch den Sand, und der wässrige
Stoff fließt
Wieder zur Quelle der Flüsse. Da kommt denn alles zusammen
Und ergießt sich von da in munterem Lauf, wo die Welle
Einmal ihr Bett sich geschnitten und flüchtigen Fußes hinab hüpft.

Das Ätnaproblem

Jetzt will ich auch noch erklären, aus welcher Ursache manchmal
In so gewaltigem Wirbel der Ätna die Flammen heraus speit.
Ja, nicht gering war die Not, als das Flammengewitter hereinbrach
Über Siziliens Flur, um dort als Herrscher zu schalten.
Auch den benachbarten Völkern entging nicht das grausige
Schauspiel,
Als sie den Rauch und die Funken das ganze Himmelsgewölbe
Sahen umziehn. Da erfüllte ihr Herz die bängliche Sorge,
Was für ein neues Werk die Natur jetzt führe im Schilde.
Solches Ereignis erheischt tiefdringende Forschung und Umsicht:
Weit muss unsere Schau sich nach allen Richtungen wenden,
Dass man auch nimmer vergesse, in welche Tiefe das All reicht
Und welch winzigen Teil von dem Weltall bilde der eine
Himmelsraum, der ja kaum ein Tausendstel ist von dem Ganzen,
Ja, nicht einmal soviel wie der einzelne Mensch von der Erde.
Hast du dir dies vor Augen gestellt und völlig begriffen,
Dann erst wirst du nicht weiter dich über so vieles verwundern.
Wundert sich denn noch jemand von uns, wenn einen das Fieber
Packt und glühender Brand sich durch unsere Glieder verbreitet,
Oder wenn irgendein anderer Schmerz im Körper uns peinigt?

Da schwillt plötzlich der Fuß, da quält oft heftiger Zahnschmerz,
Oder die Augen sogar ergreift das Übel; zuweilen
Breitet das »heilige Feuer« sich aus, das weiter und weiter
Schleichend im Körper die Glieder verbrennt, wo immer es
hin kriecht.
Das ist kein Wunder. Es gibt ja so vielerlei Keime der Dinge,
Und mit dem Unheilsamen ist Himmel und Erde geschwängert,
Draus unermessliche Krankheitsbrut sich vermag zu entwickeln.
Also muss man auch glauben, dass aus dem Unendlichen quellen
Alle die Stoffe, die reichlich für Himmel und Erde genügen,
Um ein plötzliches Beben auf unserer Erde zu wecken,
Rasenden Wirbelsturm auf dem Land und dem Meer zu entfesseln,
Ätnas Feuerströme und Himmelsglut zu entflammen.
Denn auch dies tritt ein: es erglühen die himmlischen Räume,
Und der Gewitterregen ergießt sich in größerer Fülle,
Wenn die Wasseratome just so zusammen sich fanden.
»Aber«, so wirfst du mir ein, »zu groß ist die wirbelnde Lohe.«
Freilich, ein Fluss scheint dem, der niemals größre gesehen,
Wenn er der größte ihm schien, und ebenso Menschen und Bäume
Und sonst all dergleichen, was jedem am größten erschienen,
Das scheint alles ihm riesengroß nach seinen Begriffen:
Trotzdem ist dies alles mit Himmel und Erde und Wasser
Nichts fürwahr im Vergleich zur gesamten Masse des Weltalls.

Doch nun will ich dir endlich die Art erklären, – wie plötzlich
Aus den gewaltigen Essen des Ätna Flamme herausschießt.
Erstens sind tief in dem Berge natürliche Höhlen verborgen,
Und er stützt sich fast ganz auf felsige Grottengewölbe.
Ferner sind Luft und Wind in allen Gewölben vorhanden;
Denn es entsteht ja der Wind, wenn die Luft erregt und bewegt wird.
Kommt nun der Wind in Glut und erhitzt durch sein wütendes Sausen
Alles Gestein, das er trifft, ringsum und die Erde und schlägt dann
Glühendes Feuer aus ihnen hervor mit rasender Flamme,
Dann fährt stracks er empor und sprüht aus dem Schlund in
die Höhe.
So trägt weithin die Gluten der Wind, weit streut er die Asche,
Wälzt auch Wolken von Rauch, der dichtestes Dunkel verbreitet.
Und wirft Steine empor von erstaunlich schwerem Gewichte.
Das ist (wer zweifelt daran?) die Macht des entfesselten Sturmwinds.

Weiter umspület das Meer auf größeren Strecken die Wurzeln
Unseres Bergs, wo die Woge sich bricht und die Brandung
zurückströmt
Unterirdische Höhlen erstrecken vom Meere sich aufwärts
Bis zu den Schlünden des Gipfels. Durch diese Höhlungen fährt wohl,
Wie man gestehn muss, [öfter ein Wind mit dem Wasser vereint her];
Denn die Erfahrung lehrt, dass vom offenen Meere er eindringt,
Alles nach außen hin speit und die Flamme zum Himmel emportreibt:
Steine fliegen empor und es heben sich Wolken von Sand hoch.
Denn auf dem Gipfel des Berges befinden sich Krater. So nennt man
Dort, was man sonst wohl als Schlünde und Mündungen pflegt zu
bezeichnen.

Eine Erklärung reicht nicht immer aus

Auch noch bei anderen Dingen genügt nicht die eine Erklärung,
Wo es noch mehrere gibt, von denen doch eine muss wahr sein.
Siehst du zum Beispiel selber den Leichnam eines Gestorbnen
Aus der Ferne wo liegen, so wird von den Gründen des Todes
Meist nur ein einziger genannt; doch sollte man sämtlich sie nennen;
Denn du kannst nicht beweisen, durch Schwerthieb oder durch Kälte
Oder durch Krankheit und Gift sei jener des Todes verblichen;
Und doch wissen wir sicher, dass irgend etwas von der Art
Jenen betroffen muss haben. So müssen wir oft uns bescheiden.

Das Nilproblem

Dies gilt auch für den Nil, Ägyptens Fluss, den auf Erden
Einzigen Strom, der im Sommer sich hebt und über die Felder
Tretend gewöhnlich das Land in der brennendsten Hitze bewässert,
Weil entweder im Sommer die Winde des Nordens die Mündung
Stauen, zumal just dann, wie es heißt, die Etesien[38] wehen.
Diese blasen der Strömung entgegen und hemmen den Ausfluss,
Füllen mit Wasser den oberen Lauf und halten es fest dort.
Denn unzweifelhaft weht der Passatwind gegen die Strömung,

---

[38] *Etesien*, regelmäßig wiederkehrende, trockene Nordwest-Winde, die
von April bis Oktober in der Ägäis und im östlichen Mittelmeer sehr
gleichmäßig, mitunter auch heftig wehen.

Da er von Norden her braust von den eisigen Sternen des Poles,
Während der Strom von Süden her kommt aus der glühenden Zone,
Wo inmitten der Menschen mit schwarzverbrannten Gesichtern
Grad' in dem Mittagsland der Urquell sprudelt des Stromes.
Oder es ist auch möglich, dass mächtige Sandanhäufung,
Die das vom Winde getriebene Meer nach innen zu anschwemmt
Seine Mündung versperrt und gegen die Strömung sich anstemmt.
Hierdurch wird das Gewässer gehemmt und an dem freieren Ausfluss
Und das rege Gefälle der Flut natürlich verlangsamt.
Möglicherweise ereignen sich auch im Quellengebiete
Regengüsse zur Zeit, wo vom Norden herab die Passate
Wehen und alles Gewölk nach der südlichen Richtung hin treiben.
Wenn dies nämlich zuhaut nach der Mittagszone getrieben
Dort sich allmählich sammelt und endlich an hohe Gebirge
Anstößt, ballen die Wolken und pressen sich heftig zusammen.
Auch die hohen Gebirge Äthiopiens ließen vielleicht ihn
Wachsen, wo schimmernden Schnee die alles erleuchtende Sonne
Zwingt mit schmelzendem Strahl auf die Felder hinunter zu rieseln.

Das Avernusproblem

Jetzt nun will ich dir auch die Avernischen Örter und Seen,
Die es da gibt in der Welt, nach ihrem Wesen erklären.
Erstlich den Namen. ›Avernisch‹ macht ihre Beschaffenheit deutlich;
Denn sie bringen Gefahr dem gesamten Geschlechte der Vögel.
Wenn sie sich nämlich beim Flug grad' über den Stellen befinden,
Lassen der Fittiche Segel sie sinken, vergessen des Ruderns
Und kopfüber, erschlafft, mit kraftlos hängendem Nacken
Stürzen sie nieder zur Erde, wenn grade die Stelle derart ist,
Oder ins Wasser, wenn unten vielleicht der Avernische See liegt.
Solch ein Ort ist bei Cumae[39]. Dort gibt's mit vergiftendem Schwefel
Reich gefülltes Gestein, dem rauchende Quellen entspringen.
Auch in den Mauern Athens auf dem höchsten Gipfel der Burg ist
Solch ein Ort bei dem Tempel der hohen Minerva Tritonis.
Dorthin lenken der Fittiche Flug die heiseren Krähen
Nie, selbst wenn der Altar mit duftenden Opfern gefüllt ist.

---

[39] *Cumae* (italienisch Cuma, griechisch Kyme) war eine antike Stadt in der
italienischen Region Kampanien, nordwestlich von Neapel.

So sehr flieht dies Tier nicht etwa den Groll der Minerva,
Weil es zur Unzeit wachte, wie griechische Dichter gesungen,
Vielmehr reicht zur Erklärung allein die Bodennatur aus.
Auch in Syrien soll, wie man sagt, ein Ort sich befinden,
Wo vierfüßige Tiere beim ersten Schritt in die Höhle
Gleich durch der Dünste Gewalt aufschlagend stürzen zu Boden,
Wie wenn zum Opfer sie fielen den unterirdischen Göttern.
Aber es spielt dies alles sich ab auf natürliche Weise,
Und die Grundursachen, warum es geschieht, sind uns kenntlich.
Drum soll niemand vermeinen, in diesen Gegenden wäre
Etwa die Pforte zum Orkus, und unterirdische Götter
Schleppten von hier an des Acheron Strand die Seelen der Toten,
Wie man erzählt von den Hirschen, den Flügelfüßern, sie zogen
Manchmal kriechend Getier mit dem Hauche der Nüstern
aus Höhlen.
Doch wie weit sich der Glaube vom Wege der Wahrheit entfernt hat,
Höre nun jetzt; denn ich will dir die Sache nun selber erklären.
Erstens behaupt' ich, was oft ich auch früher schon habe behauptet,
Dass in der Erde Atome von allerlei Arten sich finden.
Viele sind Nahrungsstoffe und Leben erhaltend, doch viele
Bringen auch Krankheit hervor und beschleunigen unsre Vernichtung.
Einige sind nun diesen und andere andren Geschöpfen
Dienlich zur Lebensfristung, wie wir dies früher schon zeigten,
Wegen der Ungleichheit der Natur und der ersten Gestaltung
Jener Atome und ihrer Verknüpfung untereinander.
Vieles uns Widrige dringt in das Ohr, viel Feindliches schleicht sich
Just durch die Nase herein und wirkt rau bei der Berührung;
Auch nicht weniges ist für den Tastsinn besser zu meiden,
Wie für die Augen zu fliehn, und abscheulich ist manches
zum Schmecken.
Weiter noch kann man bemerken, wie vielerlei oft auf den Menschen
Widrigsten Eindruck macht, ihm Ekel erregt und ihm schadet.
So sagt einzelnen Bäumen man nach, ihr Schatten sei schädlich,
Also dass er nicht selten den Menschen, die unten im Grase
Hin sich strecken und lagern, erzeuge ein heftiges Kopfweh.
Auch auf dem hohen Gebirge des Helikon blühet ein Giftbaum,
Der durch den widrigen Blütengeruch dem Menschen den Tod bringt.
All das steigt deshalb aus dem Boden empor, weil die Erde
Viele Atome enthält von vielerlei Dingen, die vielfach

Sind miteinander vermischt, doch gesondert kommen zum Vorschein.
Wenn schon der üble Geruch der nächtlichen Lampe, die eben
Aus ist gelöscht, die Nase beleidigt, so bringt sie sofort den,
Der an der Fallsucht leidet und schäumt aus dem Munde, zum Schlafen.
Schläfernd wirkt auch der scharfe Geruch der Geilen des Bibers
Auf ein Weib zu der Zeit, wo die Monatsregel sich einstellt,
Und aus der zierlichen Hand entfällt ihr die prächtige Arbeit.
Auch viel anderes gibt's, was die Glieder erschlafft im Gelenke
Und die menschliche Seele im Innersten bringet zum Wanken.
Endlich, verweilest du länger mit vollem Magen im Schwitzraum,
Nimmst auch ein Bad sodann im Becken des hitzenden Wassers,
Dann kann leicht es mitunter geschehn, dass du mittendrin umsinkst.
Gar leicht steigt auch der Kohlendunst mit betäubender Wirkung
Uns zum Hirn, wenn vorher man nicht erst hat Wasser getrunken.
Wen gar gliederbeherrschend ein feuriges Fieber ergriffen,
Den schlägt Weindunst nieder, als träfe ein tödlicher Schlag ihn.
Siehst du nicht auch, wie im Erdreich selbst der Schwefel sich bildet
Und sich mit eklem Geruche das Erdpech klumpet zusammen?
Welch abscheulicher Dunst entströmt Scaptensulas[40] Boden,
Wo man so gierig erschürft die Adern des Goldes und Silbers
Und das Verborgene der Erde durchwühlt mit eisernem Werkzeug!
Oder was dringt für giftige Luft aus den Goldbergwerken,
Wie entstellt sie des Menschen Gesicht, wie bleicht sie die Farbe!
Siehst du und hörst du nicht auch, in wie kurzer Zeit sie zu sterben
Pflegen und wie ihnen bald die Lebenskräfte entschwinden,
Wenn sie zu solcher Fronde des Lebens gewaltige Not zwingt?
Alle derartigen Dämpfe entwickelt also die Erde,
Die sie hinaus in das Weite verdampft und den offenen Himmel.

So muss auch der Avernische See Giftdämpfe entsenden,
Welche die Vögel ersticken. Sie steigen empor von der Erde
In die Luft und vergiften zum Teil die Räume des Himmels.
Trägt nun der Fittich den Vogel in solche Bezirke, so fasst ihn
Unversehens der giftige Hauch und verhindert sein Fliegen.
So fällt stracks er hinunter, wohin sich der Schwaden erstrecket.

---

[40] *Scaptēnsula* ist ein Städtchen in Thrazien in der Nähe von Abdera, berühmt durch Gold- und Silberbergwerke und durch die Verbannung des Thukydides dorthin.

Stürzt er nun dort zusammen, so nimmt der nämliche Dunst ihm
Auch noch das Restchen vom Leben, das blieb, aus sämtlichen
Gliedern.
Anfangs nämlich erregt ihm der Gifthauch gleichsam nur Schwindel,
Ist er jedoch erst hinab in der Stickluft Quelle gefallen,
Wird er gezwungen daselbst auch das Leben selber zu lassen,
Weil ihn rings ein gewaltiges Meer von Unheil umbrandet.
Auch kommt's vor, dass bisweilen die Kraft des Avernischen Dunstes
Alle Luft aus dem Räume vertreibt, der sich zwischen dem Vogel
Und der Erde befindet, so dass er schon nahezu leer wird.
Kommt nun ein Vogel gerade auf diese Stelle geflogen,
Dann erlahmt ihm sofort der Fittiche Schlag, er wird fruchtlos;
Beiderseits versagen die Flügel sich völlig dem Dienste.
Da sie nun hier sich nicht halten und sich auf die Flügel nicht stützen
Können, so zwingt sie natürlich die Schwere zur Erde zu fallen.
Und so liegen sie denn in dem nahezu völligen Leeren,
Wo sie die Seele verhauchen durch alle Kanäle des Körpers,

Warum ist Brunnenwasser im Sommer kälter?

Ferner zur Sommerzeit wird kälter das Wasser der Brunnen,
Weil durch die Hitze die Erde sich lockert und Wärmeatome,
Die sie etwa besitzt, an die Luft auf das schleunigste abgibt.
Also je stärker der Boden infolge der Hitze geschwächt wird,
Kühlt auch das Wasser sich ab, das sich birgt im Innern der Erde.
Wird sie dagegen vom Prost dann wieder zusammengeschoben
Und wächst gleichsam zusammen, so drückt sie natürlich die Wärme,
Die sie noch selber besitzt, zurück in die Schächte der Brunnen.

Die Wunderquelle der Oase Amman

Nahe beim Ammontempel[41] befindet ein Quell sich, so heißt es,
Der bei Tage als kalt, bei nächtlicher Weile als heiß gilt.
In der Quelle erblicken die Leute ein sonderlich Wunder,
Weil die glühende Sonne die Erde von unten erhitze,
Wenn teilweise von Nacht sie und schrecklichem Dunkel umhüllt ist.

---

[41] Der *Ammontempel* befindet sich in der Oasenstadt Siwa in Ägypten.

Doch das hält sich zu weit entfernt von der wahren Erklärung.
Denn wenn die Sonne berührt den nackten Körper der Quelle
Und doch von oben her wirkend sie nicht zu erwärmen imstand ist,
Während ihr oberes Licht doch sonst so gewaltige Glut zeigt,
Wie vermöchte sie dann durch den dicken Körper der Erde
Jenes Wasser zu kochen und heißen Dampf zu entwickeln,
Da sie zumal nur mit Mühe vermag durch die Mauern des Hauses
Ihrer Strahlen erhitzenden Brand hindurch zu befördern!
Was ist also der Grund? Die Erde hat dort ohne Zweifel
Um die Quelle herum mehr lockere Räume als sonst wo,
Und viel Feueratome sind neben dem Wasser gelagert.
Wenn nun die Nacht auf die Erde mit tauigen Wogen herabsinkt,
Dann wird plötzlich der Boden gekühlt und zieht sich zusammen.
Hierdurch kommt's, dass er, grade als drückte man ihn mit der Hand aus,
Sämtlichen Feuerstoff, den er hat, in die Quelle hineinpresst,
Der dann den Dampf und die Wärme erzeugt, die man fühlt beim
Berühren.
Dann, wenn die Sonne erwacht und ihr Strahl die Erde zerspaltet
Und sie porös macht, weil nun die Glut der Hitze sie bindet,
Kehren die Feueratome zurück an die früheren Sitze,
Und in die Erde entweicht die sämtliche Wärme des Wassers.
So wird im Lichte des Tages der Quell jetzt wieder erkalten.
Auch versetzen das Nass noch die Strahlen der Sonne in Wallung,
Und mit dem steigenden Lichte verdünnt es der flimmernde Gluthauch.
So kommt's denn, dass das Wasser die sämtlichen Feueratome
Ausstößt, wie es ja öfter den Frost, den es in sich gebunden,
Loslässt, wenn es das Eis auflöst und die Bande zersprenget.

Die feurige Quelle (bei Dodona) / Die Süßquelle bei Arados (an der Phönizischen Küste)

Eiskalt ist auch ein anderer Quell, doch schleudert man Werg drauf,
Fängt es sofort dort Feuer, und lodernd erhebt sich die Flamme.
Ähnlich entzünden sich Fackeln und leuchten wohl über die Flut hin,
Wo sie auch immer hinschwimmen vom Windstoß weitergetrieben.
Nämlich im Wasser schon gibt's sehr viele Atome des Feuers,
Und aus der Tiefe des Erdreichs selbst muss feuriger Keimstoff

Selbstverständlich erstehen, die ganze Quelle durchdringen
Und zugleich sich nach außen hindurch in die Lüfte entladen.
Freilich das reicht noch nicht hin, um den Brunnquell selbst zu erhitzen.
Deshalb muss sich der feurige Stoff, der im Wasser zerstreut ist,
Plötzlich nach außen entladen und über der Quelle sich sammeln,
 Der Art ist auch im Meere die Aradosquelle; sie sprudelt
Süßes Wasser empor und vertreibt die umgebende Salzflut.
Auch noch an anderen Orten gewährt dem verdurstenden Seemann
Gar nicht selten das Meer solch hochwillkommenen Nutzen,
Weil es inmitten der salzigen Flut Süßwasser empor speit.
So kann also der Feuerstoff durch die Quelle nach außen
Sprudeln und dort in das Werg eindringen; sobald er darin sich
Sammelt oder vielleicht an den Körper der Fackel sich anhängt,
Lodern sie leicht urplötzlich empor; denn beide verwahren,
Werg wie Fackel, in sich die verborgenen Feueratome.
Siehst du nicht auch, wie ein eben erloschener flächserner Lichtdocht,
Den du dem Nachtlicht näherst, noch eh' er die Flammen berühret,
Rasch sich entzündet? Dasselbe ereignet sich auch bei der Fackel.
Außerdem erglimmen noch vielerlei Dinge von ferne,
Wenn sie die Hitze berührt, noch ehe das Feuer sie anfasst;
Also muss es sich auch bei jener Quelle verhalten.

Magnetismus

Schließlich will ich doch auch das Gesetz der Natur hier erörtern,
Welches sich wirksam erweist in dem eisenanziehenden Steine,
Den man Magneten benennt mit seinem griechischen Namen,
Weil als sein Fundort gilt das Heimatland der Magneten.
Seltsam scheint dem Menschen der Stein. Da hängt sich bisweilen
Ring an Ring an ihn an und reiht sich also zur Kette.
Kann man doch oft fünf Ringe, ja mehr noch untereinander
Hängend erblicken, die leise im Spiele der Winde sich schaukeln,
Wo sich der eine wie klebend von unten dem anderen anhängt
Und wo jeder vom ändern des Steines bindende Kraft lernt;
So durchdringend erweist sich dabei sein magnetischer Kraftstrom.
Bei derartigen Fragen ist vieles vorher zu bestimmen,
Eh' es gelingt auf den Grund der Erscheinungen selber zu kommen;
Längerer Umweg lässt sich auf keinerlei Weise vermeiden.
Um so aufmerksamer muss Ohr und Verständnis mir folgen.

Vorbemerkungen. 1. Beständiger Strom der Atome

Erstlich: es muss notwendig aus allem, was irgend wir sehen,
Ständig ein Strom von Atomen erfließen und weiter sich breiten,
Die in die Augen uns dringen und unseren Sehnerv reizen;
Unaufhörlich entströmen gewissen Stoffen Gerüche,
Wie von den Flüssen die Kühle, die Glut von der Sonne, die Brandung
Sprüht von den Wogen des Meers, das Gemäuer der Küste zerfressend;
Unaufhörlich durchfliegen verschiedene Töne die Lüfte;
Oft auch dringt in den Mund, sobald in der Nähe des Meeres
Wir uns ergehn, der salzige Gischt, und wenn man nur zusieht,
Wie man den Wermut löset zum Mischtrank, schmeckt man das Bittre.
So fließt allenthalben aus allerhand Stoffen der Stoffe
Ständiger Strom und verteilt sich sodann nach jeglicher Seite.
Nirgends gibt es da Ruhe noch Rast im beständigen Flusse.
Denn stets wach ist ja unser Gefühl, und wir können beständig
Alles erblicken und riechen und alle Geräusche vernehmen.

2. Porentheorie

Nun muss ich wieder erinnern, was auch in dem ersten Gesänge
Klar wird gestellt, wie jeglicher Stoff durchlässig gebaut ist.
Dies zu wissen ist zwar zu vielen Dingen wohl nütze,
Aber es muss vor allem für jene Erscheinung besonders,
Die ich behandeln nun will, der Satz notwendig gewiss sein,
Dass es nichts Fassbares gibt als mit Leerem gemischte Atome.
Erstens: es schwitzen bisweilen die Felsengrotten das Nass aus,
Das von oben her trieft und in sickernden Tropfen herabfließt.
Auch aus unserem Körper fließt überall reichlicher Schweiß ab.
Sprießt nicht der Bart und die Haare auf allen Gelenken und Gliedern
Und verteilt sich die Speise nicht überallhin durch die Adern,
Nährt und mehrt auch das äußerste Glied bis zum winzigsten Nagel?
Ebenso fühlen wir auch, wie durch Erz die Kälte und Wärme
Durchdringt, fühlen sie auch durch Gold- und Silbergefäße
Dringen, so oft mit der Hand wir die vollen Pokale ergreifen.
Endlich: es fliegt der Ton durch die steinernen Wände der Häuser;
Sie durchströmen Gerüche und Kälte und Hitze des Feuers,

Die sogar durch die Masse des Eisens zu dringen gewohnt ist.
Endlich [drängen Atome auch unsichtbar sich von außen]
Da, wo der Panzer des Himmels den Erdball ringsherum bindet,
[Ein und bringen Gebresten dem Tier- und Menschengeschlechte.]
Und der Krankheitskeim, sobald er von außer her eindringt,
Und die Witterungswechsel, die hier wie im Himmel entstehen,
Üben ihr Recht auf den Himmelsraum und entlegene Länder.
Denn nichts gibt's in der Welt, was nicht durchlässig geknüpft ist.

3. Verschiedene Wirkung der Elemente

Dazu kommt noch hinzu, dass nicht alle die Urelemente,
Die von den Dingen sich sondern, dieselbe Empfindung erwecken
Und nicht in gleicher Weise mit jeglichem Ding sich vertragen.
Erstens die Sonne: sie dörrt und vertrocknet den Boden der Erde,
Aber sie löst auch das Eis, und ihr Gluthauch bringt zum
Zerschmelzen
Hochgeschichtete Massen von Schnee auf den Höhen der Berge,
Wie ja auch Wachs zerschmilzt, das in Sonnenhitze gelegt wird.
Ähnlich verflüssigt das Feuer zwar Erz und löset das Gold auf,
Aber das Fleisch und das Leder wird hart in der Flamme und runzlig.
Eisen, das man vom Feuer ins Wasser geworfen, erhärtet;
Weich im Wasser jedoch wird getrocknetes Leder und Dörrfleisch.
Ölbaumlaub ist ein herrlicher Fraß für die bärtigen Ziegen,
Wie wenn daraus ein Saft von Ambrosia flösse und Nektar;
Und doch gibt es kein Laub, was dem Menschen bitterer schmeckte.
Endlich das Majoranöl ist dem Schweine zuwider; es scheut auch
Jeglichen Salbengeruch. Denn dem borstigen Tiere ist all dies
Heftiges Gift, was so oft uns fast zur Erquickung gereicht.
Aber für uns ist nun wieder der Kot der scheußlichste Unrat,
Während den Schweinen so sehr er behagt, dass sie gerade darinnen,
Ohne es satt zu werden, mit ganzem Körper sich wälzen.

4. Verschiedenheit der Leitungsbahnen

Auch noch folgender Punkt bleibt vorher mir zu erörtern,
Eh' ich zum Gegenstand selbst beginne das Wort zu ergreifen.
Da die verschiedenen Dinge mit zahlreichen Poren versehn sind,
Müssen sie auch voneinander verschiedne Beschaffenheit zeigen.
Jedes muss eigene Art und besondere Wege besitzen.

Denn die lebenden Wesen entwickeln verschiedene Sinne,
Deren jeder sein eigenes Reich der Empfindung beansprucht.
Denn wir sehen die Töne zu andrem Organe geleitet
Als den Geschmack der Säfte und als die Gerüche der Küche.
Manches zudem scheint grade durch Steine den Weg sich zu bahnen,
Andres durch Holz, ein drittes durch Gold sich hindurch zu bewegen,
Wieder ein andres durch Silber und Glas nach außen zu dringen;
Denn hier strömen die Bilder, auf anderem Wege die Wärme,
Und auf dem nämlichen wird dies rascher als jenes befördert.
Dazu zwingen natürlich die ganz verschiedenen Wege,
Deren Natur, wie wir eben gezeigt, gar mannigfach abweicht,
Wegen der Ungleichheit der Stoffe und ihres Gefüges.

Erklärung des Magnetismus

Haben wir nun dies alles bestätigt und sicher befestigt
Und dies feste Gedankengerüst zum voraus errichtet,
Lässt sich daraus zum Schluss die Erklärung leichtlich entnehmen,
Und so ergibt sich der Grund, der das Eisen lockt zum Magneten.
Erstens müssen dem Stein gar viele Atome entfahren
Oder ein Strom, der die Luft durch seine Stöße vertreibet,
Welche sich zwischen dem Stein und dem Eisen etwa befindet.
Wird nun der Raum entleert und entsteht in der Mitte ein leeres
Zwischenfeld, dann fallen sofort auch die Eisenatome
Alle zusammen kopfüber gestürzt in das Leere; es folgt auch
Ihnen der Ring selbst nach, der mit ganzem Körper sich anschließt.
Denn kein einziges Ding ist versehen mit Urelementen,
Die aneinander so enge verknüpft und verwickelt sich heften,
Wie die Stärke des Eisens und seine frostige Starrheit.
Drum ist's wahrlich kein Wunder (das [manchen], heißt es,
[beängstigt]),
Wenn von den Eisenatomen nicht viele ins Leere sich stürzen
Können, ohne dass gleich auch der Ring selbst ihnen sich anschließt.
Denn dies tut er gewiss; und er folgt, bis zuletzt den Magnetstein
Selbst er erreicht und an ihn mit verborgenen Banden sich anhängt.
Dies vollzieht gleichmäßig nach jeglicher Richtung sich, wo nur
Irgend ein Leeres entsteht; mag's drüber sein oder daneben,
Augenblicklich entwandern die Nachbaratome ins Leere.
Denn sie erhalten die Stöße von außen her; nimmer vermögen

Eigenem Triebe gehorchend sie selbst in die Höhe zu klimmen.
Dazu kommt noch ein Grund (für die Möglichkeit dieser Erscheinung
Dient auch dies zum Beweis und für die Verstärkung des Zuges):
Nämlich je dünner die Luft vor dem Ring allmählich geworden,
Um so mehr wird der Zwischenraum verdünnt und entleeret.
Also kommt's, dass die Luft, die hinter dem Ringe gestanden,
Jetzt vom Rücken her gleichsam ihn vorwärts schiebet und vortreibt.
Denn die umlagernde Luft schlägt wie mit der Peitsche die Dinge.
Aber in solchem Falle bewegt sich das Eisen nach vorwärts,
Weil auf der einen Seite die gähnende Leere es aufschnappt.
Wenn nun die Luft, wie erwähnt, durch die zahlreichen Poren
des Eisens
Auf das feinste verteilt, zu den winzigsten Fäserchen vordringt,
Treibt sie das Eisen voran wie der Wind das segelnde Fahrzeug.
Endlich, ein jegliches Ding enthält notwendigerweise
Luft im Körper, da alles als lockerer Körper gebaut ist,
Und Luft sämtliche Dinge von allen Seiten umlagert.
Diese verborgene Luft, die im Innern des Eisens versteckt ist.
Wird bei ihrer Erregung nach allen Seiten geworfen
Und regt so unzweifelhaft auch von innen den Ring an,
Der natürlich sich dahin bewegt, wohin er schon einmal
Stürzte und wo er versuchte vom Leeren Besitz zu ergreifen.

Besondere magnetische Phänomene

Auch kommt's vor, dass das Eisenmetall zuweilen zurückweicht
Vor dem Magnet und im Wechselspiel ihn meidet und aufsucht.
Hüpfen sah ich sogar samothrakische[42] eiserne Ringe,
Sah auch Eisenfeilicht[43] in ehernem Becken wie rasend
Tanzen, sobald der magnetische Stein darunter gebracht ward;
So sehr hat es den Trieb vor dem Steine zurück sich zu ziehen.

---

[42] Die *Samothrakischen Mysterien* waren auf der im Thrakischen Meer der nördlichen Ägäis gelegenen, wasserreichen griechischen Insel Samothrake beheimatet. In diesen Mysterien wurden die ›Großen Götter‹, die Kabiren verehrt.

[43] *Eisenfeilicht*: Eisenfeilspäne, Eisenspäne

Dass nun ein solches Getümmel entsteht, wenn das Erz sich dazwischen
Schiebt, kommt einfach daher, dass der Strom der Atome vom Erze
Vorher die offenen Poren des Eisens alle besetzt hat,
Während der Strom vom Magneten, der später ist, alles im Eisen
Längst schon besetzt und verrammelt erblickt den bisherigen Durchlass.
So muss jetzt der Magnet das Eisengefüge bekämpfen
Und mit dem eigenen Strom es verscheuchen; so stößt er es von sich,
Peitscht durchs Erz es nur auf, was er ohne das Erz wohl verschluckte.
Hierbei darf dich nicht sehr in Verwunderung setzen der Umstand,
Dass der magnetische Strom nicht auf andere Stoffe kann wirken.
Ein Teil trotzt wie das Gold auf die eigene Schwere vertrauend,
Andere lassen den Strom, weil ihr Körper so locker gebaut ist,
Unberührt durchfliegen und kommen so nie in Erregung;
So liegt also des Eisens Natur in der Mitte von beiden.
Nimmt es gewisse Atome von Erz in sich auf, so geschieht es,
Dass hierdurch der magnetische Strom zeitweilig gehemmt wird.
Doch steht diese Erscheinung nicht also ferne von ändern,
Dass es an reichlichem Stoff mir fehlte, die Dinge zu nennen,
Die durch der Seltenheit Band miteinander innig verknüpft sind.
Erstens siehst du, wie Steine durch Kalk nur wachsen zusammen,
Hölzer verbindet allein so fest miteinander der Stierleim,
Dass weit eher die Fasern bei Bruch des Getäfels zerspringen,
Als auseinander klaffte das Fach, das zusammengeleimt ist.
Rebengeborenes Nass kannst dreist du mit Wasser der Quelle
Mischen, was schweres Pech und leichteres Öl nicht gestattet.
Farbe der Purpurschnecke vereinigt sich so mit der Wolle,
Dass sie als Einheit erscheinen und nie voneinander sich scheiden,
Nie, selbst wenn du dich mühtest mit Wasser des Meers sie zu bleichen
Oder des Ozeans sämtliche Flut sie zu spülen versuchte.
Bindet man Gold nicht mit Gold allein durch ein einziges Schlaglot?
Wird nicht das Erz mit dem Erze vermählt durch weißliches Weichlot?
Wieviel Ähnliches ließe sich sonst noch finden! Wozu doch?
Weder bedarf es bei dir so weitum schweifender Rede
Noch ist mir es geziemend viel Mühe hierauf zu verschwenden.
Nein, es ist besser in Kürze mit wenigem viel zu umspannen.
Wenn das Gefüge von Dingen sich so ineinander gepasst hat,

Dass sich einander das Hohle bei diesem, das Volle bei jenem
Wechselseitig entspricht, dann gibt es die beste Verbindung.
Ebenso ist es auch möglich, dass manche wie Ringe und Haken
Fest ineinander greifen und so sich verkettet erhalten.
Dies muss mehr, wie es scheint, beim Magnet und dem Eisen
der Fall sein.

Entstehung der Seuchen

Jetzt nun will ich zum Schluss von der Krankheit Ursachen reden
Und dir erklären, woher so plötzlich die Krankheitskeime
Kommen, die Tod und Vernichtung dem Tier- und
Menschengeschlechte
Bringen. Zuerst, wie ich oben gelehrt, gibt's viele Atome,
Die uns zu gelten haben als lebenerhaltende Keime;
Aber es schwirren auch viele umher, die Tod und Erkrankung
Schaffen. Sobald nun diese der Zufall rottet zusammen
Und sie den Himmel verpesten, entsteht ein krankhafter Lufthauch.
All dies Krankheitsheer und alle diese Verpestung
Stammt entweder von außen, wie Wolken und Nebel von oben
Über den Himmel hin ziehn, teils steigt sie auch grad aus der Erde
Auf, wenn der Boden durchnässt von unaufhörlichem Regen,
Dann von der Sonne durchglüht zum Fäulnisherd sich entwickelt.
Siehst du nicht auch, wie auf Fremde, von Haus und Heimat
Verschlagne,
Die hier zu uns kommen, die Ungewohntheit des Klimas
Wie auch des Wassers wirkt, die so große Verschiedenheit zeigen?
Was für ein Unterschied muss zwischen Britanniens Klima
Und dem ägyptischen sein, wo die Achse der Welt sich so tief neigt,
Welch ein Abstand ferner vom Pontusreich bis nach Gades
Und zu dem Menschengeschlecht mit den schwarzverbrannten
Gesichtern!
Vier verschiedene Teile der Welt sind so voneinander
Nach den vier Hauptwinden und Himmelsstrichen geschieden.
Ebenso weit sind die Menschen getrennt durch Farbe und Aussehn,
Wie auch die Krankheitsarten die Völker nach Rassen befallen.

Elefantiasis[44] gibts allein in Mittelägypten,
Nahe den Wassern des Nils, und nirgends sonst auf der Erde.
Ferner gibt's Fußleiden in Attika, Schwäche der Augen
Herrscht in Achaja vor. So sind an anderen Orten
Andre Organe bedroht; das macht die verschiedene Luft aus,
Wenn sich daher zufällig ein uns abträglicher Luftstrom
Weiter bewegt und die feindliche Luft Verbreitung gewinnet,
Schleicht sie wie Wolken und Nebel allmählich weiter und bringt so
Überall, wo sie erscheint, gewaltsame Änderung und Wirrnis.
Dann kommt's vor, wenn sie endlich in unser Klima gelangt ist,
Dass sie es ähnlich gestaltet und uns abträglich verpestet.
Plötzlich senkt sich nun diese uns neue, verheerende Pestluft
Nieder aufs Wasser hin oder sie nistet sich ein in die Feldfrucht
Oder in andere Nahrung der Menschen und Futter der Tiere,
Oder der Krankheitsstoff harrt schwebend in luftiger Höhe;
Und so müssen wir, wenn wir von dort die giftige Pestluft
Atmen, zugleich mit dem Odem die Krankheitskeime verschlucken.
In ganz ähnlicher Weise befällt auch die Rinder die Pest oft,
Oder die Seuche verheert die blökenden Träger der Wolle.
Und es verschlägt auch nichts, ob wir die gefährliche Gegend
Selber betreten und wie ein Gewand das Klima vertauschen,
Oder ob uns die Natur von selbst das verdorbene Klima
Herbringt oder ein Etwas, an das wir bisher nicht gewöhnt sind,
Das uns Unheil schafft durch die Neuheit seiner Erscheinung.

Die Pest zu Athen

Solch ein Krankheitsstoff und todverbreitender Pesthauch
Wandelte einst das Kekropische Land in ein Leichengefilde,
Machte zur Wüste die Gassen und raubte der Stadt die Bewohner.
Tief im Ägypterland war diese Verseuchung entsprungen,
Dann durchflog sie gewaltigen Raum der Lüfte und Meere,
Bis sie am Ende befiel Pandions ganze Bevölkerung,
Die nun haufenweise der Pest und dem Tode geweiht ward.
Anfangs spürten ihr Haupt sie von fiebriger Hitze entzündet,

---

[44] *Elefantiasis*: Durch Lymphstauungen bedingte unförmige Verdickung
von Körperteilen, besonders der Extremitäten.

Und ihr Augenpaar war blutigrot unterlaufen;
Schwärzlich geronnenes Blut entquoll dem Innern des Schlundes,
Schwären versperrten der Stimme den Weg und verengten den
Durchgang,
Und die Zunge, des Geist's Dolmetscherin, schwimmend im Blute
Ward durch die Seuche geschwächt, raukörnig und kaum mehr
beweglich.
Als nun der Krankheitsstoff durch den Schlund in die Brust war
gedrungen,
Und er dem Kranken ins zagende Herz war zusammengeflossen,
Ja, da gerieten die Riegel des Lebens alle ins Wanken.
Widrigen Odem verhauchte der Mund in die Lüfte, wie wenn sich
Stank von verfaulendem Aas aus dem Anger des Schinders erhebet.
Seele wie Körper verloren ermattend jegliche Spannkraft,
Und man fühlte bereits sich dicht vor der Schwelle des Todes.
Unerträglichem Leiden gesellte beklemmende Angst sich
Unaufhörlich hinzu und mit Stöhnen mischte sich Jammer;
Häufiges Schluchzen ergriff bei Tag und bei Nacht oft die Nerven;
Dieser beständige Krampf zwang nieder die einzelnen Glieder,
Und die schon lange Erschöpften zerflossen in dieser Ermattung.
Allzu erhebliche Hitze vermochte man nicht zu bemerken
Auf dem Körper der Kranken, der außen mäßig erwärmt schien;
Eher empfand man ein laues Gefühl, wenn die Hand ihn berührte,
Aber der ganze Leib war von brandigen Schwären getötet,
Wie wenn das »heilige Feuer« sich über die Glieder verbreitet,
Vollends im Innern der Menschen da brannte es bis auf die Knochen,
Brannte im Magen so loh wie die Flamme im Innern der Esse.
Da half keine Gewandung, so leicht und so dünn man sie suchte;
Einzig nach Wind und nach Kühle war stets ihr Streben gerichtet.
Manche begaben sich drum in die eisigen Fluten der Flüsse
Mit Pest glühenden Gliedern und warfen sich nackt in das Wasser.
Viele stürzten sich auch kopfüber hinab in die Brunnen
Und gelangten zuerst mit dem offenen Mund in die Tiefe;
Aber der dörrende Durst, der ins Wasser sie zwang, war mit
nichts mehr
Stillbar; reichliches Nass war soviel wie wenige Tropfen.
Nirgend Erholung vom Leiden: matt lagen die Körper am Boden,
Ratlos verstummten die Ärzte, die ihre Befürchtung verbargen,
Wenn sie die Kranken erblickten, die wieder und wieder die Augen

Rollten, Wie fieberdurchglüht und schlaflos starrten ins Weite.
Außerdem noch erschien viel andres als Zeichen des Todes:
Völlig verwirrter Verstand mit Angstzuständen und Schwermut,
Finstere Stirn und scharfer, ja wütender Blick aus den Augen;
Ferner ein ängstlich erregtes Gehör und Brausen im Ohre,
Fliegender Atem, dann wieder auch tiefe und langsame Züge,
Reichlicher Schweißerguss, der perlend am Halse herabfloss,
Dürftiger, salziger, dünner und Safran farbiger Auswurf,
Den nur mühsam die Kehle mit heiserem Husten herauswarf.
In den Händen ein zuckender Krampf, in den Gliedern ein Zittern
Und an den Füßen herauf zog Glied für Glied sich ein Frösteln
Unaufhaltsam empor. Und ging es schließlich zum Ende:
Eingefallene Nase, die Nasenspitze verlängert,
Hohle Augen und Schläfen, verhärtet und kalt die Gesichtshaut,
Niedersinkender Mund und die Stirnhaut dauernd in Spannung.
Nicht gar lange danach erstarrten die Glieder im Tode;
Meistens gaben ihr Leben sie auf, wenn achtmal die Sonne
Leuchtend die Fackel erhoben, bisweilen auch erst bei der neunten.
War nun auch einer, wie's kommt, dem Todesschicksal entronnen,
So ergriff ihn doch später die Zehrung, da ekle Geschwüre
Nebst schwarzflüssigem Stuhl ihn schwächten; der Tod war
ihm sicher;
Oder es quoll auch nicht selten zugleich mit heftigem Kopfweh
Reichlich verdorbenes Blut aus verstopfenden Nasengeschwüren;
Damit floss auch die Körperkraft dem Erkrankten zugleich hin.
Wer nun auch wirklich dem starken Erguss des vereiterten Blutes
Glücklich entrann, der verfiel doch in Nerven- und
Gliederverrenkung;
Ja, es warf sich die Pest sogar auf die Zeugungsorgane.
Einige ließen in ängstlicher Furcht vor den Pforten des Todes
Lieber das Glied mit dem Messer entfernen, um weiter zu leben;
Einige blieben auch leben, doch gaben sie Hände und Füße
Drein, wie andere wieder das Licht der Augen verloren.
So stark hatte sie grimmige Angst vor dem Tode ergriffen.
Einige büßten sogar die Erinnerung an alles Vergangene
Ein, so dass sie nicht mehr auf sich selbst sich konnten besinnen.
Zwar lag Leiche auf Leiche gehäuft, da niemand beerdigt
Wurde, allein die Scharen von Vögeln und wildem Getiere
Wichen zurück in die Ferne, dem grässlichen Stank zu entfliehen,

Oder sie fielen dem Tode anheim, sobald sie gekostet,
Oder es kam überhaupt in jenen schrecklichen Tagen
Schwerlich ein Vogel hervor und die bösen Bestien blieben
In den Gehölzen zurück; die meisten siechten und starben
Gleichfalls. So auch besonders die treuen Wächter, die Hunde:
Überall hauchten ihr Leben sie jämmerlich aus auf den Straßen;
Denn das entsetzliche Gift nahm qualvoll ihnen das Leben.
Auch gab's keine Arznei, die bei allen sich sicher bewährte;
Denn was dem einen vergönnte, in volleren Zügen zu atmen
Lebenerhaltende Luft und des Himmels Räume zu schauen,
Das war vernichtendes Gift für den ändern und brachte den Tod ihm.

Hierbei war nun vor allem die jammervollste Erscheinung
Und die kläglichste die, dass jeder, sobald nur die Krankheit
Ihm sich bemerkbar machte, als wär' er zum Tode verurteilt,
Jegliche Hoffnung verlor, und während er traurigen Herzens
Seines Endes nun harrte, alsbald die Seele verhauchte.
Freilich, es wurden ja auch die Keime der gierigen Seuche
Während der ganzen Zeit von einem zum ändern vertragen.
Wie bei den Trägern der Wolle und hörnerbewehrten Ochsen.
Dies war vor allem der Grund, dass Leichen auf Leichen sich häuften;
Denn wenn aus Angst vor dem Tod und aus gieriger Liebe zum Leben
Mancher davor sich scheute die kranken Familienglieder
Aufzusuchen, so strafte auch ihn bald Mangel an Pflege,
Da ihn freundlos und hilflos ein schimpfliches Ende erreichte.
Doch wer die Hand nur reichte, der ging durch stete Berührung
Und an der Mühe dahin, zu der ihn die Ehre getrieben
Oder die rührende Bitte und Jammerstimme der Siechen.
Also erlagen dem Tode auf die Art grade die Besten.
Ohne Begleitung rasten die Wagen zum Grab wie im Wettlauf;
[Jeder begrub die Gebeine, wo grade der Zufall ihn hintrieb,
Ohne nach frommen Gebrauch die Sitten der Väter wehren.]
Wie um die Wette bald hier bald dort begrub man die Seinen;
Dann von dem Weinen und Trauern erschöpft ging jeder nach Hause,
So warf wohl gar manchen der Harm um die Lieben aufs Lager.
Niemand war da zu finden, dem nicht in dem schrecklichen Jahre
Krankheit oder der Tod sich nahte oder doch Trauer.

Nunmehr siechte zudem wie der Schafhirt so auch der Stierknecht
Hin und der Ackersmann, der mit Kraft den gebogenen Pflug lenkt.
Aufeinander gepfercht lag da in dem Innern der Hütte Körper an
Körper, wo Krankheit und Not dem Tode sie weihten.
Über entseelten Kindern erblickte man öfters die Körper
Ihrer Eltern entseelt; und hinwiederum konnte man schauen
Söhne, die über die Eltern gesunken ihr Leben verhauchten.
Dieses betrübliche Leid floss nicht zum geringsten vom Lande
Über zur Stadt, und die Masse des dorthin strömenden Landvolks
Trug, schon krank, die Keime herbei aus allen Bezirken.
Sämtliche Räume und Häuser erfüllten sie: nur um so höher
Türmte in stinkender Enge der Tod die Haufen der Leichen.
Zahlreiche Leichen bedeckten die Straßen; sie hatten sich vorwärts
Dorthin gewälzt, wo der Durst zu den Röhren der Brunnen sie lockte,
Aber der Labe zu gieriger Trank nahm ihnen das Leben.
Viele sah man sogar auf belebten Straßen und Plätzen,
Wo sich das Volk gern trifft, halbtot und erschlafft in den Gliedern,
Lumpenbedeckt und starrend von grässlichem Schmutze verenden:
Unflat deckte den Körper, Gerippe von Haut und von Knochen
Schienen sie, fast schon begraben in Dreck und eklen Geschwüren.
Endlich hatte der Tod auch die heiligen Tempel der Götter
Vollgestopft mit den Leibern der Toten, und überall blieben
Sämtliche Gotteshäuser mit Leichen belastet, da diese Räume die
Küster den Scharen der Fremdlinge hatten geöffnet.
Freilich der Gottesdienst und die Gottheit selbst war bei ihnen
Nicht mehr geachtet. Zu groß war der gegenwärtige Jammer.
Auch die Bestattungsbräuche der Stadt, mit denen dies Volk stets
Früher die Seinigen pflegte zu Grabe zu tragen, verschwanden.
Gänzlich verwirrt im Gemüt lief jeder bald hierhin bald dorthin
Und barg, wie es nun ging, voll Kummer [den Töten] im Grabe.
Hierbei riet auch die Eile und Not zu entsetzlichen Dingen;
Denn sie legten nicht selten mit lautem Geschrei auf den Holzstoß,
Den man für andre geschichtet, die Leichen der eignen Verwandten,
Zündeten dann mit der Fackel ihn an und stritten sich oftmals
Lieber auf Mord und Tod, als dass von der Leiche sie wichen.

– ENDE –